**Brain Innes**
**Leichen sagen aus**

# Brian Innes

# LEICHEN SAGEN AUS

Die hundert
sensationellsten
Fälle aus der Welt
der Gerichtsmedizin

MOEWIG

Übersetzung aus dem Englischen: Helmut Roß
Redaktion und Satz: Lesezeichen Verlagsdienste, Köln

Umschlagfoto: Premium

Printed in Portugal
ISBN: 3-8118-1716-7

# Inhalt

# EINLEITUNG

Ohne die Kriminalistik würden sich heute nur wenige Verbrechen aufklären lassen. Wenn der Täter nicht bei seiner Tat beobachtet wurde oder ein Verdächtiger nicht gesteht, kommt es auf Beweismittel an, die für eine Anklage ausreichen und im Prozess von Sachverständigen präsentiert und erläutert werden. Eventuelle Unsicherheiten werden von der Verteidigung genutzt und können einen Schuldspruch vereiteln. Allein eine konsequente und intensive wissenschaftliche Ermittlung kann das verhindern.

Als die Kriminalistik noch in den Kinderschuhen steckte, traten fast ausschließlich Ärzte, die auf dem Gebiet der Gerichtsmedizin qualifiziert waren, als Sachverständige auf – nicht ohne Grund, denn bei unnatürlichen Todesfällen stammen die vorgelegten Beweise bis heute zunächst vor allem aus der Sektion (Leichenöffnung) durch den Pathologen. Später bedarf es eventuell auch des Fachwissens etwa von spezialisierten Toxikologen, Serologen und Ballistikern, doch es ist der Pathologe, der die mögliche Todesursache ermittelt und Gewebeproben, Körperflüssigkeiten, ganze Organe oder die entscheidende Kugel sicherstellt.

In der Anfangszeit leisteten zahlreiche Gerichtsmediziner einen bedeutenden Beitrag zur Entwicklung anderer Fachbereiche. Sie beschränkten sich nämlich nicht allein auf die Sektion, sondern suchten auch nach verwertbaren Spuren an der Leiche sowie am Tatort. Auf diese Weise lieferten sie oft den entscheidenden Beweis. Erst vor vergleichsweise kurzer Zeit führten die Fortschritte in der Physik, Chemie und Biologie zur Gründung spezieller kriminaltechnischer Labors und Ausbildung einer größeren Zahl von Experten für einzelne Spezialdisziplinen.

Die älteste Abhandlung zum Thema Gerichtsmedizin – heute spricht man von Rechtsmedizin – ist das aus dem China des 13. Jahrhunderts stammende Buch *Hsi Yuan Lu* (Das Fortwaschen des Unrechts). Im Zentrum steht die Untersuchung des Tatorts. Es heißt dort: „Ein Haar macht einen Unterschied von 1000 li [2500 km]." Anfang des 20. Jahrhunderts erkannte auch der französische Kriminologe Edmond Locard die große Bedeutung aller verwertbaren Spuren.

In Europa entwickelte sich die Kriminalistik nur sehr schleppend. In der *Carolina* („Peinliche Gerichtsordnung"), die Karl V. 1532 verkündete, wurde erstmals festgelegt, dass es bei Verdacht auf Mord, Körperverletzung, Vergiften, Erhängen, Ertränken, Kindstötung und Abtreibung einer qualifizierten ärztlichen Stellungnahme bedarf. In der Folgezeit sahen sich die Ärzte durch einen weit verbreiteten Widerstand gegen Leichenöffnungen behindert, der dann allmählich zurückging. Im 16. Jahrhundert untersuchte der französische Chirurg Ambroise Paré (1517–1590) erstmals den Schusskanal im Körper von Erschossenen. Als Begründer der pathologischen Anatomie gilt der Italiener Giovanni Morgagni (1682–1771).

Die Untersuchungen des Sherlock Holmes, wie sie dem schottischen Arzt Arthur Conan Doyle aus der Feder flossen, verkörpern für den heutigen Leser wohl den ersten Kontakt mit den modernen Techniken der Kriminalistik, wenngleich der Autor auf zahlreiche reale Vorbilder zurückgreifen konnte. Die experimentellen Wissenschaften hatten im 19. Jahrhundert beträchtliche Fortschritte gemacht, deren Ergebnisse von der Polizei in vielen Ländern rasch genutzt wurden. Der Kriminologe Hans Groß veröffentlichte 1893 sein Handbuch für Untersuchungsrichter, 1910 gründete der Franzose Rocard ein kriminalistisches Institut in Lyon und 1915 eröffnete Robert Heindl in Dresden ein Labor, aus dem wenig später die zentrale Landeskriminalpolizei werden sollte. Ähnliche Einrichtungen entstanden kurz darauf auch in Österreich, Schweden, Finnland und den Niederlanden.

Die englischsprachigen Länder jedoch hinkten der Entwicklung ein wenig nach. Das kriminaltechnische Labor von Los Angeles wurde zwar 1923 gegründet, doch das Labor des FBI entstand erst 1932. In Großbritannien waren zunächst die medizinischen Fakultäten zuständig und das dem Innenministerium unterstellte Londoner Metropolitan Police Laboratory nahm 1935 seine Tätigkeit auf.

Heute unterhält fast jedes Land nationale oder regionale kriminaltechnische Labors. Eine bemerkenswerte Ausnahme bilden die USA, denn das FBI-Labor ist direkt nur mit Verbrechen gegen Bundesgesetze befasst und kann sein erhebliches Fachwissen daher nur auf Anfrage einer lokalen Polizeibehörde einsetzen. Trotz aller Neuerungen und Zentralisierung ist in vielen Counties für die Ermittlung der Todesursache immer noch der örtliche Coroner (Leichenbeschauer) zuständig. Deshalb kann es vorkommen, dass ein medizinisch ungebildeter örtlicher Bestattungsunternehmer dieses Wahlamt bekleidet.

Abschließend noch ein Wort zum Einsatz von Computern bei der Verbrechensaufklärung. Computer sind ungemein hilfreich beim Abgleich von Daten und der Identifizierung bereits registrierter Straftäter. Das FBI hat seinen „Big Floyd", doch der Preis für den treffendsten Namen gebührt dem britischen Innenministerium. Zu Ehren von Conan Doyle entstand 1987 das *Home Office Large Major Enquiry System* – besser bekannt als HOLMES.

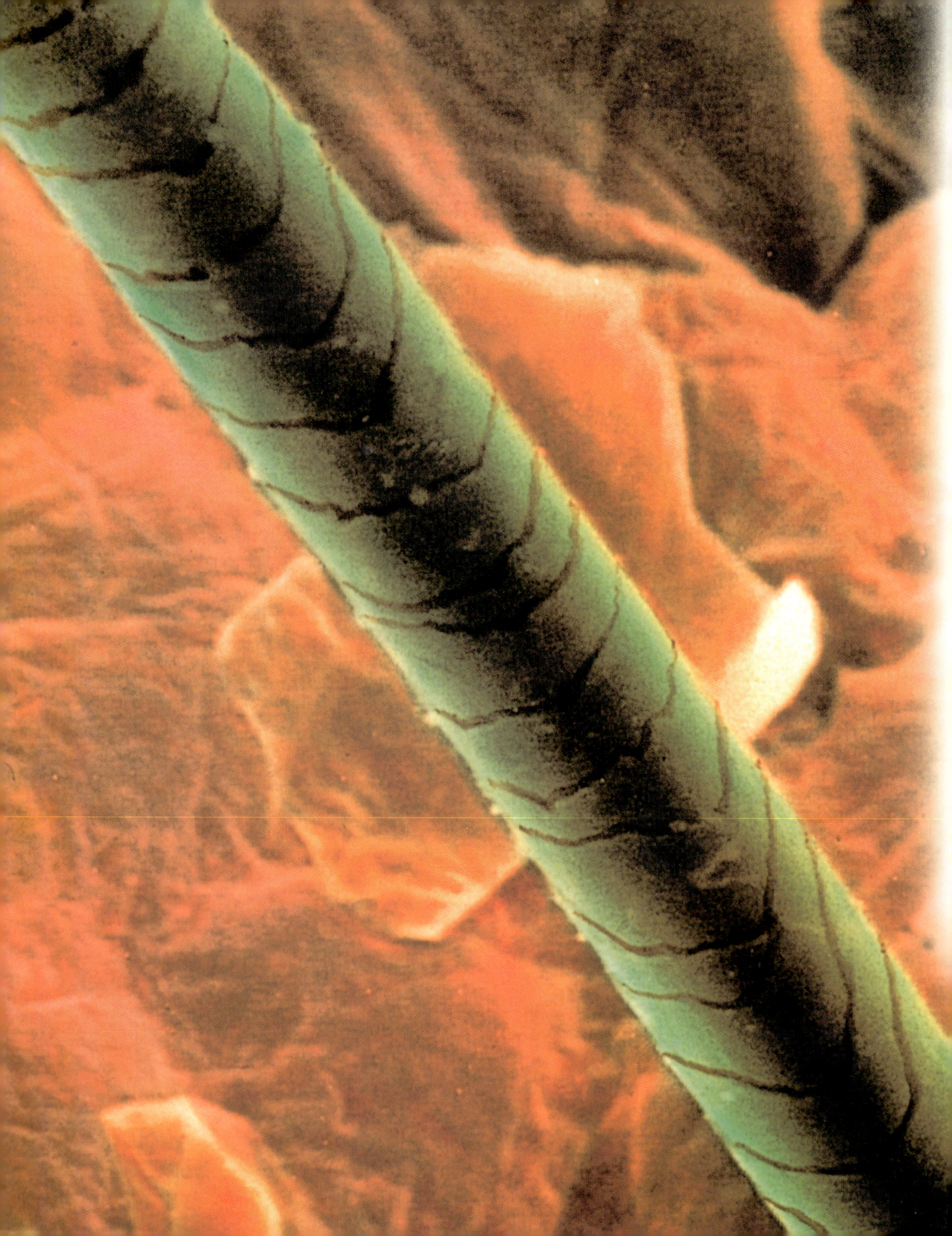

# Beweise sammeln

*„Jeder Kontakt hinterlässt eine Spur." Jeder Täter lässt etwas am Tatort zurück und nimmt etwas mit. Bereits ein einzelnes Haar kann im Labor eine detaillierte Geschichte erzählen und liefert möglicherweise das noch fehlende Beweisstück.*

Die meisten Kapitaldelikte oder zumindest besonders offensichtliche Verbrechen wie Mord, Körperverletzung, Vergewaltigung, Entführung, Brandstiftung, Sprengstoffanschläge, Einbruchdiebstahl und Straßenraub geschehen zu einer bestimmten Zeit an einem bestimmten Ort. Und alle richten sich sich gegen bestimmte Personen. Bei anderen, oft genauso schwer wiegenden Verbrechen kann sich die kriminelle Aktivität über einen beträchtlichen Zeitraum erstrecken, ist nicht gegen spezielle Personen gerichtet und findet womöglich auch nicht an einem besonderen Ort statt. Beispiele für diese oftmals unter dem Begriff „Wirtschaftskriminalität" zusammengefassten Straftaten sind Fälschung, Betrug, Unterschlagung und das zunehmende Problem der Computerkriminalität.

Es gibt kaum ein Verbrechen, bei dessen Untersuchung und Verfolgung auf die Mithilfe eines Kriminaltechnikers verzichtet werden kann. Dabei befasst sich die Kriminaltechnik nicht ausschließlich mit Schwerverbrechen, sondern etwa zur Hälfte mit Trunkenheitsdelikten und Verkehrsunfällen sowie in erheblichem Umfang auch mit Drogenermittlungen oder Betriebsunfällen. Dieses Buch handelt jedoch von der Untersuchung der Schwerverbrechen, vor allem jener, die an einem speziellen Ort stattfanden, dem „Tatort". Hier

## MORDAKTE:
# Emile Gourbin

**„Jeder Kontakt hinterlässt eine Spur"
– so die Maxime des französischen
Kriminologen Dr. Edmond Locard, deren
Gültigkeit er 1912 in einem Mordfall
triumphal unter Beweis stellte.**

1910 gab Edmond Locard seinen Posten
als Professor für forensische Medizin an
der Universität Lyon auf, um eines der
ersten Polizeilabors einzurichten. Seine
Theorie der Tatortermittlung konnte er
1912 erproben, als man den Bankange-
stellten Emile Gourbin trotz eines
scheinbar unumstößlichen Alibis beschuldigte, seine Geliebte erwürgt zu
haben. Locard untersuchte die unter
Gourbins Fingernägeln gewonnenen
Partikel unter dem Mikroskop.

Er stieß auf Hautschuppen, die vom
Hals des Opfers stammen konnten und
auf denen sich das gleiche rosafarbene
Make-up befand, das die Frau benutzte.
Gourbin legte ein umfassendes
Geständnis ab und wurde wegen Mor-
des verurteilt.

**FALL GELÖST**

nämlich finden sich in der Regel die meisten Hinweise auf den Tathergang
und die Identität des Täters.

Das Grundprinzip der Tatortermittlung wurde Anfang des 20. Jahrhunderts von dem Franzosen Dr. Edmond Locard aufgestellt: „Jeder Kontakt
hinterlässt eine Spur." Anders formuliert: Jeder Täter hinterlässt etwas am
Tatort und nimmt etwas mit.

*Jeder Quadratzenti-
meter des Tatorts
muss peinlich genau
untersucht werden,
notfalls auch auf den
Knien in morastigem
Terrain.*

### AM TATORT
Die wichtigste Maxime lautet, den
Tatort unverzüglich abzuriegeln,
damit keine wertvollen Spuren verloren gehen. Oft ist dies allerdings
sehr schwierig. Beim Verdacht auf
einen unnatürlichen Tod gibt es
unvermeidliche Störfaktoren in Person des Auffinders, der ersten, meist
ungeschulten Polizeibeamten, der
Rettungssanitäter und des untersuchenden Arztes, der den Totenschein
ausstellt. Im Freien entstehen in jedem Fall unzählige fremde Schuhab-
drücke. In geschlossenen Räumen
kann es vorkommen, dass der Finder
den Leichnam bewegt und beim Ver-

such der Wiederbelebung die Kleidung gelockert oder sogar einen Gegenstand wie einen Gürtel oder eine Schlinge um den Hals entfernt hat. All dies kann geschehen sein, bevor der Tatortermittler die Szene betritt.

Die Hauptregel für den Ermittler vor Ort lautet: „Augen auf, Mund zu, Hände in die Taschen". Kein Detail sollte ihm entgehen: das Wetter, die Position des Körpers oder Leichnams und die Lage aller aussagekräftigen Objekte. Der Ermittler muss sich jeglicher Kommentare enthalten, um nicht die Aussage möglicher späterer Zeugen zu beeinflussen. Vor dem Eintreffen seines Suchtrupps sollte er auch nichts berühren. Falls er eine Faustfeuerwaffe vorfindet, darf er sie auf keinen Fall mit einem in den Lauf gesteckten Stift aufheben, um sie zu beschnüffeln, so wie im TV-Krimi.

Dies ist selbstverständlich eine Idealisierung. In der Praxis kann der Ermittler während der ersten – entscheidenden – Stunden auf sich gestellt sein. Bei ungünstiger Witterung gilt es, möglichst viel Beweismaterial in kürzester Zeit zu bergen. Der Suchtrupp besteht nicht selten aus kriminalistisch kaum geschulten, diensthabenden Polizisten und oft sind auch sie erst einmal nicht verfügbar.

Die Aufgabe des Suchtrupps ähnelt der Tätigkeit eines Archäologen. Im Grunde sucht man nach Dingen, die nicht dort sein sollten. Vielleicht nach einem Schuhabdruck, der zu keiner der Personen passt, von denen man weiß, dass sie am Tatort waren, nach Kampfspuren, Reifenabdrücken, Farbe an einem herabhängenden Zweig, frischen Kratzern an einem Baumstamm oder Glassplittern von einem Rücklicht. Womöglich findet man auch Textilfasern, einen zur Waffe zweckentfremdeten Gegenstand oder die wei-

*Tatort in der Bronx, New York City. Der gesamte Raum wird sorgfältig untersucht und fotografiert, bevor die relevanten Objekte eingetütet und ins Labor gebracht werden.*

ter entfernt fortgeworfene oder versteckte Tatwaffe. Auffälliger sind Blutspuren, leere Patronenhülsen oder Kugeln, die ihr Ziel verfehlten.

In geschlossenen Räumen finden sich meist noch andere Hinweise wie etwa Anzeichen für gewaltsames Eindringen oder deren Fehlen. Umgeworfene Möbel lassen auf einen Kampf schließen – oder auf einen vertuschten Mord. Blutspritzmuster können hier leichter als im Freien festgestellt werden und entscheidend zur Klärung des Tathergangs beitragen (siehe „Informationen im Blut").

Bei der Sicherstellung der physischen Beweise müssen unbedingt

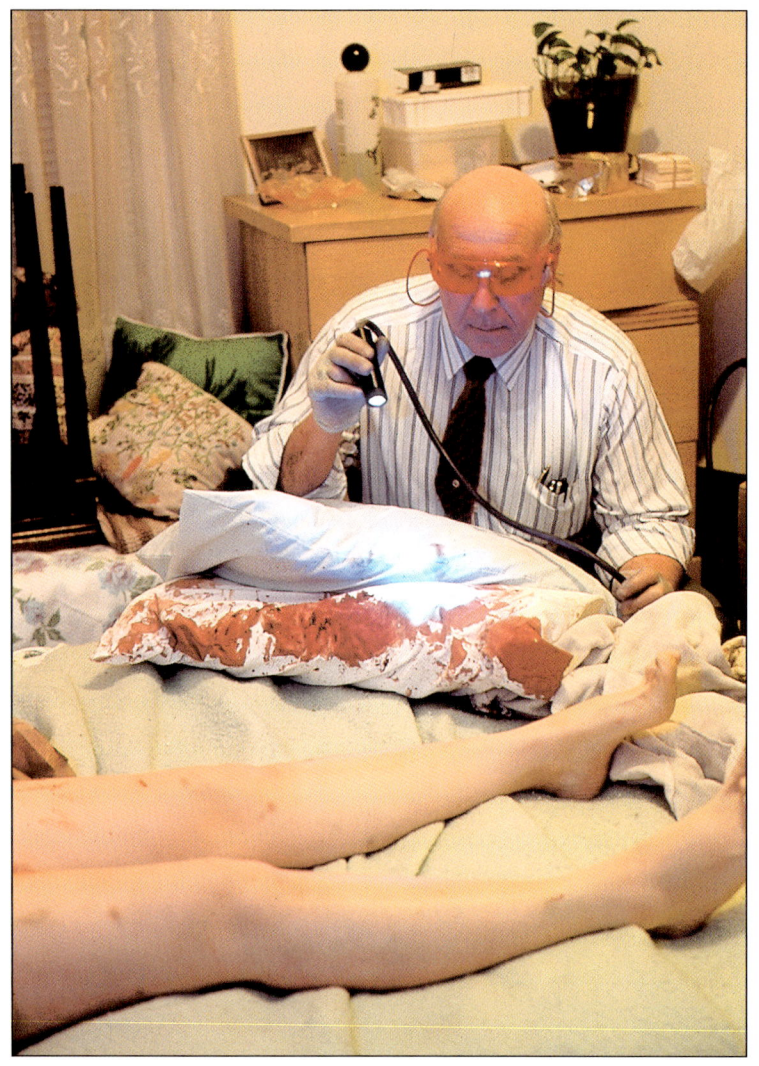

*Ermittler am Tatort: In Flushing, New York, wurde eine 49-jährigen Frau durch zahlreiche Stichwunden ermordet. Wegen des Verdachts auf Vergewaltigung wird die unmittelbare Umgebung nach Spermaflecken durchsucht.*

Latexhandschuhe getragen werden. Die Plastiktüten, in die die Beweisstücke gepackt werden, sind mit allen Angaben über Zeit, Ort und genauer Fundposition zu versehen. Fotos werden gemacht und der Verlauf der Ermittlung wird heute oft auf Video dokumentiert. Im Freien werden Schuh- und Reifenspuren als Foto und Gipsabdruck festgehalten. Vor dem Abtransport der Leiche werden den Händen und Füßen des Toten Plastiktüten übergestülpt.

Die Sammlung weiterer Beweise kann nun etwas geruhsamer vonstatten gehen. Die gesamten Räumlichkeiten müssen nach möglichen Verstecken durchsucht werden. Auch nach mehreren Stunden lohnt sich die Suche nach Fingerabdrücken noch. Hand- und sogar Ohrabdrücke (etwa an einem Fenster) werden zunehmend besser identifizierbar. Geronnenes Blut, Staub und Fasern werden für spätere Analysen geborgen, nicht zu vergessen alle womöglich relevanten Dokumente und eventuell deren Asche.

Es gibt grundsätzlich zwei Arten von Beweismaterial: Zum einen individuelle und einzigartige Spuren wie etwa Splitter, Werkzeugspuren, Kugeln oder Fingerabdrücke und zum anderen identifizierbare, jedoch nicht einzigartige Spuren in Form von Textilfasern oder Lackpartikeln. Letztere können durchaus zum Täter führen, stellen jedoch für sich genommen noch keinen Beweis dar. Wichtig ist auf jeden Fall, den Verbleib der sichergestellten Beweismittel genau zu protokollieren, damit deren Aussagekraft nicht durch die Verteidigung in Frage gestellt werden kann.

Der medienwirksame Prozess um den ehemaligen Footballstar Orenthal James (O. J.) Simpson wegen der Ermordung seiner von ihm getrennt lebenden Frau Nicole und des Kellners Ronald Goldman am 12. Juni 1994 ist ein Paradebeispiel dafür, welche Pannen bei der Ermittlung sowohl am Tatort

# MORDAKTE:
# Malcolm Fairley

**Wenn der Täter den Tatort verlässt, trennt er sich oftmals von wichtigen Dingen. Durch eine gründliche Suche konnte die Polizei eine Vielzahl von Spuren sichern, um einen maskierten Vergewaltiger zu fassen.**

Die Ermittlungen, die schließlich zur Festnahme eines als der „Fuchs" bezeichneten brutalen Vergewaltigers führten, zeigten, wie wichtig es ist, den Tatort genau zu untersuchen. Im Sommer 1984 wurden die Bewohner einer englischen Kleinstadt von einem maskierten, mit einer abgesägten Schrotflinte bewaffneten Mann terrorisiert, der nachts in die Häuser einbrach, die Männer fesselte und ihre Frauen vergewaltigte. Mehrere Opfer berichteten, dass er seine Uhr am rechten Handgelenk trug – also ein Zeichen für einen Linkshänder.

Am 16. August schlug der Fuchs erneut zu. Nach der Tat bürstete er sorgfältig das Körperhaar seines Opfers, um eigene Spuren zu entfernen. Mit einem scharfen Messer schnitt er dann ein großes Quadrat des spermabefleckten Bettlakens aus und floh mit Messer, Bürste und Stofffetzen in der Tasche.

Am nächsten Morgen folgte die Polizei seinen Spuren bis zum Auto. Auf dem Weg fand man seine vergrabene Flinte und nur 300 Meter vom Haus des Opfers entfernt die Bürste und das Lakenstück. Dazu kamen Fuß- und Reifenspuren sowie die Maske und ein einzelner Handschuh in einer Abfalltonne.

Der Handschuh war mit Kaninchenfell gefüttert, das zu den kleinen Fellstü-

cken passte, die man im Haus des ersten Opfers gefunden hatte. Die Maske war aus dem Bein eines blauen Overalls gefertigt. Außerdem stieß man am Abstellort des Wagens auf winzige Lackspuren an einem beschädigten Bäumchen, deren „getreidegelber" Farbton nur von dem Autohersteller British Leyland verwendet wurde.

Ein Lkw-Fahrer berichtete, dass ein Wagen genau an der Stelle in ein Wäldchen abgebogen sei. An die Marke und Farbe konnte er sich erst unter Hypnose erinnern: Es war ein getreidegelber Austin Allegro (British Leyland), zugelassen in Durham.

Nun waren Hunderte von Verdächtigen zu überprüfen und man erkundigte sich bei Sozialarbeitern und Ärzten nach den Namen aller Männer, die kürzlich in die Region gezogen waren. Einer der Ärzte erinnerte sich an Malcolm Fairley, der bereits wieder in den Norden Londons umgezogen sei. Die zwei entsandten Polizisten trafen Fairley beim Waschen eines getreidegelben Austin Allegro an. Seine Armbanduhr lag auf dem Amaturenbrett. Als man ihn bat, sie anzulegen, streifte er sie über das rechte Handgelenk. Im Kofferraum lag ein blauer Overall, dem ein Bein fehlte. Der Fuchs war gestellt.

*Unter einer Decke versteckt, wird Malcolm Fairley abgeführt, nachdem ihn das Gericht wegen Vergewaltigung zu sechsmal lebenslänglich verurteilt hat.*

FALL GELÖST

als auch bei der nachfolgenden Protokollierung passieren können: Zunächst ließ die Polizei die beiden Leichen mehr als zehn Stunden im Freien liegen – unter einer Decke aus Nicole Simpsons Haus. Erst dann wurde eine medizinische Untersuchung zugelassen. Während des Prozesses musste der forensische Pathologe, der die Sektion durchgeführt hatte, bis zu 40 Fehler einräumen.

Zu den scheinbar unwiderlegbaren rechtsmedizinischen Beweisen gehörten am Tatort gefundene Blutspritzer, die zu Simpsons Blut passten; ein Paar blutdurchtränkter Socken am Fuß seines Bettes, die zum Blut der Opfer passten; und schließlich noch ein blutgetränkter Handschuh, den man angeblich hinter seinem Haus gefunden hatte und dessen Gegenstück am Tatort geborgen wurde.

Vor Gericht stellte sich dann heraus, dass sich der Inhalt einer Ampulle mit Simpsons Blutprobe bei der Polizei rätselhafterweise um 1,5 Milliliter verringert hatte, was sogleich den Verdacht einer Manipulation von Beweismitteln hervorrief. Zwei Sachverständige der Verteidigung, die die Socken zwei Wochen nach der Tat untersucht hatten, bezeugten, keine Blutflecke gesehen zu haben – worauf die Staatsanwaltschaft einräumen musste, dass die Flecke erst vier Wochen später entdeckt und gemeldet worden waren. In den vom FBI-Labor in Washington untersuchten Proben fand man die Substanz EDTA, die man Blutproben beifügt, um die Gerinnung zu hemmen. Und die Handschuhe waren Simpson offensichtlich zu klein!

Die DNA-Beweise wurden ebenso konfus wie verwirrend präsentiert, so dass die Geschworenen ihre wahre Bedeutung wohl nicht erkannten. Und als der Polizeibeamte, der den Handschuh gefunden hatte, einen vorangegangenen Meineid zugab, war die ganze Sache für die Anklage verloren.

So wurde Simpson am 30. September 1996 nach dreistündiger Beratung von den Geschworenen freigesprochen. In einer anschließend von Goldmans Vater eingebrachten

*12. Juni 1994: Die Leiche von Nicole Simpson in einer Blutlache vor den Stufen zu ihrem Haus in Brentwood, Los Angeles.*

Zivilklage befand man Simpson jedoch beider Morde schuldig.

Falls ein Verbrechen mit einem Brand oder einer Explosion einhergeht, lassen sich ohne entsprechendes Fachwissen der Brand- und Sprengstoffexperten kaum verwertbare Beweise finden. Im Falle eines Flugzeugabsturzes kommt man bei der Identifizierung der Leichenteile nicht ohne Experten in forensischer Anatomie und Zahnkunde aus.

## IM AUTOPSIERAUM

Die Aufgabe der Beweissicherung setzt sich bis in den Autopsieraum fort (im Fall von Körperverletzung oder Vergewaltigung mit einer gründlichen Untersuchung des Opfers).

Das Wort „Autopsie" bedeutet „selber sehen". Entsprechend hat der Pathologe die Aufgabe, einen Leichnam gründlich in Augenschein zu nehmen, nach Möglichkeit die Todesursache festzustellen und eventuell Hinweise auf die Identität des Opfers zu geben.

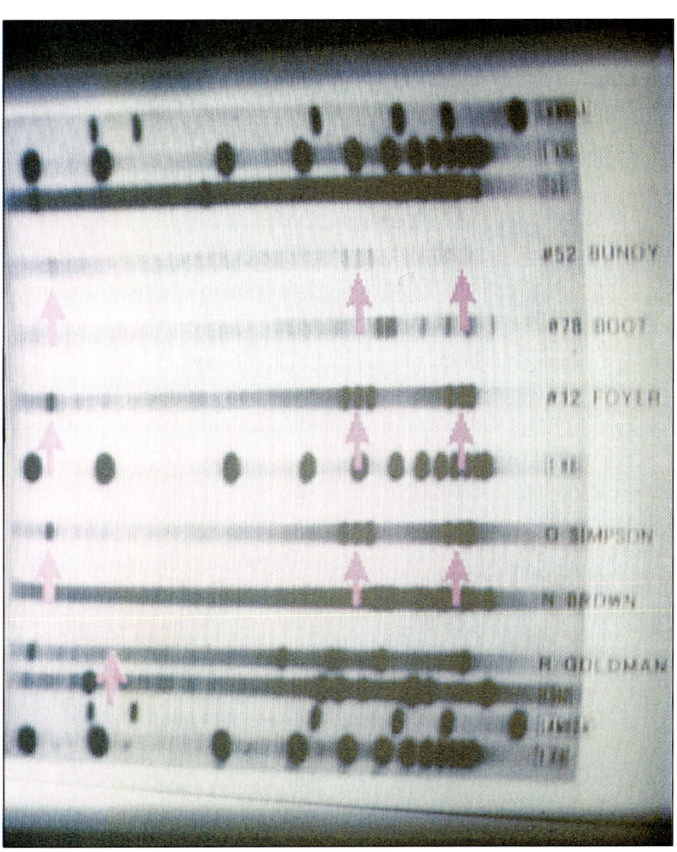

*Beim Simpson-Prozess wurden Monitore im Verhandlungssaal aufgestellt, um die DNA-Beweise zu präsentieren. Pfeile kennzeichnen die zueinander passenden Banden aus Proben vom Tatort, dem Eingangsbereich seines Hauses und von Simpson selbst.*

Zunächst gilt es, den Tod der Person eindeutig festzustellen. Man kennt zahlreiche bedauerliche Fälle, bei denen der Betreffende zunächst für tot erklärt wurde, dann aber im Leichenschauhaus oder gar auf dem Sektionstisch Lebenszeichen zeigte. In der Tat können eine Überdosis Drogen, andere Formen der Vergiftung oder Elektroschocks einen todesähnlichen Zustand herbeiführen, bei dem sich keine Herzaktivität, Atmung oder Gehirnströme zeigen. Eine intensivmedizinische Wiederbelebung ist in derartigen Fällen durchaus möglich.

Von großer Bedeutung ist die Ermittlung des Todeszeitpunkts vor allem in Bezug auf die Alibis der verdächtigen Personen. Leider ermöglicht jedoch keine der gängigen Methoden mehr als eine grobe Schätzung. Der genaue Todeszeitpunkt lässt sich nur in seltenen Fällen angeben, etwa wenn eine analoge Uhr zerstört und somit angehalten wurde.

Früher war es üblich, dass der erste am Tatort erscheinende Arzt nach Feststellen des Todes die Körpertemperatur des Opfers ermittelte, meist mit Hilfe eines tief in den After eingeführten Thermometers. Dabei wird jedoch die ursprüngliche Anordnung der Kleidung verändert und unweigerlich die

## MORDAKTE:
# Sidney Fox

**Selbst Fachleute können uneins sein. Ob an der Kehle von Mrs. Fox ein Bluterguss festzustellen war oder nicht, wurde in der Verhandlung heiß diskutiert, doch trotz eines Zweifels sprachen die Geschworenen ihren Sohn des Mordes schuldig.**

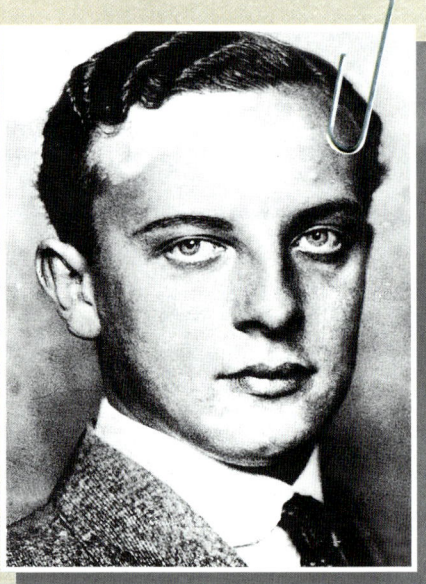

Sidney Fox und seine Mutter Rosaline trafen am 23. Oktober 1923 im Metropole Hotel im englischen Margate ein. Eine halbe Stunde vor Mitternacht gab Sidney Fox lauthals Feueralarm. In einem verrauchten Zimmer mit schwelendem Sessel fand man Mrs. Fox – tot. Die beiden herbeigerufenen Ärzte waren sich einig, dass sie an einem Schock gestorben war; die tags darauf vorgenommene Untersuchung durch den Leichenbeschauer kam zu dem gleichen Ergebnis.

*Sidney Fox, der seine Mutter am 23. Oktober 1929 in einem Hotelzimmer erwürgte.*

*Der Tatort mit Blick auf das angrenzende, von Sidney Fox benutzte Schlafzimmer.*

Fox hatte am 22. Oktober die Lebensversicherung seiner Mutter für einen einzigen Tag verlängert. Die misstrauisch gewordene Versicherung informierte die Polizei und der kurz zuvor bestattete Leichnam wurde durch den berühmten Pathologen Sir Bernard Spilsbury untersucht. Er fand keine Hinweise auf Herzversagen durch Schock (allerdings eine fortgeschrittene Erkrankung von Herz und Arterien) und auch keine Zeichen einer Rauchvergiftung – wohl aber einen runden Bluterguss im Bindegewebe zwischen Kehlkopf und Speiseröhre. Daraus folgerte er, dass der Sohn seine Mutter im Schlaf erwürgt und dann das Feuer entzündet hatte.

Die Verteidigung stützte sich auf zwei genauso bekannte Sachverständige, Sir Sydney Smith und Dr. Robert Bronté. Beide hatten an der Kehle von Mrs. Fox eine „faulige Verfärbung" festgestellt, doch kein Anzeichen für einen Bluterguss. Spilsbury versicherte ihnen, er habe gleich nach der Exhumierung einen solchen Bluterguss gesehen, doch er sei unkenntlich geworden, bevor er eine Mikroskopierprobe entnehmen konnte.

Smith schrieb später in seiner Autobiografie: „Eine Mikroskopierprobe wäre von unschätzbarem Wert gewesen für die Klärung der Frage, ob der Farbfleck ... ein Bluterguss war oder nicht. Ich persönlich war mir ziemlich sicher, dass es keiner war."

Smith wurde hart ins Kreuzverhör genommen mit der Frage, ob ein Pathologe zwischen einem Bluterguss und einer lokalen Verfärbung unterscheiden könne. „Soll das heißen, Sir Bernard würde beides nicht auseinander halten können?", fragte man ihn. Er erwiderte, niemand könne dies durch puren Augenschein leisten und ergänzte: „Ich meine, niemand sollte sagen, ein Blut-

Der angesengte Sessel aus einer anderen Perspektive. Wie aus den Brandspuren des Teppichs hervorgeht, lag keine stärkere Rauchentwicklung vor.

erguss ist ein Bluterguss, solange dies nicht bewiesen ist."

Ein weiterer Streitpunkt war die Tatsache, dass das Zungenbein intakt war. Dieser winzige Knochen wird bei einer Strangulation leicht beschädigt. Trotz dieses für den Angeklagten sprechenden Umstands wurde Sidney Fox, der bis zuletzt seine Unschuld beteuerte, des Mordes an seiner Mutter schuldig gesprochen und am 8. April 1930 gehängt.

FALL GELÖST

Suche des Pathologen etwa nach Sperma, Blut und Haaren beeinträchtigt. Es ist daher sicherer, den Todeszeitpunkt erst nach der pathologischen Untersuchung zu ermitteln.

Das Erkalten des Körpers beginnt unmittelbar nach Eintritt des Todes. Eine bekleidete Leiche durchschnittlicher Statur zeigt in gemäßigten Regionen während der ersten sechs bis acht Stunden einen Temperaturabfall von rund 1,8 °C pro Stunde, danach weniger. Selbstverständlich ist auch die Umgebungstemperatur von Bedeutung. In einem sehr heißen Klima tritt möglicherweise überhaupt keine Abkühlung, sondern sogar eine postmortale Erwärmung ein.

Dies sind nur einige der vielen Faktoren, die es zu berücksichtigen gilt. Bei Unterkühlungsopfern beispielsweise beginnt die Abkühlung bei einer Temperatur, die erheblich unter den sonst angesetzten 37 °C liegt. Für derartige Sonderfälle existieren verschiedene komplizierte Formeln und Diagramme. Eine Ungenauigkeit von plus/minus 2,8 Stunden ist allerdings immer vorhanden.

Während der Autopsie werden Proben der verschiedenen Körperflüssigkeiten wie Blut, Urin und Gehirnflüssigkeit entnommen. Veränderungen in ihrer chemischen Zusammensetzung liefern einen Hinweis auf den Todeszeitpunkt. Körperliche oder emotionale Zustände, die hierbei ebenfalls eine Rolle spielen können, lassen sich dagegen nach dem heutigen Stand der Wissenschaft nicht berücksichtigen. Eine weitere Methode bezieht sich auf die Analyse des Kaliumgehalts der Glaskörpergallerte des Auges, der in den ersten vier bis fünf Tagen nach dem Tod stetig zunimmt. Da man den jeweils zu Lebzeiten bestehenden Kaliumspiegel aber nicht kennt, ist diese Methode auch nicht sehr zuverlässig.

Einen weiteren Anhaltspunkt liefert die Totenstarre. Unter normalen Bedingungen beginnen die Gesichtsmuskeln nach ein bis vier Stunden zu erstarren, die Gliedmaßen nach vier bis sechs Stunden. Nach zwölf Stunden hat die Totenstarre den gesamten

*In einer Ecke des Autopsieraums kurz vor der Leichenschau auf dem Sektionstisch.*

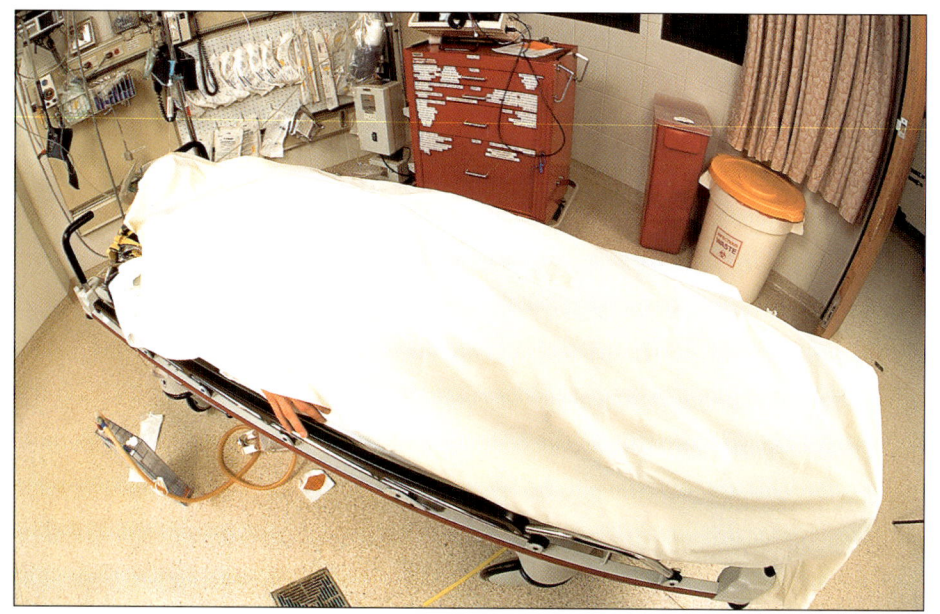

Körper erfasst und bildet sich im Zuge der einsetzenden Fäulnis allmählich wieder zurück. Auch diese Veränderungen unterliegen mitunter starken Schwankungen.

Selten und meist nur bei extremem Schock oder Gewaltausübung setzt die Totenstarre sofort ein. Bei der Verteidigung von Sedan im Deutsch-Französischen Krieg 1870 blieb der enthauptete Körper eines Soldaten starr sitzen, während die Hand noch einen Becher hielt.

Während der Autopsie kommentiert der Pathologe jede einzelne Untersuchungsphase. Diktiergeräte ersetzen inzwischen meist den Protokollanten. Bedeutende, während der Sektion freigelegte Details werden fotografiert und die gesamte Prozedur wird manchmal auch auf Video festgehalten.

Zunächst beschreibt der Pathologe das äußere Erscheinungsbild der Leiche: körperliche Merkmale, Rasse und Kleidungsstücke, die sichtbar durch eine Waffe beschädigt wurden. Nach sorgfältigem Entfernen der Kleidung wird der äußerliche Zustand der Leiche genau untersucht. Wichtig ist ihre Farbe, da sie einen Hinweis auf eine Vergiftung vor allem durch Kohlenmonoxid geben kann. Sämtliche Prellungen und Wunden werden beschrieben, ebenso der Zustand der Augen und vorhandene Totenflecke.

Totenflecke *(Livores mortis)* beginnen sich unmittelbar nach Einsetzen des Todes zu bilden. Wenn das Herz zu schlagen aufhört, wird der Körper nicht mehr durchblutet und das Blut sinkt durch die Gefäße in die am tiefsten liegenden Körperpartien. Als erstes werden die roten Blutkörperchen ca. eine bis drei Stunden nach dem Tod in Form rötlich-blauer Flecke sichtbar, um sich nach sechs bis acht Stunden zu purpurroten Zonen zu vereinen. Sie entstehen dort nicht, wo der Körper auf einer harten Unterlage ruht und sich kein Blut ansammeln kann. Bei einer auf dem Rücken liegenden Leiche finden sich Totenflecke am Nacken, in der Lendenregion und an den Oberschenkeln.

Das Erscheinungsbild dieser dunklen Flecke liefert unter Umständen einen verwertbaren Hinweis darauf, dass die Leiche einige Stunden nach dem Tod in eine andere Position verbracht wurde. Die ersten am Tatort eingetroffenen Polizisten halten sie bisweilen fälschlicherweise für Blutergüsse und vermuten eine schwere körperliche Misshandlung. Pathologisch lässt sich die Ursache jeglicher farbiger Flecke rasch abklären, doch es sind durchaus auch Fälle bekannt, bei denen sich Experten in puncto Blutergüsse nicht einig waren.

Steht die Identität des Opfers nicht fest, werden oftmals während der Voruntersuchung seine Fingerabdrücke gesichert und die Kleidung nach Anhaltspunkten durchsucht. Falls sich keine brauchbaren Dokumente wie Kreditkarte, Führerschein, Briefe, Rechnungen oder Theaterkarten finden, werden die Angaben auf den Herstelleretiketten der getragenen Kleidung

# MORDAKTE:
# Patrick Higgins

**Der Zustand des Mageninhalts liefert bisweilen einen Hinweis auf den Todeszeitpunkt. Unverdautes Gemüse aus einer Graupensuppe zeigte, dass zwei kleine Jungen kurz nach ihrem Verzehr ertränkt worden waren.**

An einem Sonntagnachmittag im Sommer 1913 bemerkten zwei Männer ein dunkles Bündel, das in einem überfluteten schottischen Steinbruch trieb. Sie machten die schreckliche Entdeckung, dass es sich um zwei zusammengeschnürte Kinderleichen handelte.

Bei der Untersuchung der Leichen durch den Gerichtsmediziner Sydney Smith stand bald fest: Es waren zwei Jungen im Alter von etwa sieben und vier Jahren und offenbar Brüder, wie aufgrund ihrer ähnlichen Kleidung anzunehmen war. Eines der Hemden trug die verblasste Wäschemarke eines Armenhauses in Dysart. Da die Leichen im Wasser lagen, hatte sich das Körperfett in *Adipocire* (Fettwachs) verwandelt (siehe „Ohne Luft kein Leben"). Dies hatte den Fäulnisprozess verhindert – die Mägen waren unversehrt und ihr Inhalt nahezu unverändert. Smith: „In den Mägen fanden sich mehrere Unzen unverdauten Gemüses: ganze grüne Erbsen, Graupen, Kartoffeln, Steckrüben und Lauch, also die traditionellen Zutaten einer schottischen Graupensuppe."

Anhand der Beschaffenheit des *Adipocire* errechnete Smith, dass die Jungen 18–24 Monate im Wasser gelegen und somit die letzte Mahlzeit im Sommer oder Herbst 1911 eingenommen hatten.

Wie man herausfand, waren im November 1911 zwei Jungen von sieben und vier Jahren verschwunden, die zuvor im Armenhaus von Dysart gelebt hatten. Ihr Vater, der Arbeiter Patrick Higgins, hatte im November gegenüber einem Bekannten geäußert, dass es den Kindern jetzt gut gehe und sie auf dem Weg nach Kanada seien. Nachdem die Polizei jedoch auf eine Frau gestoßen war, die sich erinnerte, zwei Jungen in einer Novembernacht mit einem Teller Graupensuppe versorgt zu haben, wurde Higgins festgenommen, schuldig gesprochen und im Oktober 1913 in Edinburgh gehängt.

**FALL GELÖST**

und Schuhe notiert. Die Sicherstellung eines Schuhabdrucks ermöglicht es, einige der am Tatort hinterlassenen Fußspuren ausschließen zu können. Ein Zahnabdruck kann bereits in dieser Phase oder später durch einen Zahnexperten hergestellt werden. Abschließend ist nach Injektionsstellen zu suchen, die sehr klein und unauffällig sein können, vor allem wenn die Arme tätowiert sind.

Nun kann der Pathologe mit der eigentlichen Sektion beginnen. Zunächst wird von Händen, Mund, Brüsten, Scheide und After ein Abstrich genommen. Im Fall einer Sexualstraftat wird auch der After untersucht und das Schamhaar gekämmt und sichergestellt (eventuell sind dort fremde Haare vorhanden).

Die innere Untersuchung beginnt mit einem großen, y-förmigen Schnitt, der hinter den Ohren ansetzt und am Brustbein entlang bis in die Leistengegend reicht, um Kehle, Brust- und Bauchhöhle, Knochen, Muskeln und innere Organe freizulegen. So können auch subkutane Blutergüsse entdeckt werden, die bei der äußerlichen Untersuchung eventuell unentdeckt blieben. Von vorhandenen Wunden und Prellungen werden Gewebeproben entnommen. Sämtliche Wunden werden gründlich untersucht und beschrieben. Eventuelle Kugeln müssen geborgen und Knochenbrüche dürfen nicht übersehen werden.

Nun gilt es, das Brustbein zu durchtrennen, um Lunge, Herz und andere Organe zu entnehmen und weitergehenden Untersuchungen und Analysen durchzuführen. Nach Entfernen der Schädeldecke ist außer dem Gehirn auch das Schädelinnere mit Blick auf etwaige Verletzungen zu inspizieren. Spuren älterer Verletzungen können einen Hinweis auf die Lebensweise des Opfers geben. Anschließend wird das Gehirn für spätere Untersuchungen entnommen. Für all dies benötigt ein erfahrener Pathologe kaum eine halbe Stunde. Der berühmte englische Pathologe Francis Camps kam nach eigenem Bekunden oftmals mit nur zehn Minuten aus.

Bei Leichen aus der Umgebung eines Brandes oder anscheinend Ertrunkenen sind die Atemwege auf Spuren von Ruß oder Wasser zu untersuchen. Der Mageninhalt kann Aufschluss über die zwischen der letzten Mahlzeit und der Todesstunde verstrichene Zeit geben (siehe linke Seite: Patrick Higgins).

Bei der Autopsie finden sich in manchen Fällen Anzeichen für eine Vergiftung. Sehr oft spielt hierbei der Geruch eine Rolle, wenn Pathologen im Magen Substanzen wie Ammoniak oder Phenol (Carbolsäure) entdecken, oder den markanten Bittermandelgeruch von Zyanid wahrnehmen. Bei Selbstmord können die unterschiedlichsten Chemikalien involviert sein. In einem ungewöhnlichen Fall fand man ein junges Mädchen tot im Bett. Nach Öffnen des Schädels entströmte dem Gehirn der Geruch von Tetrachlorkohlenwasserstoff – aus einem Reinigungsmittel, das sie gewohnheitsmäßig schnüffelte.

Der Zustand der Leber kann auf eine Zirrhose oder Hepatitis hindeuten. Viele Arzneimittel, vor allem eine Überdosis Paracetamol, vermögen allerdings ein vergleichbares Erscheinungsbild hervorzurufen. Nierenentzündungen können beispielsweise auf Quecksilberverbindungen, chronische Bleivergiftung oder längere Überdosierung von Phenacetin zurückgehen.

Damit ist die eigentliche Tätigkeit des Pathologen beendet. Die weiteren Untersuchungen, auf die wir später eingehen wollen, werden meist unter seiner Aufsicht durch Spezialisten für Serologie, Gewebeanalyse, Zahnkunde, Toxikologie und forensische Anatomie durchgeführt.

# Mord oder Selbstmord?

*Oft durchtrennt der Finder einer Person, die sich offenbar erhängt hat, das Seil, um eine Wiederbelebung einleiten zu können. Wichtige Beweise wie die Haltung und ursprüngliche Position des Körpers können so verloren gehen.*

Bei jedem Todesfall stellen sich die gleichen Fragen: Handelt es sich um einen natürlichen, unnatürlichen oder Unfalltod? Und bei einem unnatürlichen Tod: Ist es Mord oder Selbstmord? Es gibt viele Gründe für einen Selbstmord – aber auch für einen Mord. Und in manchen Fällen kommt es zu Verwechslungen. Professor Cyril Polson scheibt in seinem Buch *Essentials of Forensic Medicine*: „Der raffinierte Selbstmordkandidat ... kann sein Ableben so planen, dass es wie Mord aussieht. Noch häufiger begegnet man allerdings Mördern, die versuchen, ihr schändliches Tun als Selbstmord darzustellen."

Wie Polson in einem Fachartikel betont, kann die offensichtliche Todesursache in eine ganz falsche Richtung führen. Er beschreibt zwölf Fälle – darunter drei scheinbare Morde mit einer Schusswaffe, zwei mit dem Messer, zwei durch Erwürgen, Attacken mit Flasche und Beil, durch Fußtritte –, die sich der Polizei auf den ersten Blick allesamt als Morde darstellten, sich jedoch später als Ergebnis eines Selbstmordes oder Unfalls erwiesen. Der „Mord mit dem Beil" stellte sich als Selbstmord mit der Schrotflinte heraus, eine der „Erwürgungen" war ein Herzanfall und dem Tod durch „Fußtritte" ging ein unglücklicher Sturz voraus.

Auch dem berühmten Pathologen Sir Sydney Smith begegneten einige bizarr anmutende Fälle. In seinem Buch *Mostly Murder* beschreibt er, wie „sich ein junges Mädchen in einem Krankenhaus 20 Mal in die Stirn hieb und dann, als der Erfolg ausblieb, warmes Wasser in eine Badewanne einließ und sich ertränkte. Ich frage mich, wie viele von uns Ärzten angesichts der zahlreichen Beilwunden im Schädel an Selbstmord dächten."

In einem anderen Fall, so Smith, fand man einen Erhängten mit einer Schusswunde rechts im Gesicht, einer weiteren an der linken Hand, fünf Einschnitten in der Kehle und weiteren im linken Handgelenk, die die Sehnen, nicht aber die Schlagader durchtrennt hatten. Die Begleitumstände sprachen jedoch eindeutig für Selbstmord: Zunächst hatte er versucht, sich zu erschießen, denn Kehle und Handgelenke aufzuschneiden; voller Verzweiflung hatte er sich schließlich erhängt.

Smith schloss viele seiner Vorlesungen mit folgendem Fall: Ein Mann wollte sich an einem Ast erhängen, der über eine Steilklippe ragte. Er nahm eine hohe Dosis Opium und beschloss, sich zu erschießen – sicherheitshalber. „Mit umgelegter Schlinge, eingenommenem Gift und gespanntem Revolver trat er über die Klippe und schoss. Der Ruck ließ die Kugel an seinem Kopf vorbeifliegen und durchtrennte das Seil zur Hälfte. Das Körpergewicht ließ das Seil reißen und er stürzte knapp 20 Meter tief ins Meer, wo er einiges an Salzwasser schluckte, das Opium erbrach und als gebesserter, klügerer Mensch ans Ufer schwamm."

## MERKWÜRDIGES AUS EDINBURGH

Ein anderer von Smiths Fällen beweist die gebotene Sorgfalt bei der Untersuchung eines scheinbaren Mordes. Eines Abends verließ ein älterer Mann sein Hotelzimmer, um erst gegen halb acht am folgenden Morgen zurückzukehren. Das Zimmermädchen, das ihm die Tür öffnete, wies ihn auf Blut im Gesicht hin, doch er entgegnete: „Keine Sorge, das wasche ich mir oben ab." Er hängte Mantel, Schirm und Hut an die Garderobe und ging nach oben ins Bad, wo er zusammenbrach. Ohne das Bewusstsein wiederzuerlangen, starb er drei Stunden später im Krankenhaus.

Es war unübersehbar, dass er eine Schusswunde im Kopf hatte. Die Kugel der unter das Kinn gehaltenen Waffe hatte das Gehirn stark verletzt und

## MORDAKTE:

# Iris Seagar

**Fiel sie oder wurde sie gestoßen? Ein geniales Experiment zeigte eindeutig, dass die Frau nicht vom Balkon gestürzt oder gesprungen war, sondern hinabgeworfen wurde.**

Anfang der 1970er-Jahre fiel Iris Seagar in Baltimore vom Balkon ihres Penthouse 61 Meter tief in den Tod. Nachbarn meinten, die Alkoholexzesse ihres Mannes hätten ausgereicht, um sie in den Selbstmord zu treiben. Die Polizei wollte es eigentlich dabei belassen, bis der Ehemann behauptete, es sei ein Unfall gewesen. Sie habe an der defekten Klimaanlage hantiert und sei dabei über das Geländer gestürzt. Als die Polizei erfuhr, dass Mrs. Seagar eine Lebensversicherung in Höhe von 100 000 $ abgeschlossen hatte, die bei Selbstmord nicht eintrat, sah sie Anlass zu weiteren Ermittlungen.

Ein Kriminaltechniker konstruierte mehrere Puppen mit dem Gewicht und der Körpergröße der 48-jährigen Frau und filmte was geschah, wenn diese vom Balkon gekippt, gestoßen und geworfen wurden. Falls Mrs. Seagar einfach gestürzt wäre, hätte der Auftreffpunkt nicht mehr als 3,2 Meter vom Gebäudesockel entfernt gelegen. Wäre sie gesprungen, so hätte die Entfernung höchstens 4,3 Meter betragen. In Wirklichkeit lag sie jedoch bei fünf Metern. Hiermit konfrontiert, gestand Mr. Seagar, seine Frau im Vollrausch vom Balkon geworfen zu haben.

**FALL GELÖST**

war links vom Stirnbein wieder ausgetreten. Form und Größe (drei Zentimeter) des Austrittslochs sprachen für einen Revolver Kaliber .45.

Die Polizei folgte einer Blutspur, die vom Hotel zu einer Gartenlaube auf der anderen Straßenseite führte. Dort stieß man auf einen .45er Revolver und eine große Blutlache. Im Dach fand sich ein von Knochen- und Gehirnmasse umgebenes Einschussloch. Gegen sechs Uhr morgens hatte es zu schneien begonnen und eine Linie von Fußspuren und Blutspritzern führte in einem weiten Kreis um die Laube herum und von dort zum Hotel.

Die Waffe war Eigentum des Betreffenden und später entdeckte Briefe machten deutlich, dass er Selbstmord begangen hatte. Eine Untersuchung der Blutspur ergab, dass er die Waffe vor sechs Uhr gegen sich gerichtet hatte. Offenbar saß er dann eine Zeit lang mit nach vorn gebeugtem Kopf (Blutlache) in der Laube. Dann ging er im Garten herum, kehrte in die Laube zurück und begab sich nach nochmaligem Verweilen zum Hotel. Trotz der tödlichen Hirnverletzung hatte er es irgendwie geschafft, zwei oder drei Stunden zu überleben, mehrere zielgerichtete Handlungen zu vollziehen und sogar verständlich zu sprechen, bevor er das Bewusstsein verlor.

Ähnlich der Fall eines Holländers, der 1992 bei Perpignan zwei junge Mädchen entführt und ermordet hatte und in Lourdes, wo er sich seiner

Schuld bekennen wollte, in einem Hotel gestellt wurde. Da die Andachtsstätte am Abend zugesperrt war, hatte er versucht, sich einen Stromschlag zu versetzen, sich die Pulsadern aufzuschneiden und schließlich – ebenfalls ohne Erfolg –, sich zu erschießen.

Dr. Keith Simpson, auch er ein angesehener Pathologe, wurde 1945 zu einem befremdlichen Fall hinzugezogen. Im Becken der Werft von Portsmouth hatte man eine gefesselte männliche Leiche gefunden. Untersuchungen ergaben, dass der Mann ertrunken war. Die Polizei war überzeugt, dass es sich um einen Mord handelte, nicht aber Simpson. Der Mann sei, wie er sich ausdrückte, „durch seine eigenen Hände und Zähne" gestorben. Simpson demonstrierte, dass sich der Mann selbst gefesselt hatte, beginnend mit einer Schlinge um die Unterschenkel, bei jedem Knoten das Seil weiter heraufholend und den letzten Knoten mit den Zähnen stramm ziehend. Im Licht einer Taschenlampe konnte Simpson zwischen den Zähnen des Mannes tatsächlich ein Stück Seil entdecken.

In den 1930er-Jahren fand man eine 45-jährige Frau tot im Bett. Die Schlafzimmertür musste aufgebrochen werden, da sie von innen mit einem Schlüssel zugesperrt war. Ein Laken bedeckte die auf dem Rücken liegende Frau, doch beide Arme hingen heraus. Über dem Mund befand sich ein auf zehn Zentimeter Breite gefalteter, hinten zugeknoteter Schal. Ein zweiter, annähernd gleich breiter Schal lag um den Hals, vorne so fest verknotet, dass er einen Hautabdruck hinterließ. Im Rachen steckte ein kleines Taschentuch.

*Bei einem echten Selbstmord gehen der tödlichen Wunde fast immer ein oder mehrere zaghafte Versuche voraus.*

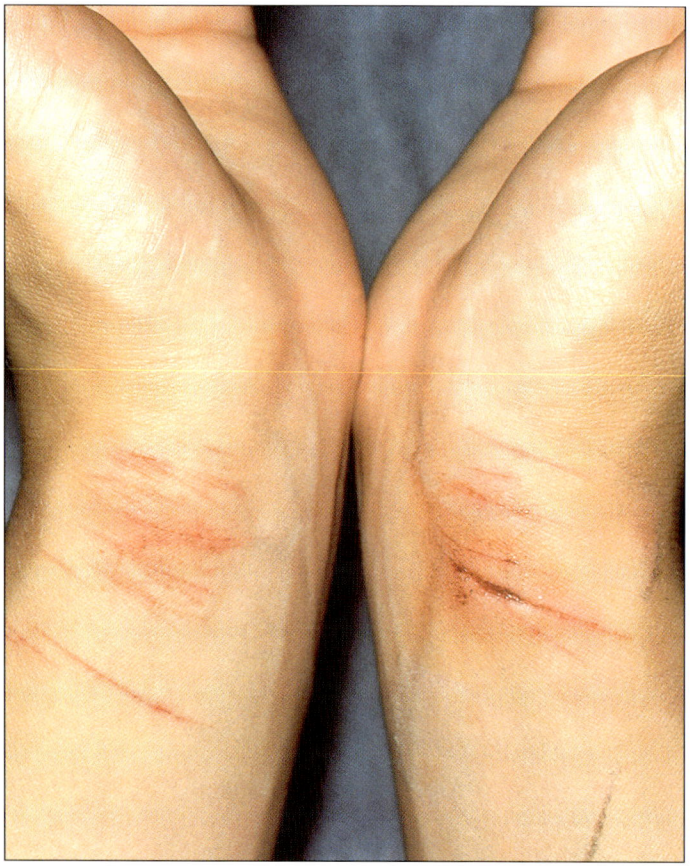

Wie sich ergab, hatte die Frau jahrelang an schweren Depressionen gelitten und wiederholt gedroht, sich mit einem Schal zu erdrosseln. Wenn man die Leiche nicht in einem verschlossenen Zimmer gefunden hätte, wäre es leicht gewesen, von Mord auszugehen.

Niemand kennt die Zahl der angeblichen Selbstmorde, die in Wahrheit Mordfälle waren. Ohne einen Verdächtigen oder verdächtige Begleitumstände, bietet es sich für alle Beteiligten an, der Sache nicht weiter nachzugehen. Gleiches gilt für scheinbar tödliche Unfälle.

## MORDAKTE:

# Heinz W.

**Der Berliner Taxifahrer behauptete, das Ehepaar habe Schlaftabletten genommen, doch toxikologische Tests ergaben, dass beide nur bewusstlos waren, als er ihnen in den Kopf schoss.**

Am Ostermontag 1998 fand man Iris und Johannes Gerarts mit Schusswunden im Kopf tot im Bett ihrer eleganten Kieler Villa.

Im Haus der wohlhabenden Geschäftsleute fehlten einige wertvolle Gegenstände. Überdies war von ihrem Konto nach ihrem Tod Geld abgehoben worden.

Kurze Zeit später wurde der 50-jährige Berliner Taxifahrer Heinz W. festgenommen und des Mordes beschuldigt. Er hatte für das Ehepaar als Fahrer und Detektiv gearbeitet und behauptete, beiden nur beim Selbstmord geholfen zu haben. Die Eheleute waren geschäftlich und gesundheitlich angeschlagen (er musste sich aufgrund von Diabetes ein Bein amputieren lassen und sie litt an Multipler Sklerose). Heinz W. behauptete, sie hätten sich mit Schlaftabletten umgebracht und ihn zuvor gebeten, nach ihrem Tod auf sie zu schießen, damit es nach Raubmord aussehe.

Toxikologische Analysen ergaben allerdings nur eine geringe und keineswegs tödliche Dosis an Schlaftabletten. Nun änderte der Beschuldigte seine Aussage dahingehend, dass sie die Tabletten eingenommen hätten, um zu schlafen, wenn er sie tötete. Diese Version war unangreifbar und anstatt der fünf Jahre bis lebenslänglich, die ihm sonst gedroht hätten, wurde er wegen Beihilfe zum Selbstmord, Verstoß gegen das Waffengesetz und der Vortäuschung einer Straftat zu vier Jahren und neun Monaten Haft verurteilt.

**FALL GELÖST**

Es gibt zahlreiche Fälle mit einem scheinbaren Selbstmord durch Aufschneiden der Pulsadern oder Kehle. Einem echten Selbstmord gehen fast immer zwei oder drei tastende Versuche voraus. Ein einzelner, tiefer Schnitt kann somit stark auf einen als Selbstmord getarnten Mord hindeuten. Dies gilt auch für Japan, wo das traditionelle Harakiri bis heute eine rituelle Form des Selbstmordes darstellt. In seiner langen Polizeikarriere erlebte Inspektor Asaka Fukuda aber auch mehrere Fälle, die sich als Mord herausstellten. In fast allen echten Selbstmordfällen unternahm der Betreffende mit seinem Messer oder Schwert einen oder mehrere Probestiche, bevor er es sich tief in den Bauch rammte. Falls eine solche „tastende Verletzung" fehlte, hielt Fukuda stets Ausschau nach weiteren Indizien für einen Mord.

Es gibt auch Morde, die wie Selbstmord durch Erhängen wirken sollen. Oft behauptet der Mörder, er habe den Erhängten gefunden und das Seil durchtrennen müssen, um die Person wieder zu beleben. Dadurch wird das

# MORDAKTE:
# Henry Marshall

**Man sprach von Selbstmord, doch warum sollte sich der Beamte des US-Landwirtschaftsministeriums das Leben genommen haben? Seine Beteiligung an der Aufklärung einer Finanzaffäre ließ vermuten, dass man ihn umgebracht hatte, was sich später bestätigte.**

Am 3. Juni 1961 fand man den Leichnam von Henry Marshall neben seinem Pick-up auf seiner texanischen Ranch. Sein Körper hatte vorne fünf Eintritts-, hinten aber nur vier Austrittslöcher und enthielt keine Kugel. Neben ihm lag sein .22er Gewehr mit vier Patronenhülsen. Schmauchspuren vorne am Körper zeigten, dass das Gewehr aus kürzester Entfernung abgefeuert worden war. Der örtliche Friedensrichter stellte einen Selbstmord fest und Marshall wurde beerdigt.

Als Beamter des Landwirtschaftsministeriums war Marshall an der Aufklärung einer Finanzaffäre beteiligt, weshalb im folgenden Jahr ein offizieller Mordverdacht laut wurde und man eine

Autopsie anordnete, die von einem staatlichen Gerichtsmediziner durchgeführt wurde. In Marshalls Lunge fand sich eine nahezu tödliche Konzentration von Kohlenmonoxid (womöglich aus dem Auspuff des Wagens). Der Arzt konnte sich das Fehlen des fünften Austrittslochs nur dadurch erklären, dass vielleicht zwei Kugeln an der gleichen Stelle ausgetreten waren. Zudem fand er einen Hinweis auf einen schweren Schlag auf den Schädel.

Es schien unmöglich, dass Marshall eine große Menge Auspuffgase eingeatmet und dann fünfmal (mit jeweils neu gespanntem Hahn!) auf sich geschossen hatte, zumal er seinen rechten Arm aufgrund einer alten Verletzung nicht mehr ganz ausstrecken konnte. Ein Unterausschuss des Senats und die Texas Rangers sprachen sich für Mord aus, doch leider wurde der Täter nie gefunden.

*Henry Marshall, ein Beamter im US-Landwirtschaftsministerium, war in die Untersuchung einer Finanzaffäre involviert, als man ihn am 3. Juni 1961 auf seiner texanischen Ranch erschossen auffand. Eine gerichtliche Untersuchung kam zu dem Ergebnis, dass er Selbstmord verübt hatte, doch anhaltende Zweifel führten fast ein Jahr später zu seiner Exhumierung.*

AKTE
GESCHLOSSEN

*Die auf die Exhumierung folgende Autopsie ergab, dass Marshall einem Mord zum Opfer gefallen war.*

wertvollste Beweismittel zunichte gemacht: die Haltung und das ursprüngliche Erscheinungsbild des Toten. Sektion und gründliche Suche am Tatort
fördern jedoch unweigerlich belastende Details zu Tage.

So etwa wird ein Mörder stets gezwungen sein, Gewalt anzuwenden,
denn es wäre nahezu unmöglich, das Opfer zur Mithilfe zu überreden. Meist
finden sich Hinweise auf einen Kampf oder Schleifspuren. Wenn der Täter
anschließend das Seil über einen Balken oder Haken legt und dann die
Leiche hochhievt, kann man das manchmal am Seil erkennen. Oder das
Opfer wurde im Stehen erdrosselt und dann das abgeschnittene Seil über
einen Holzbalken gelegt, damit die Schilderung des Mörders schlüssig
erscheint. Bei der Untersuchung des Holzes fehlt dann aber eine Einkerbungen, wie sie ein schweres Gewicht hinterlassen würde. Auch lässt sich mikroskopisch nachweisen, dass das Seil beim Durchtrennen nicht gespannt
war (was bei einem echten Selbstmord der Fall wäre).

Tod durch Vergiftung wird oftmals auf Selbstmord oder Unfall zurückgeführt, vor allem wenn das Opfer regelmäßig Tabletten oder Drogen konsu-
mierte. Niemand weiß, wie oft eine natürliche Todesursache angenommen
wird, obwohl die Droge durch einen Dritten verabreicht wurde – sei es, um
das Leiden eines Todkranken zu beenden oder um einen Mord zu begehen.

Einige Bekanntheit erlangte der Tod des Engländers Charles Bravo am
21. April 1876. Drei Tage zuvor hatte Bravo gemeinsam mit seiner Frau Flo-

*Gerichtliche Anhö-
rung nach dem rät-
selhaften Tod von
Charles Bravo im
Jahr 1876. Oben
eingefügt Porträts
des Opfers und sein-
er Frau Florence.*

*Im Westen als Harakiri, in Japan jedoch als* seppuku *bekannt, wurde das rituelle Bauchaufschlitzen jahrhundertelang praktiziert – in Fällen schwerer Schande illegalerweise gelegentlich noch heute. Entehrten Samurai war ein Sekundant* (kaishaku) *erlaubt, der den Mann enthauptete, sobald er den ersten Schnitt machte.*

rence und deren Gesellschafterin Jane Cox diniert und ein oder zwei Gläser Burgunder getrunken. Am Abend rief er von seinem Schlafzimmer aus um Hilfe. Mrs. Cox sah noch, wie er sich übergab und dann das Bewusstsein verlor. Dem herbeigeeilten Arzt teilte sie mit, Bravo habe sich eigenem Bekunden nach vergiftet. Nachdem der Kranke das Bewusstsein wiedererlangt hatte, räumte er ein, vielleicht etwas Opiumtinktur verschluckt zu haben, mit der er sich das Zahnfleisch massiert hatte, um seine Neuralgie zu lindern.

Florence Bravo schickte nach dem renommierten Arzt Sir William Gull, der ihrem Mann mitteilte, er sei vergiftet worden und liege im Sterben. Bravo insistierte, er habe außer der Opiumtinktur nichts eingenommen. Nach seinem Tod ergab eine Analyse des Erbrochenen allerdings, dass er an einer Antimonvergiftung starb. Im Burgunder fanden sich keine Antimonspuren und seine Frau sowie Mrs. Cox hatten die gleichen Speisen gegessen.

Gull und auch der Leichenbeschauer schlossen Fremdeinwirken aus. Dennoch landete die „Bravo-Affäre" bald auf den Titelseiten, begleitet von neuen und alten Skandalen um Florence Bravo. Der Fall wurde wieder aufgerollt und im Juli 1876 präsentierte man den Geschworenen den exhumierten Leichnam. Der Richter konstatierten Mord, doch es gab keine hinreichenden Beweise, um Mrs. Cox oder Mrs. Bravo die Schuld zuzuweisen.

Heutzutage reicht der Einfallsreichtum der Mörder nur selten an den der Kriminalisten heran. Bei begründetem Verdacht wird eine gründliche Untersuchung stets jene winzigen Beweise ans Licht bringen, die zur Wahrheit führen. „Denn Mord, hat er schon keine Zunge, spricht mit wundervollen Stimmen" (Hamlet).

# MORDAKTE:

# Norman Thorne

**Der Geflügelzüchter aus Sussex behauptete, seine Geliebte habe sich im Dezember 1924 nach einem Besuch erhängt. An dem Holzbalken fanden sich jedoch keine Seilkerben und Elsie Camerons Hals schien unversehrt.**

Am 5. Dezember 1924 verschwand die Londoner Büroangestellte Elsie Cameron auf dem Weg zur Geflügelfarm ihres Geliebten, des 24-jährigen Norman Thorne. Fünf Tage darauf wandte sich ihr Vater besorgt an die Polizei. Auch Thorne zeigt sich gegenüber den Beamten beunruhigt über ihr Fernbleiben. Als die Polizei einen Monat später erfuhr, dass Cameron auf dem Weg zur Farm gesehen worden war, suchte man das Anwesen nochmals auf und konnte ihren Koffer sicherstellen. Thorne sagte nun, seine Geliebte sei tatsächlich eingetroffen und habe verkündet, so lange zu bleiben, bis er sie heiraten wolle. Spät am Abend zurückgekehrt, habe er sie im Hühnerstall an einem Balken erhängt aufgefunden. In Panik habe er sie zerstückelt und die Leichenteile im Hühnerhof vergraben.

Die Ermittlungen ergaben, dass der Balken eine durchgehende, dicke Staubschicht und keine tiefen Kerben aufwies, wie sie das ruckartige Einwirken des Körpergewichts verursacht hätten. Sir Bernard Spilsbury untersuchte den exhumierten Leichnam und fand zahlreiche Blutergüsse an Kopf, Gesicht, Ellbogen, Beinen und Füßen, jedoch im Hals keine Anzeichen von Blutungen, die für einen Tod durch Erhängen gesprochen hätten.

Der Prozess lieferte eine dramatische Konfrontation zweier Pathologen. Die Verteidigung berief Dr. Robert Bronté, der fast einen Monat nach der Beerdigung in Anwesenheit Spilsburys eine zweite Autopsie durchgeführt hatte. Bronté behauptete, er habe im Hals „Furchen" mit sichtbaren Blutergüssen gefunden; Spilsbury bestritt dies.

Am letzten Verhandlungstag spielte Spilsbury seinen Trumpf aus. Thorne hatte behauptet, er habe Elsie Cameron „mit offenen, aber zusammengekniffenen Augen" vorgefunden. Hierzu Spilsbury: „Im Fall der Bewusstlosigkeit oder gar des Todes wären die Augen weder vollkommen geöffnet oder geschlossen gewesen, sondern halb offen, mit flexiblen Lidern; gewiss ohne Fältchen." Am 22. April 1925 endete Norman Thorne am Galgen.

*Norman Thorne und seine Geliebte Elsie Cameron, die er am 5. Dezember 1924 ermordete.*

FALL GELÖST

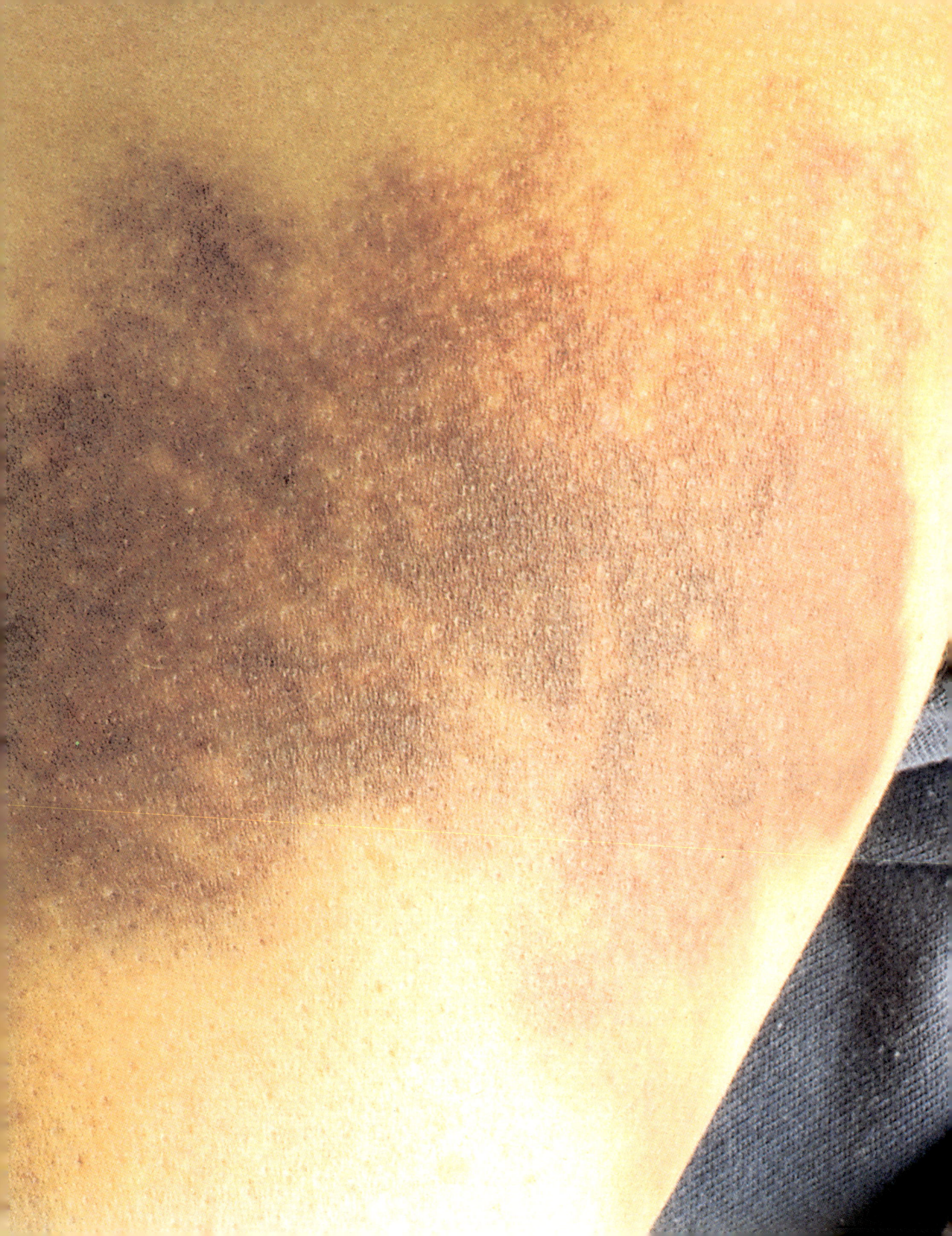

# Zeichen des Todes

*Starker Bluterguss an einem Arm. Ein echter Bluterguss kann nur beim Lebenden entstehen und bildet sich durch Austritt von Blut in das umgebende Gewebe. Er ist nicht immer ein Hinweis auf den Ort der Verletzung und noch seltener auf ihre Ursache.*

Körperverletzung kann tödlich enden, sei sie fahrlässig oder kaltblütig geplant. Stichwunden bewirken vor allem innere Verletzungen und Blutungen. Auch Schnittwunden können zum Tod führen, wenn eine größeres Blutgefäß durchtrennt wird. Bei dem berühmten „stumpfen Gegenstand" kann es sich um Dinge handeln wie einen Hammer, Baseballschläger, Balken, Stein, ja sogar um einen Staubsauger oder eine große Vase; die Folge sind Knochenbrüche, Verletzungen der inneren Organe, Schädelfrakturen, Hirnschädigungen oder zumindest äußerliche Blessuren.

## BLUTERGÜSSE

Man könnte meinen, kaum eine Verletzung sei für den Pathologen von größerer Bedeutung als ein Bluterguss. Nicht wenige Krimiautoren unterstellen, ein schlichter „blauer Fleck" würde genau Auskunft geben über den Ort der Verletzung, die ausgeübte Kraft und sogar die Gestalt des Tatwerkzeugs. Doch die Wirklichkeit ist oft komplizierter.

Ein Bluterguss entsteht durch Austritt von Blut in das umgebende Gewebe aufgrund einer Ruptur der kleineren Blutgefäße, meist der kleinen Venen oder Kapillaren. Als Erstes sollte man sich daher merken, dass ein Bluterguss nur bei einer lebenden Person entstehen kann, da nach dem Tod kein Rückfluss aus den Kapillaren erfolgt. Durch starke Gewalteinwirkung können auch an einer Leiche ähnliche Verletzungen entstehen, die jedoch verglichen mit dem Kraftaufwand relativ klein sind und im Zuge der Autopsie

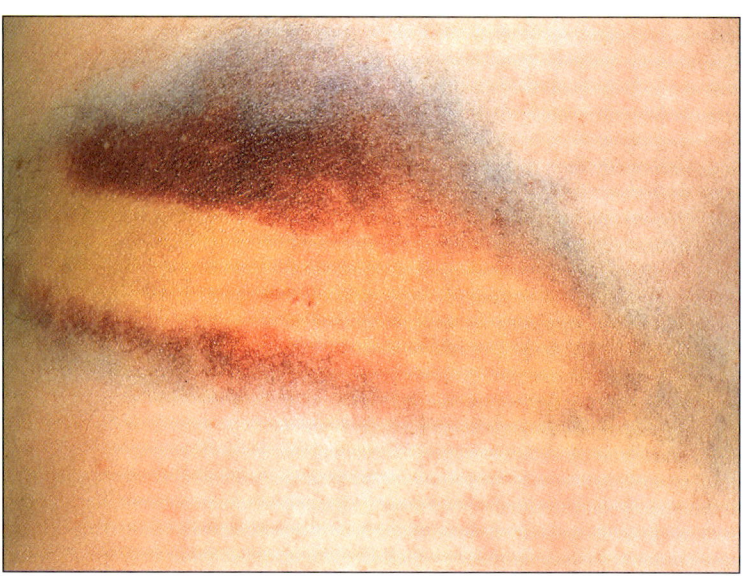

*Bluterguss am Brustkorb. Wegen der dicht unter der Haut liegenden Rippen entsteht ein schienenförmiges Muster.*

meist rasch von echten Blutergüssen unterschieden werden.

Der zweite wichtige Punkt ist, dass ein Bluterguss allein keine Todesursache darstellt, jedoch zur Klärung der Umstände beitragen kann, die zu schweren Verletzungen oder gar zum Tod führten. Position und Form der Blutergüsse sind etwa bei Vergewaltigungen oftmals besonders aussagekräftig.

Blutgefäße reißen aufgrund eines starken lokalen Drucks zwischen dem Objekt, das die Verletzung bewirkt, und den Knochen. Der Blutaustritt erfolgt oft ziemlich dicht unter der Haut. Da jedoch der darunter liegende Knochen entsprechenden Widerstand bietet, können in Geweben oder Organen auch tiefe Blutergüsse entstehen.

Das austretende Blut diffundiert gewöhnlich durch das Gewebe und folgt dabei den Faszialebenen (den Gewebeschichten unter der Haut oder zwischen den Muskeln), weshalb die Gestalt des verursachenden Objekts meist nicht kenntlich wird. Eine Ausnahme bildet der „intradermale Bluterguss", der auf die oberste Gewebeschicht dicht unter der Haut beschränkt ist und daher zum Teil das Muster des Objekts abbildet. Ein solcher Effekt lässt sich beobachten, wenn die Haut in entsprechende Rillen gepresst wurde, etwa durch einen Autoreifen oder einen geflochtenen Gürtel.

Ein merkwürdiger Fall eines gemusterten Blutergusses ereignete sich im nordenglischen Yorkshire. Ein Bergmann war bei einem Arbeitsunfall getötet worden. Auf seinem Rumpf fanden sich parallele, zickzackförmige Blutergüsse. Zunächst glaubte man, diese stammten von dem Förderband, das ihn zu Boden geschmettert hatte, doch dieses war ganz anders gemustert. Schließlich stellte man fest, dass die Blutergüsse dem Innenmuster seines Strickpullovers entsprachen.

Hiebe mit einer glatten, dünnen Stange führen oft zu schienenförmigen Blutergüssen. Durch den starken Impuls werden die direkt getroffenen Blutgefäße zusammengedrückt und entleert, während die beidseits liegenden Adern reißen.

Blutergüsse sind jedoch meist entweder rund oder oval, da sich das Blut ziemlich gleichmäßig in sämtliche Richtungen ausbreitet. Die Blutansammlung bewirkt, dass Blutergüsse leicht erhaben sind. Dies ist zugleich das erste Merkmal, das sie von scheinbaren, nach dem Tod verursachten Blutergüssen unterscheidet.

# Neville Heath

**Gut aussehend und eloquent, gab er sich als hochrangiger Militär aus. Zum Verhängnis wurde dem Sadisten und Mörder das markante Muster der Reitpeitsche, mit der er eines seiner Opfer brutal geschlagen hatte.**

*Neville Heath nach seiner Festnahme wegen des Mordes an Margery Gardner.*

Am Nachmittag des 20. Juni 1946 entdeckte man den leblosen Körper der Margery Gardner im Bett ihres Zimmers in einem Londoner Hotel. Dr. Keith Simpson, der untersuchende Pathologe, fand rasch heraus, dass sie erstickt worden war. Was ihn jedoch bestürzte, waren die Verletzungen, die ihrem Tod vorangegangen waren. Beide Brüste wiesen starke Bisswunden auf, an der Scheide fand sich ein langer Riss und es gab 17 deutliche Abdrücke einer ledernen Reitpeitsche mit einem markanten Rautenmuster. „Findet die Peitsche, dann habt ihr den Täter", so Simpson zu den Polizisten.

Jener Mann, der sich als Oberstleutnant Neville Heath ausgegeben und das Zimmer am 16. Juni bezogen hatte, war seit langem fort. Einige Tage darauf bezog er unter dem falschen Namen Brooke ein Hotelzimmer in Bournemouth. Am 3. Juli speiste er dort mit Doreen Marshall, die zwei Tage darauf als vermisst gemeldet wurde. Merkwürdigerweise ging „Brooke" dann auf die örtliche Polizeiwache und bestätigte das gemeinsame Essen, doch sein Foto war dort bereits bekannt, und man hielt ihn fest. Heath bat darum, man möge ihm seine Jacke aus dem Hotel holen. In der Tasche fand sich ein Gepäckschein für seinen Koffer am Bahnhof von Bourne-

mouth. Dieser enthielt einen blutbefleckten Schal, mit dem er Margery Gardner erstickt hatte sowie eine Lederpeitsche mit rautenförmigem Flechtmuster.

Wenige Stunden später fand man die stark verstümmelte Leiche von Doreen Marshall in einem Rhododendren-

dickicht. Die Geschworenen benötigten für den Schuldspruch nur eine Stunde. Zu den Beweisen, die Heath an den Galgen brachten, zählte auch jene auffällige Peitsche, die ihm, wie Simpson vorhergesagt hatte, zum Verhängnis werden sollte.

*Polizeiliche Untersuchungen am Fundort der Leiche von Doreen Marshall in Bournemouth.*

Falls das Opfer auch nur für kurze Zeit überlebt, tritt weiterhin Blut in das Gewebe aus, weshalb der Bluterguss eher größer ist als die Kontaktfläche des Objekts. Bei stärkerer Gewalteinwirkung diffundiert das Blut auch nach dem Tod weiter durch das Körpergewebe und kann, je nach Körperhaltung, sogar erhebliche Distanzen beim Toten zurücklegen – entweder in Richtung Hautoberfläche oder durch die unteren Gewebsschichten. So kann ein Bluterguss am Oberschenkel später am Knie erscheinen oder eine Verletzung im Scheitelbereich zeigt sich als blaues Auge.

Die chemische Aufspaltung des Hämoglobins bewirkt einen Farbwechsel: der zunächst rote Bluterguss wird rasch schwarzblau, dann braun, grün und gelb, bis er ganz verblasst. Eine präzise Altersbestimmung ist nicht möglich, zumal zwei Blutergüsse sogar bei einem Individuum nicht in den gleichen Intervallen die Farbe wechseln. In der Regel sind die Verfärbungen nach ein bis zwei Wochen abgeklungen, bei guter Konstitution schon nach drei bis vier Tagen. Vor allem bei Verdacht auf Kindesmisshandlung ist jedoch auf unterschiedlich gefärbte Blutergüsse zu achten. Meist behaupten die Verdächtigen, alle blauen Flecke gingen auf einen einzigen Unfall zurück. Einzelne braune bis gelbe Blutergüsse können allerdings nicht innerhalb der vorangegangenen 24 Stunden entstanden sein.

Ein Bluterguss zeigt sich am deutlichsten an hervortretenden Körperpartien, doch der Pathologe wird auch andere Bereiche besonders prüfen müssen. Bei Strangulationsopfern können sich die Finger am Hals nur oberflächlich als kleine, schwache Blutergüsse abzeichnen oder viel größer sein als die Fingerkuppen des Täters. In solchen Fällen ist auch in den Tiefen der Hals- und Nackenmuskulatur nach verborgenen Blutergüssen zu suchen.

Ein Bluterguss an den Schulterblättern zeugt davon, dass der Körper gegen eine harte Oberfläche gepresst wurde. Vergewaltigungen hinterlassen meist Blutergüsse an den Innenseiten der Oberschenkel und bisweilen auch der Schamregion, als Zeichen für einen Kampf außerdem an Gesicht und Armen.

Blutergüsse der behaarten Kopfhaut werden vom Pathologen leicht übersehen, können aber manchmal ertastet werden, auch wenn sie unsichtbar bleiben. Bei entsprechendem Verdacht muss der Kopf gründlich geschoren und der gesamte Schädelbereich genau untersucht werden.

*In manchen Fällen kann ein Bluterguss an ganz anderer Stelle erscheinen. Ein schwerer Schlag auf den Kopf kann womöglich als „blaues Auge" zu Tage treten.*

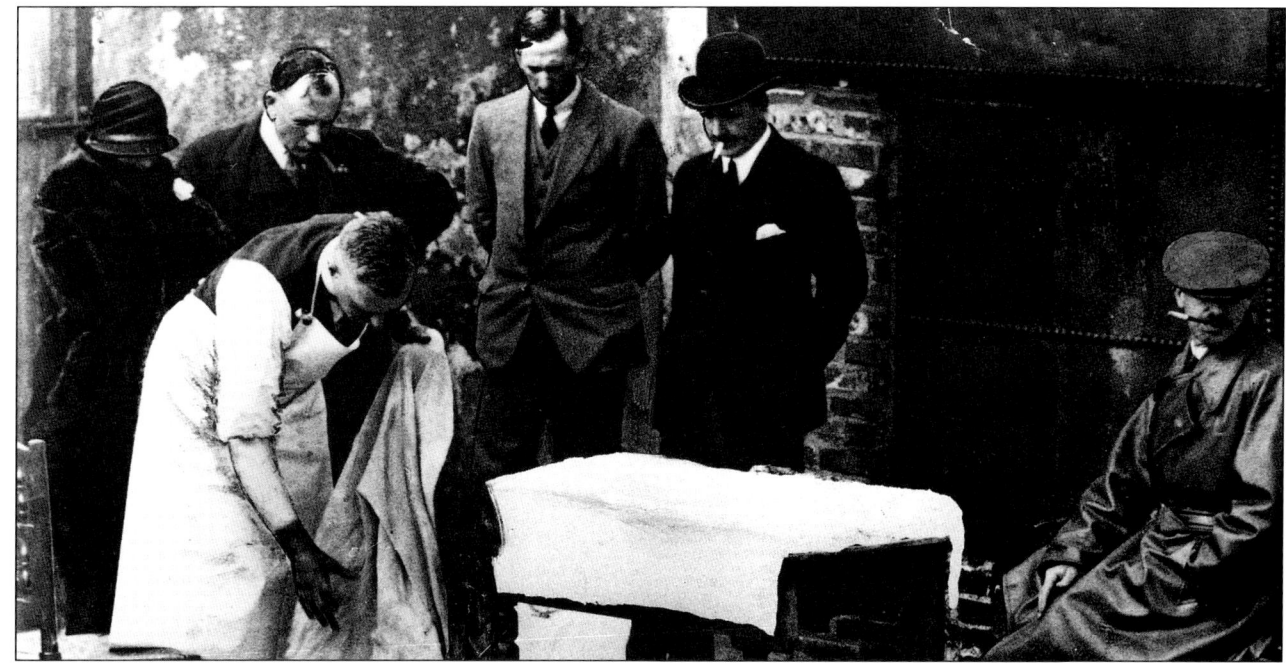

Ungeachtet der nützlichen Faustregel, dass ein starker Schlag einen größeren Bluterguss hervorruft, lässt sich der Grad der Gewalteinwirkung in der Praxis nur schwer vom äußeren Erscheinungsbild ableiten. Große, oberflächliche Blutergüsse etwa des Augenlids oder äußeren Genitale bedürfen keines großen Kraftaufwands, während sich in knochennahem Gewebe wie der Kopfhaut erst durch erhebliche Gewalteinwirkung ein Bluterguss bildet. Sehr junge oder sehr alte, fettleibige oder kränkliche Personen sind besonders anfällig für Blutergüsse.

Es kann auch geschehen, dass selbst erhebliche Gewalt keine Spuren eines Blutergusses hinterlässt. Der renommierte englische Pathologe Sir Bernard Spilsbury schrieb, dies gelte für bis zur Hälfte aller schweren inneren Bauchverletzungen, bei denen der Schlag zur Ruptur eines lebenswichtigen Organs führte, ohne am Auftreffpunkt einen Riss der Blutgefäße zu verursachen. Sichtbare Blutergüsse können überdies ausbleiben, wenn der Druck bis nach Eintreten des Todes beibehalten wird, etwa in Form eines Würgegriffs oder Autoreifens.

Schließlich gibt es noch eine Art von Bluterguss, bei dem der Riss von Blutgefäßen nicht durch Druck, sondern durch Saugen hervorgerufen wird – den „Knutschfleck", der bei manchen Sexualdelikten eine Rolle spielt.

Bei der Autopsie ist in allen verdächtigten Körperregionen nach Blutergüssen zu suchen. Entsprechende Einschnitte lassen die charakteristische Verfärbung und Gewebeschädigung zu Tage treten und dem erfahrenen Pa-

*Bernard Spilsbury bei der Untersuchung der sterblichen Überreste von Emily Kaye, die im April 1924 in einem Bungalow am Stadtrand des englischen Eastbourne von Patrick Mahon ermordet und zerstückelt worden war.*

## MORDAKTE:

# Karen und Michael Diehl

**Mit 17 Kindern reisten die Eltern in einem umgebauten Bus durch Amerika, es kam zu Problemen mit der Disziplin und sie wurden immer häufiger handgreiflich. Eines Tages gingen sie zu weit und der 13-jährige Andrew starb durch Schläge auf den Kopf.**

Karen und Michael Diehl, Angehörige einer christlichen Sekte, waren keine gewöhnlichen Eltern. Mit vier eigenen und 13 adoptierten, als nicht vermittlungsfähig angesehenen Kindern reisten sie durch Amerika.

Im September 1986 waren sie auf einem Campingplatz in Virginia angekommen. Am Morgen des 24. Oktober erhielten Polizei und Ambulanz einen Notruf von den Diehls: Der 13-jährige Andrew, eines der Adoptivkinder, hatte einen Herzstillstand. Michael Diehl sagte aus, der Junge sei im Gang zusammengebrochen und habe sich entweder an der Bettkante oder an einer herumstehenden Kiste den Kopf aufgeschlagen.

Nachdem man den Kreislauf stabilisiert hatte, wurde Andrew bewusstlos ins Krankenhaus gebracht. Die Ärzte entdeckten Blutergüsse am Gesäß und am linken Auge, Schnittwunden an der Unterlippe, Schwellungen und Blasen an Knöcheln, Füßen, Handgelenken und Händen sowie zahlreiche ältere Narben an Rumpf und Gliedern. Die Aufnahme seines Gehirns zeigte ein großes subdurales Hämatom (eine Blutansammlung zwischen Schädeldecke und Gehirn) sowie massive Hirnschwellungen. Andrew

verstarb, nachdem er fünf Tage im Koma gelegen hatte.

Bei der Autopsie fand man „einen großen, gelbroten Bluterguss in der Scheitelregion sowie kleinere rote Blutergüsse über der linken Braue und am Hinterkopf". Beim Öffnen des Schädels stieß man neben dem erwähnten Hämatom auf Quetschungen und abgestorbenes Gewebe; außerdem hatte sich das leicht schwammige Gehirn nach links verschoben. Aufgrund einer stark verringerten Thrombozytenzahl war keine Blutgerinnung eingetreten.

Als Todesursache wurden „Kopfverletzungen durch Schläge" festgestellt. „Ihre Lage passt nicht zu einem typischen Sturz", die Abschürfungen an den Handgelenken „deuten auf eine Fesselung", die Prellungen am Gesäß „verweisen auf die sichergestellte Peitsche" und eine Narbe auf der Brust „passt zu Schlägen mit einem länglichen Objekt". Beide Eltern wurden daraufhin der Kindesvernachlässigung, Körperverletzung, Entführung und des Mordes angeklagt.

Wie sich herausstellte, hatten die Diehls ihre nicht einfachen Kinder regelmäßig mit einem dünnen Holzpaddel gezüchtigt, vor allem Andrew, der ab-

*Karen und Michael Diehl, wegen Ermordung ihres Adoptivsohns Andrew angeklagt, am 17. Dezember 1986 auf dem Weg zur Gerichtsverhandlung.*

sichtlich bettnässte und schließlich mit gefesselten Händen nackt auf der Bodengummierung schlafen musste.

Karen Diehl sagte aus, sie habe Andrew am Abend des 22. Oktober mit dem Paddel auf den Kopf „geklopft", während er auf der Toilette saß. Am Morgen des 24. Oktober habe sie dann festgestellt, dass seine Füße geschwollen waren. Da er Probleme mit dem Gehen hatte, habe sie ihm geholfen, im Gang umherzulaufen und sich nur kurz ihrem Mann zugewandt, als Andrew stürzte und sich die Lippe aufschlug. Sie habe ihn liegen gelassen, denn „er fühlte sich dort anscheinend wohl". Ein paar Minuten später war er bereits bewusstlos und atmete unregelmäßig, doch der Notarzt wurde erst 45 Minuten später gerufen.

Auf Gesuch der Verteidigung inspizierte Dr. Cyril Wecht den Bus und bemerkte, dass über der Toilette und zwischen Andrews Kopf und dem Wagendach nur noch rund 30 Zentimeter Platz waren. „Ich versuchte mir vorzustellen, wie jemand mit dem Paddel weit genug ausholen konnte, um solche inneren Blutungen hervorzurufen. Dies erschien mir einfach unmöglich."

Vor Gericht konzentrierte sich die Verteidigung auf die Frage, ob der Schlag mit dem Paddel, der ebenso unstreitig war wie die Strenge der Disziplinierungsmethoden, die als Todesursache angesehene Gehirnblutung verursacht haben konnte. Der Neurochirurg aus dem Krankenhaus sagte aus, die Blutung gehe auf eine „stumpfe Kopfverletzung" zurück, da weder Schädelfrakturen noch Platzwunden an der Kopfhaut vorlagen. Im Kreuzverhör räumte er ein, dass die Verletzung am linken Auge zu einem Sturz passte und dass die Gehirnblutung durch einen Sturz gegen die Bettkante, kombiniert mit der geringen Thrombozytenzahl, verursacht sein konnte.

Vom Staatsanwalt befragt, erläuterte der Pathologe, warum er nicht von einem Sturz ausging. Sturzverletzungen lägen meist unterhalb einer gedachten Hutkrempe, wohingegen einer der Blutergüsse im Scheitelbereich lokalisiert war und sich über die gekrümmte Kopfhaut erstreckte, was mehr als einem einzelnen Impuls entspreche und für einen Sturz extrem untypisch sei. Auf das Fehlen oberflächlicher Verletzungen der Kopfhaut angesprochen, sagte er, es könne geschehen, dass ein Schlag vom Kopfhaar abgleitet, ohne auch nur annähernd so starke Abschürfungen zu verursachen wie an unbehaarten Körperstellen.

Nun bat ihn der Staatsanwalt, mit dem Paddel zu demonstrieren, welche Kraft aufgewandt wurde. Darauf der Pathologe: „Dafür bräuchte ich ein Ziel und ich möchte das Mobiliar nicht beschädigen." Außerdem gehe er von bis zu drei Schlägen aus.

Dr. Wecht gab zu Protokoll, das subdurale Hämatom sei seines Erachtens das Ergebnis von mindestens zwei Stürzen. Nachdem man ihm den Schlag mit dem Paddel demonstriert hatte, erwiderte er: „Derartige Schläge haben das Trauma bei diesem Kind nicht verursacht."

Er wiederholte seine Auffassung, dass die Verletzungen „durch mindestens zwei Stürze mit nachfolgenden Kopfverletzungen verursacht wurden und nicht zu starken, direkten Schlägen auf den Kopf passten, wie sie in diesem Saal demonstriert wurden".

Dennoch wurde Karen Diehl wegen fahrlässiger Tötung verurteilt – und ihr Mann wegen Mordes.

AKTE GESCHLOSSEN

thologen fällt es nicht schwer, diese von Totenflecken (siehe „Beweise sammeln") oder nachträglichen Verletzungen des Leichnams zu unterscheiden. Womöglich besteht auch eine regional erhöhte Konzentration an weißen Blutkörperchen *(Leukozyten)*. Daher wird stets eine Mikroskopierprobe entnommen. Manche Experten behaupten, dass die so genannten Fresszellen *(Phagozyten)* nach 24 Stunden das Hämoglobin zu der nachweisbaren Substanz Hämosiderin abzubauen beginnen, das aber auch infolge einer vorangegangenen Verletzung vorhanden sein kann.

Blutergüsse können daher nicht als untrüglicher Hinweis auf die Todesursache und auch nicht notwendigerweise als Hinweis auf angewandte Gewalt dienen. Sie bieten jedoch eventuell wertvolle Indizien, sofern es möglich ist, ihre Ursachen zu ermitteln.

### LAZERATIONEN (PLATZWUNDEN)

Man spricht von einer Lazeration, wenn etwa die Haut durch die Wucht eines Schlages einreißt. Die Geweberänder sind aufgeschürft und blutunterlaufen und über den unregelmäßigen Riss erstrecken sich Nervengewebe und Blutgefäße. Der Tod durch einen Schlag mit einem stumpfen Gegenstand geht meist auf eine Schädelfraktur zurück. Eine spitze Waffe wie Hammer, Beil oder Ziegelstein verursacht eine Bruchmulde. Auch wenn kein Schädelbruch vorliegt, kann das Gehirn stark beschädigt sein und eine tödliche Hirnblutung eintreten.

Ein Schlag mit einer Metallstange kann eine y-förmige Lazeration hervorrufen, merkwürdigerweise sogar mehr als nur einen Einriss. So ist es denkbar, dass ein seitlicher Schlag gegen den Kopf zu Lazerationen am Unterkiefer, Ohr und in der Brauenregion führt. Andererseits ist es möglich, dass Schläge auf untere Körperpartien nicht zu Hautrissen, sondern zu umfassenden Lazerationen tieferer Gewebsschichten führen.

*Platzwunde durch einen heftigen Hieb. Die Haut ist unregelmäßig eingerissen, die Wundränder sind aufgeschürft und blutunterlaufen.*

### SCHNITT- UND STICHWUNDEN

Beim Fund einer Person, die mit einem Messer oder einem anderen scharfen Gegenstand getötet wurde, bleibt dem Auge nichts verborgen: Man sieht Blut, eine oder mehrere Wunden und oftmals sogar die Tatwaffe. Doch es gibt auch Fälle, bei denen der Tod beispielsweise durch Strangulation oder einen stumpfen Gegenstand verursacht wurde und der Täter die Stichwunden erst nachträglich anbrachte, die dann jedoch durch vergleichsweise geringe Blutungen charakterisiert sind.

Wunden durch eine scharfe Waffe werden eingeteilt in Schnittwunden (Rasierklinge, Messerklinge, Glassplitter) und Stichwunden (Messerspitze oder andere längliche Objekte).

Schnittwunden sind meist gerade, können aber auch krumm oder v-förmig sein, wenn die Schnittrichtung verändert wurde oder die Klinge ungewöhnlich geformt ist, beispielsweise bei einem Gärtnermesser (Hippe). Wunden durch ein gezacktes Metall- oder Glasstück wirken bisweilen nur auf den ersten Blick unregelmäßig.

*Oft führt ein Schlag auf den Kopf dazu, dass das Blut in eine andere Kopfregion abwandert, wie dieses blutige Ohr zeigt.*

Da Schnittwunden in der Regel auseinanderklaffen, lässt sich nicht auf die Breite der verwendeten Klinge schließen. Bei einer tiefen Wunde können Muskeln, Sehnen, Nerven und Blutgefäße durchtrennt sein, wobei die Durchtrennung der Muskeln zu einem noch größeren Spalt führt.

Unterarme und Handteller tragen nicht selten Schnittwunden, die von entsprechenden Abwehrversuchen des Opfers herrühren.

Wie bei einer Schnittwunde wäre es auch bei einer Stichwunde falsch anzunehmen, dass sie in jedem Fall die Form und Größe der Tatwaffe widerspiegelt. Der berühmte österreichische Kriminologe Hans Groß beschrieb in seinem Standardwerk, dem *Handbuch für Untersuchungsrichter*, folgenden Sachverhalt:

> Wenn die Spitze eines Messers etwa einen Zentimeter tief in den Körper eindringt, verursacht sie zunächst eine Wunde mit einem spitzen Winkel an beiden Seiten. Wenn das Messer weiter eindringt, bleibt die in Kontakt mit der Schneide befindliche Seite natürlich ebenfalls scharf, aber das trifft auch auf die Gegenseite zu.

Wenn das Messer beim Herausziehen gedreht wird, entsteht manchmal eine v- oder kreuzförmige Wunde. Auch kann die Öffnung kleiner sein als die Abmessungen der Waffe, wenn die Haut durch den Druck der ansetzen-

## MORDAKTE:

# August Sangret

**Der Schädel einer Frau war mit einem massiven Holzpfahl in nahezu 40 Stücke zerschmettert worden, doch vor ihrem Tod hatte sie jemand mit einem Messer brutal attackiert. Nun galt es, vor allem das fehlende Messer zu finden.**

Am 7. Oktober 1942 fand man die Leiche von Joan Wolfe auf einem Feld im englischen Surrey. Dr. Keith Simpson, der mit der Untersuchung beauftragte Arzt, stellte nach Rekonstruktion des in nahezu 40 Teile zerschmetterten Schädels drei Stichwunden auf der Stirn fest. Die erste Frage lautete nun, ob diese Verletzungen vor oder nach Eintritt des Todes entstanden waren. Gewebeuntersuchungen zweier weiterer Stichwunden am rechten Unterarm und im Handteller ergaben, dass sie dem noch lebenden Opfer zugefügt worden waren. Vernünftigerweise konnte man dies daher auch von den Stichwunden am Kopf annehmen. Sie lagen dicht nebeneinander links oben am Kopf und stammten demnach von einem Rechtshänder.

Da aus der Wunde im Unterarm ein Stück Muskel und aus dem Handteller eine Sehne herausgezogen war, schloss Dr. Simpson „auf eine Waffe, deren Spitze wie ein Papageienschnabel aussah. Die drei Löcher im Schädelgewölbe waren gerändert oder abge-

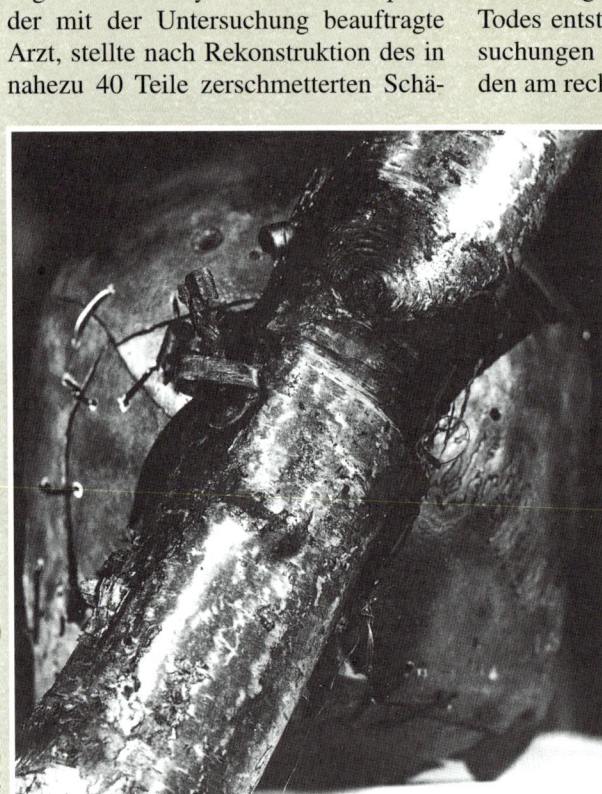

*Joan Wolfe wurde durch einen heftigen Schlag auf den Hinterkopf getötet, doch auf der Stirn fanden sich außerdem drei Stichwunden.*

*Trauriges Zeugnis einer unglückseligen Beziehung. Joan Wolfe schrieb diese Worte auf die Wand einer Hütte auf einem nahe gelegenen Cricketplatz, wo beide sich häufiger trafen. Links: „A. Sangret, Canada. J. Wolfe now Mrs. Sangret. England, Sept. 1942" (dt.: A. Sangret, Kanada. J. Wolfe jetzt Frau Sangret, England, Sept. 1942). Rechts: „My love lies over the ocean. Please bring him back to me." (dt.: Meine Liebe ist jenseits des Ozeans. Bitte bringe ihn mir zurück.)*

schräg ... als sei die schnabelartige Spitze der Waffe vor dem Herausziehen gedreht worden."

Der Verdacht fiel auf Wolfes Freund, einen Indianer namens August Sangret, der in der Nähe bei der kanadischen Armee stationiert war. Bei ihm fand sich jedoch kein Messer und das offizielle Messer der kanadischen Soldaten passte nicht zu Dr. Simpsons Beschreibung.

Zeugen brachten Sangret mit einem britischen Armeemesser mit hakenförmiger Spitze in Verbindung, doch es sollte ein Monat vergehen, bis man es in einem Abflussrohr des kanadischen Camps fand. Im Prozess gelang der Nachweis, dass das Messer exakt in die drei Schädellöcher passte.

*Als man am 7. Oktober 1942 Joan Wolfes halb zugeschüttete Leiche entdeckte, war sie bereits teilweise mumifiziert; an Brüsten und Schenkeln hatte sich Adipocire (Fettwachs) gebildet.*

FALL GELÖST

Medizinische Sachverständige werden vor Gericht oft gefragt, welche Kraft nötig sei, um eine bestimmte Stichwunde zu verursachen. Hierbei sind folgende Faktoren zu berücksichtigen.

• Am wichtigsten ist, wie spitz die Waffe ist. Die Haut ist das widerstandsfähigste Körpergewebe. Sobald die Waffe in die Haut eingedrungen ist, spielt die Schärfe der Schneide keine besondere Rolle.

• Je rascher die Stechbewegung, desto leichter dringt die Waffe ein.

• Sobald die Spitze der Waffe in die Haut eingedrungen ist, bedarf es fast keiner zusätzlichen Kraft, um tiefer vorzudringen.

• An der straff gespannten Rippenhaut genügt der Druck des kleinen Fingers, um mit einer spitzen Waffe zu den inneren Organen, die weitaus weniger Widerstand bieten, vorzudringen.

• Es ist leicht möglich, dass sich jemand selbst ersticht, indem er in eine spitze Waffe fällt oder läuft. Hierbei muss die Waffe nicht einmal bewegt oder fest gehalten werden.

den Messerspitze nur gedehnt, und nicht aufgerissen wurde. Sie kann jedoch auch größer ausfallen, wenn das Messer schräg herausgezogen wurde.

Eine runde, scharfe Stichwaffe ergibt nicht unbedingt eine kreisförmige äußere Wunde, da sie die Haut vielleicht nur in einer Richtung aufreißt. Eine Feile kann eine dreieckige sichtbare Wunde hervorrufen, während eine geschlossene Schere eine „gestufte", wie ein Blitz geformte Wunde hinterlassen kann.

Aus diesen Gründen ist es wichtig, dass der Pathologe auch das Innere der Wunde untersucht und nach Beschädigungen tieferer Gewebeschichten fahndet, bevor er sich über Form und Größe der Tatwaffe äußert. Sogar die Tiefe der Wunde kann in die Irre führen, denn sie kann die Länge der Waffe übertreffen, wenn das Gewebe während des Eindringens gestaucht wurde.

Ein Messer, das mit der Spitze nach unten gehalten wird, während der Daumen den oberen Teil des Griffs umfasst, wird vor allem dann kaum eine tödliche Wunde verursachen, wenn Täter und Opfer einander gegenüberstehen. Im Zuge der Abwärtsbewegung wird die Messerspitze nämlich eher auf einen Knochen treffen und lebenswichtige Organe wie Herz oder Lunge verfehlen. Weitaus gefährlicher ist ein mit der Spitze nach oben gehaltenes Messer, bei dem sich der Daumen dicht bei der Klinge befindet, wie etwa ein Klappmesser. Die relativen Positionen von Täter und Opfer lassen sich nur durch sorgfältige Untersuchung des Stichkanals ermitteln.

Auch wenn aus einer Stichwunde kaum Blut austritt, können starke innere Blutungen entstehen, wenn Brust oder Bauch getroffen wurden. Angesichts einer Leiche mit Schnitt- oder Stichwunden bleibt für den Pathologen dennoch die Frage, ob Mord oder Selbstmord vorliegt. Selbstmord wird am ehesten durch Einschnitte an der Kehle oder den Handgelenken versucht und es gilt, nach bestimmten Zeichen zu suchen.

Wenn sich ein Rechtshänder die Kehle durchschneidet, setzt der Schnitt gewöhnlich hoch links oben an und endet, flacher werdend, weiter unten rechts. Ein Dritter könnte eine solche Wunde nur hinter dem Opfer stehend erzeugen, doch sie wäre rechts mindestens ebenso tief wie links, wenn nicht tiefer. Überdies setzt der in mörderischer Absicht zugefügte Kehlschnitt tiefer an und verläuft meist weniger schräg.

Bei Selbstmord finden sich gemeinhin mehrere leichte Einschnitte unweit des oberen Endes der Wunde. Diese Resultate tastender Versuche fehlen bei einer durch einen Mörder zugefügten Wunde, die nicht selten mit weiteren tiefen Schnittverletzungen an Kopf oder Hals einhergeht. Solche tastenden Wunden verlaufen meist parallel und sind besonders charakteristisch für Selbstmord durch Aufschneiden der Pulsadern. Abwehrwunden aber folgen einem zufälligen Muster; sie finden sich meist an Handtellern oder Knöcheln, oft auch an den Unterarmen.

Nur ganz selten schneidet sich ein Selbstmörder in den Nacken. Ein Metzger hatte sich zunächst ohne Erfolg die Kehle aufgeschnitten und dann zu dieser Methode gegriffen, mit der er vom Schlachten vertraut war.

Stichwunden zeugen eher von mörderischer denn von selbstmörderischer Absicht. Hier gilt es, den Stichkanal sorgfältig zu ermitteln. Nach unten gerichtete oder waagerecht verlaufende Stichwunden sprechen, da sie leichter ausführbar sind, eher für einen Selbstmord, können jedoch auch von einem unglücklichen Sturz herrühren. Die Verlaufsrichtung ist von besonderer Bedeutung, wenn bekannt ist, ob der Tote Rechts- oder Linkshänder war.

Auch der Ort der Wunde darf nicht vernachlässigt werden. Falls sich die Verletzung an einer Stelle befindet, die das Opfer nicht erreichen konnte, muss Fremdverschulden vorliegen. Mörder wie Selbstmörder zielen in der Regel auf das Herz, wenngleich selbst zugefügte Einstiche meist höher ansetzen. Zudem ist ein Selbstmord – abgesehen von flachen, tastenden Wunden – meist gleich beim ersten Versuch „erfolgreich", so dass zahlreiche tiefe Wunden ein deutliches Zeichen für Mord sind.

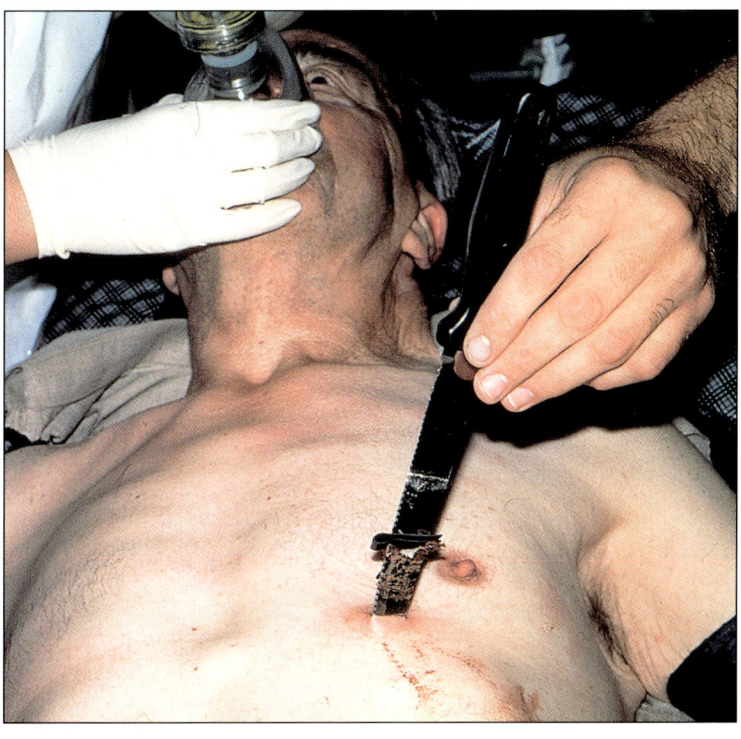

*Noch im lebenden Körper steckende Stichwaffen dürfen nur unter strenger medizinischer Überwachung entfernt werden, um keine massiven und möglicherweise tödlichen Blutungen zu riskieren.*

# Tödliches Gift

*Die glänzend schwarz-violetten Beeren der Tollkirsche* (Atropa belladonna). *Die giftigen Alkaloide Atropin, Hyosciamin und Scopolamin können aus diesem Nachtschattengewächs extrahiert werden.*

Es ist eine – wenn auch unzureichend bekannte – Tatsache, dass jede Substanz wie ein Gift wirken kann. Sogar Wasser ist tödlich, wenn man zuviel davon trinkt. Diese Tatsache erkannte der bemerkenswerte Arzt und Alchimist Theophrastus Bombastus von Hohenheim alias Paracelsus bereits im 16. Jahrhundert: „Alle Stoffe sind Gifte; es gibt keinen, der kein Gift ist. Die rechte Dosis unterscheidet Gift und Arznei." Gemeinhin werden solche Substanzen als Gifte angesehen, die bereits in relativ geringer Dosis rasch zum Tod führen oder ihre tödliche Wirkung erst entfalten, nachdem sie längere Zeit regelmäßig eingenommen wurden.

Betrachtet man die Vielzahl der giftigen Substanzen in einer durchschnittlichen Haushaltsapotheke, überrascht es beinahe, dass Giftmorde nicht häufiger vorkommen. Man muss jedoch mit einer beträchtlichen Dunkelziffer rechnen. Häufig wird eine natürliche Todesursache bescheinigt, wenn der Betreffende an einer chronischen, möglicherweise lebensbedrohlichen Erkrankung litt. Man kennt auch zahlreiche Fälle, bei denen Verwandte zugaben, einem Schwerkranken eine Überdosis verabreicht zu haben, um das Leiden zu beenden.

Auch wenn der untersuchende Arzt oder Pathologe eine Vergiftung vermutet, kann sich eine umfassende toxikologische Analyse in die Länge ziehen, sofern keine Indizien auf eine bestimmte Substanz hindeuten. Dabei sind Giftmorde in der Realität recht selten, aber die wenigen Fälle sind oft für die Öffentlichkeit von großem Interesse.

## MORDAKTE:

# Marie Lafarge

**Alle waren sich sicher, dass sie ihren bankrotten Ehemann vergiftet hatte, doch es bedurfte der Fähigkeiten eines Mathieu Orfila, den ersten unanfechtbaren toxikologischen Beweis zu erbringen.**

Im August 1839 wurde Marie Capelle im Alter von 23 Jahren – sehr gegen ihren Willen – mit Charles Lafarge verheiratet, einem bankrotten Gießereibesitzer mittleren Alters. Marie hatte davon geträumt, einen reichen und angesehenen Mann zu ehelichen und nicht den Eigentümer dieses kläglichen, rattenverseuchten Betriebs in Le Glandier. Sie war überaus unglücklich.

Im Dezember kaufte sie etwas Arsen, um die Ratten zu vergiften. Einige Tage darauf sandte sie ihrem Mann, der sich geschäftlich in Paris aufhielt, eine Torte. Lafarge erkrankte schwer und nach seiner Rückkehr erneut. Seine Frau, die ihn persönlich fütterte, wurde dabei beobachtet, wie sie ein weißes Pulver in sein Essen rührte. Lafarges Angehörige baten einen örtlichen Apotheker, die Speisen zu testen: Sie enthielten Arsen. Lafarge starb am 14. Januar 1840 und seine Frau wurde festgenommen.

Bei Eröffnung des Verfahrens am 3. September gaben die Sachverständigen der Staatsanwaltschaft bekannt, die Marsh-Probe habe kein Arsen in Lafarges Magen ergeben und forderten eine Exhumierung, doch auch in den anderen Organen fand sich kein Arsen. Nicht so jedoch in verschiedenen sichergestellten Lebensmitteln; allein ein Eierpunsch enthielt „genug Arsen, um zehn Menschen zu vergiften".

Mathieu Orfila wurde hinzugezogen, um die Testergebnisse einer Prüfung zu unterziehen. Es gelang ihm, die Marsh-Probe korrekt durchzuführen und zu beweisen, dass die Experten grobe Schnitzer begangen hatten.

„Ich werde beweisen", hob er an, „erstens, dass der Leichnam Lafarges Arsen enthält; zweitens, dass dieses Arsen weder von den Reagenzien stammt, die wir verwendeten noch aus dem Erdreich, das den Sarg umgab; und drittens, dass das festgestellte Arsen nicht mit jener Arsenverbindung identisch ist, wie sie natürlicherweise in jedem menschlichen Körper vorkommt."

Marie Lafarge wurde zu lebenslanger Zwangsarbeit verurteilt. Auf Geheiß von König Louis Philippe wandelte man die Strafe in eine einfache Gefängnisstrafe um.

*Marie Lafarge. Die Ermordung ihres Mannes im Jahr 1840 war der erste Fall, bei dem eine Arsenvergiftung wissenschaftlich nachgewiesen werden konnte.*

FALL GELÖST

## ARSEN UND DIE GEBURTSSTUNDE DER TOXIKOLOGIE

Bis ins 19. Jahrhundert wurden unnatürliche Todesfälle kaum wissenschaftlich untersucht. Wenn die Todesursache auf der Hand lag und Indizien den Täter identifizierten, reichte dies meist für eine Verurteilung wegen Mordes. Anders jedoch verhielt es sich bei Vergiftungsfällen.

Viele Jahrhunderte lang war Gift ein praktisch nicht auffindbares Mordwerkzeug. Im frühen 17. Jahrhundert wurde es einmal als „Waffe des Feiglings" bezeichnet. Der Todeskampf der Opfer und ihr vorzeitiges Ableben führten oft zu dem Verdacht, dass man sie vergiftet hatte und nicht selten verwiesen die Umstände auf den Mörder, doch ein Beweis war nahezu unmöglich. Im kaiserlichen Rom war es derart an der Tagesordnung, unliebsame Gegner durch Vergiften auszuschalten, dass zahlreiche Angehörige der Oberschicht Vorkoster beschäftigten. Auch das italienische Adelsgeschlecht der Borgia soll im Mittelalter viele Feinde mittels Gift beseitigt haben.

In der Antike war man mit vielen meist pflanzlichen Giften vertraut, die man für praktische Zwecke wie die Jagd nutzte. Nachdem beispielsweise Sokrates für schuldig befunden worden war, die Jugend von Athen verführt zu haben, reichte man ihm den Schierlingsbecher. In den letzten Jahrhunderten wurde ein leicht erhältliches Mineral namens Arsentrioxid – alias Arsenik oder kurz Arsen – zum meistverwendeten Mordgift. Sein leicht süßlicher Geschmack ließ sich gut verbergen, wenn man es den Speisen beigab und als Todesursache wurde oftmals fälschlicherweise eine akute Magenerkrankung angenommen. Bis Anfang des 19. Jahrhunderts war es nicht möglich, Arsen in einer Leiche nachzuweisen.

Mathieu Orfila begründete die Toxikologie, also die wissenschaftliche Erforschung der Gifte. Im Jahr 1787 auf Menorca geboren, studierte er als Stipendiat in Barcelona, bevor er in Paris promovierte. Bei dem Versuch, die damals anerkannten Tests zur Erkennung diverser Gifte zu demonstrieren, entdeckte er, dass diese völlig unzuverlässig waren. Später schrieb er: „Dieses zentrale Faktum, das mir plötzlich aufging, wurde noch von keinem bemerkt ... eine Toxikologie existiert noch gar nicht."

*Mathieu Orfila, Begründer der Toxikologie.*

Der erste Band seines zweibändigen *Traité de toxicologie* erschien 1813. Orfila wurde rasch berühmt und 1819 zum Professor für Gerichtsmedizin an der Pariser Universität ernannt. In Vergiftungsfällen mehrfach als Gutachter hinzugezogen, fragte er sich, ob der Friedhofsboden vielleicht Arsen enthalte, das in die bestatteten Leichen eindringen und dort bei der Exhumierung gefunden werden könnte – wodurch der toxilogische Beweis zweifelhaft würde. Die Beantwortung dieser Frage wäre ihm nicht möglich gewesen, wenn nicht der englische Chemiker James Marsh 1836 eine empfindliche

Testmethode entwickelt hätte (siehe Kurzinfo). In manchen Böden fand sich Arsen, doch Orfila zeigte, dass es nicht in einen geschlossenen Sarg gelangen konnte. Auch konnte er experimentell demonstrieren, dass verschiedene beim Arsennachweis verwendete Chemikalien selbst mit Arsen verunreinigt sein konnten und dies entsprechend zu berücksichtigen war.

Arsen war im 19. Jahrhundert als Rattengift derart leicht erhältlich, dass es zur bevorzugten Mordwaffe wurde, vor allem in den ärmeren Gesellschaftsschichten. Veranlasst durch den Fall Lafarge, trat in Frankreich ein Gesetz in Kraft, das es den Apothekern untersagte, Arsen an Unbekannte zu verkaufen. Außerdem musste sich der Käufer nun in ein „Giftbuch" eintragen. Der 1851 in Großbritannien verabschiedete *Arsenic Act* beschränkte

Rund 60 Jahre mussten vergehen, bis man eine zuverlässige Methode gefunden hatte, auch winzige Arsenmengen nachweisen zu können. Ein erster Erfolg gelang dem Schweden Carl Wilhelm Scheele: 1775 löste er Arsentrioxid in Salpetersäure und gab etwas Zink hinzu. Der Lösung entströmte ein giftiges, nach Knoblauch riechendes Gas, das später den Namen Arsin (Arsenwasserstoff) erhielt.

Einige Jahre darauf machte der Deutsche Johann Metzger folgende Entdeckung: Wenn man Arsentrioxid mit Holzkohle erhitzte, bildete sich auf einer kühlen, darüber gehaltenen Platte ein spiegelartiger Niederschlag – Arsen. In Berlin versetzte Dr. Valentin Rose 1806 den Mageninhalt eines mutmaßlichen Giftopfers mit Salpetersäure, mengte der Flüssigkeit Pottasche und gebrannten Kalk bei und verdampfte sie zu einem weißen Pulver. Als er dieses mit Holzkohle erhitzte, erhielt er den charakteristischen Arsenspiegel. Mit dieser Methode gelang 1810 der Nachweis, dass eine Hausangestellte mehrere ihrer Dienstherrn ermordet hatte.

Der letzte Schritt folgte eine Generation später. Ein betagter Farmer namens George Bodle war 1832 von seinem Enkel John vergiftet worden. James Marsh, ein ehemaliger Assistent des berühmten Physikers und Chemikers Michael Faraday, sollte den Nachweis erbringen, dass sich in einer Kaffeeprobe Arsen befand. Dies gelang auch, doch er schaffte es nicht, seinen Befund den Geschworenen zu vermitteln, die John Bodle für nicht schuldig befanden.

Marsh suchte nun nach Möglichkeiten, in künftigen Fällen einen sichtbaren Beweis präsentieren zu können. Metzgers Verfahren schien ihm nicht empfindlich genug, weshalb er sich dem von Scheele entdeckten Arsin zuwandte. Er behandelte das verdächtige Material in einer geschlossenen Flasche mit Schwefelsäure und Zink. Das entstandene Arsin leitete er durch ein Glasröhrchen, in dem sich hinter der Erhitzungsstelle ein Arsenspiegel bildete. Entweichende Gase, die an einer Austrittsdüse verbrannt wurden, bildeten einen weiteren Spiegel auf einer Porzellanschale. Bereits 0,02 Milligramm Arsen ließen sich auf diesem Weg nachweisen. Marsh wurde 1836 für diese Entdeckung mit einer Goldmedaille der *Society of Arts* ausgezeichnet.

Als klassischer Arsennachweis wurde die Marsh-Probe in der Kriminalistik inzwischen durch andere, noch empfindlichere Tests verdrängt.

## MORDAKTE:
# Marie Hilley

**Lange nach dem „goldenen Zeitalter" der Arsenmorde vergiftete sie Ehemann und Mutter mit Arsen und versuchte es auch bei ihrer Tochter. Auf Kaution freigelassen, tauchte sie unter und täuschte ihren eigenen Tod vor.**

*Marie Hilley aus Alabama, die wegen der Ermordung ihres Mannes und des versuchten Mordes an ihrer Tochter verurteilt wurde.*

Marie Hilleys Ehemann Frank starb 1975 nach kurzer Krankheit angeblich an einer infektiösen Hepatitis. Das Geld aus seiner Lebensversicherung war rasch ausgegeben. Im Juli 1978 schloss sie für ihre 18-jährige Tochter Carol eine Lebensversicherung in Höhe von 25 000 $ ab.

Nicht viel später kam Carol mit einer rätselhaften Erkrankung ins Hospital und war dem Tode nahe. Ihre Mutter brachte ihr regelmäßig etwas zu essen mit. Einige Monate später teilte Carol beiläufig einer Freundin mit, ihre Mutter habe ihr ohne Wissen oder Zustimmung der Ärzte auch Injektionen verabreicht.

Im September 1979 wegen Scheckbetrugs festgenommen, befragte man Hilley auch über die Erkrankung ihrer Tochter. Eine der Urinproben enthielt Arsen. Nun exhumierte man ihren Mann und ihre ebenfalls verstorbene Mutter. Beide Leichen zeigten eine hohe Arsenkonzentration. Hilley wurde des Mordes an ihrem Mann angeklagt, tauchte im November 1979 unter und wurde erst im Januar 1983 gefasst.

In der Zwischenzeit hatte sie, erneut verheiratet, ihren eigenen Tod vorgetäuscht und gab sich nun als ihre Zwillingsschwester Teri Martin aus. Hilley erhielt für die Ermordung ihres ersten Mannes und den versuchten Mord an ihrer Tochter lebenslänglich plus 20 Jahre.

FALL GELÖST

den Verkauf von Rattengift und anderen Arsenprodukten an Personen über 21 Jahre, die dem Verkäufer bekannt sein mussten und namentlich erfasst wurden. Vor allem aber musste das Arsen mit Ruß oder Indigo eingefärbt werden, damit niemand das an sich weiße Pulver mit Zucker oder Mehl verwechseln konnte.

Dennoch gab es weitere Arsenmorde. Helene Jegado wurde 1851 in Frankreich wegen dreier Arsenmorde

*Madeleine Smith auf der Anklagebank. Der Vorwurf, sie habe 1857 ihren Geliebten mit Arsen vergiftet, konnte vor dem Glasgower Gericht nicht bewiesen werden. Smith starb 1928 in den USA.*

*Everett Appelgate (oben) und seine Geliebte, Mary Creighton (rechts, Mitte), wurden schuldig gesprochen, Appelgates Frau 1935 auf Long Island mit Arsen vergiftet zu haben.*

verurteilt (bei 20 weiteren Verdachtsfällen), 1857 vergiftete Madeleine Smith ihren Geliebten in Glasgow, im Laufe von 20 Jahren tötete die Engländerin Mary Anne Cotton bis 1873 mindestens 14 Menschen, 1898 ermordete Cordelia Botkin ihre Schwägerin und die Frau ihres Geliebten in San Francisco, 1921 vergiftete der Walliser Herbert Rowse Armstrong seine Frau und 1935 benutzten Mary Creighton und ihr Liebhaber Everett Applegate Arsen, um dessen Frau in Long Island, New York, zu beseitigen.

Arsen lässt sich in den inneren Organen, jedoch auch in Haaren und Fingernägeln nachweisen, vor allem bei Fällen chronischer Vergiftung. Da Haare und Nägel gleichmäßig wachsen, fand Dr. Alan Curry im Rahmen eines Selbstexperiments heraus, dass eine Arsendosis erst nach 103 Tagen nicht mehr in der Spitze seines Daumennagels nachweisbar war.

Auf der Suche nach dem Nordpol war der amerikanische Entdeckungsreisende Charles Hall am 7. November 1871 an Bord der *Polaris* verstorben. Nahezu 100 Jahre lang bestand der Verdacht, er sei von Dr. Emil Bessels, dem begleitenden Wissenschaftler, vergiftet worden. Im August 1968 reisten zwei Experten an das eisige Ufer von Thank God Harbor, der rund 800 Kilometer vom Nordpol entfernten letzten Ruhestätte Halls. Von der exhumierten und bemerkenswert gut erhaltenen Leiche wurden Proben entnommen. An einem Fingernagel führte man in Toronto eine Neutronenaktivierungsanalyse durch (siehe „Moderne Verfahren"). An der Spitze betrug der Arsengehalt 24,6 ppm (parts per million, Teile pro Million), an der Basis 76,7 ppm. Obgleich das Erdreich 22 ppm Arsen enthielt, fand sich kein Grund für die Annahme, dass es aus dem Boden ungleichmäßig in den Fingernagel eingedrungen war. Alles sprach also für eine Arsenvergiftung.

## MORDAKTE:

# Eva Rablen

**Als sei er Sherlock Holmes, fand Dr. Edward Heinrich den einzigen möglichen Beweis, der Eva Rablen direkt mit der Vergiftung ihres Mannes Carroll in Verbindung bringen konnte.**

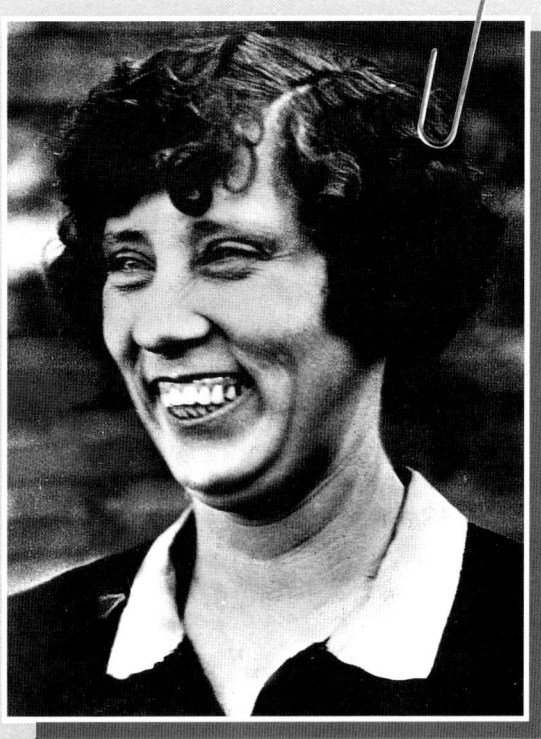

Carroll Rablen war ein durch eine Verletzung im Ersten Weltkrieg gehörloser Mann, der ein bescheidenes Vergnügen dabei fand, seiner Frau beim Tanzen in der Schule des kalifornischen Tuttletown zuzuschauen. Am 29. April 1929 wartete er draußen im Wagen darauf, dass seine Frau ihm ein Tablett mit Kaffee und Sandwiches brachte. Ein paar Minuten darauf vernahmen die Tänzer einen Schrei und fanden einen Mann vor, der mit dem Tod rang.

Eva Rablen mutmaßte, ihr Mann habe sich umgebracht. Diverse andere Personen, so auch der untersuchende Arzt, gingen von einer natürlichen Todesursache aus. Die Autopsie und Analyse der inneren Organe ergaben nichts.

Rablens Vater glaubte jedoch, Eva habe ihren Mann wegen seiner Lebensversicherung in Höhe von 3000 $ vergiftet. Er konnte den Sheriff bewegen, das Schulgelände zu durchsuchen. In einer dunklen Ecke fand man tatsächlich ein Fläschchen mit der Aufschrift „Strychnin". Es stammte aus einer nahe gelegenen Apotheke. Der Verkäufer identifizierte Eva Rablen und sie wurde festgenommen.

Die Staatsanwaltschaft zog Dr. Edward Heinrich hinzu, der aufgrund zahlreicher bemerkenswerter forensischer Nachweise den Spitznamen „Hexer von

Berkeley" trug. Heinrich suchte in den sterblichen Überresten speziell nach Strychnin – mit Erfolg. Weitere Spuren des Alkaloids fanden sich in der Tasse, aus der er getrunken hatte, und im Wagenpolster.

Trotzdem fehlte immer noch etwas, das Eva Rablen direkt mit dem vergifteten Kaffee in Verbindung brachte. Plötzlich hatte Heinrich eine Idee: War sie auf dem Weg über das volle Tanzparkett vielleicht mit jemandem zusammengestoßen und hatte etwas vergossen? Eine junge Frau erinnerte sich tatsächlich an einen solchen Vorfall und hatte das kaffeebefleckte Kleid noch nicht gereinigt. In den Flecken konnte Strychnin nachgewiesen werden.

Heinrich eilte ein derartiger Ruhm voraus, dass Rablen selbst – um keine Todesstrafe zu riskieren – auf „schuldig" plädierte, nachdem sie von seinem Mitwirken erfahren hatte. Sie erhielt lebenslänglich.

*Eva Rablen, die ihren Mann Carroll 1929 mit Strychnin vergiftete. Den Nachweis ihrer Täterschaft erbrachte Dr. Edward Heinrich, der „Hexer von Berkeley".*

FALL GELÖST

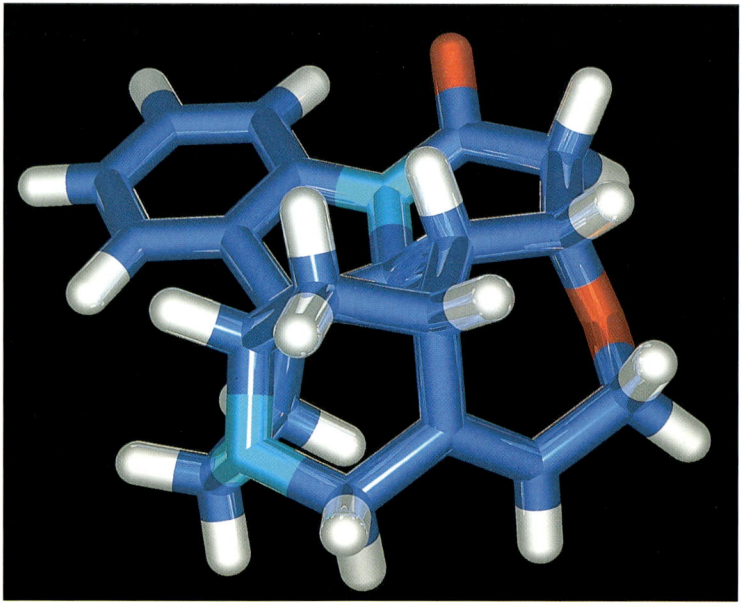

*Oben links: Der Ei-
senhut war in der
Antike ein sehr be-
liebtes Gift.
Oben rechts: Ideali-
siertes Modell der
Molekularstruktur
von Strychnin. Zu
diesem höchst
giftigen Alkaloid aus
dem Samen der
Brechnuss ist kein
Gegenmittel bekannt.*

*Chloroform-Inhalator
von Dr. John Snow,
Leibarzt der Königin
Viktoria.*

### DAS „GOLDENE ZEITALTER" DER GIFTMORDE

Im frühen 19. Jahrhunderts entwickelte sich die Chemie vom Stadium des Experimentierens zu einer logisch strukturierten Wissenschaft. Es gelang, mehr und mehr Elemente zu identifizieren und zu isolieren. Ausgehend von natürlichen Rohstoffen wurden außerdem die unterschiedlichsten Verbindungen in reiner Form hergestellt. Präzise Analysemethoden wurden entwickelt und zahlreiche Chemiker befassten sich mit der Synthese von in der Natur vorkommenden Stoffen. Dies hatte zur Folge, dass die Apotheken eine ständig zunehmende Zahl gereinigter Gifte auf Lager hatten.

Opium wurde im gesamten 19. Jahrhundert häufig verwendet; das Morphin, sein Hauptwirkstoff, konnte 1803 isoliert werden. Ebenso weit verbreitet war die Substanz Belladonna, der Trockenextrakt der Tollkirsche. Strychnin konnte 1818 aus der Brechnuss und Akonitin 1833 aus dem Eisenhut isoliert werden, ebenso 1828 aus der Tabakpflanze das der Blausäure in nichts nachstehende Nikotin. Blei-, Quecksilber- und Antimonverbindungen wurden in reiner Form hergestellt und Chemikalien wie Chloroform und Äther synthetisiert. All dies und noch mehr gelangte auch in falsche Hände.

Chloroform besitzt einen markanten Geruch und lässt sich recht leicht

## MORDAKTE:
# Adelaide Bartlett

**Vergiftete sie ihren Mann mit Chloroform? Wahrscheinlich – aber wie? Adelaide Bartlett schwieg sich aus, die Fachleute waren ratlos und die Geschworenen mussten sie vom Mordvorwurf freisprechen.**

Nach elfjähriger, scheinbar unauffälliger Ehe fand man den 40 Jahre alten Engländer Edwin Bartlett am Neujahrstag 1886 tot in seinem Bett. Dann aber kamen einige merkwürdige Dinge ans Tageslicht. Edwins in Frankreich geborene Frau Adelaide war erst 19, als beide geheiratet hatten. Gleich im ersten Jahr hatte sie eine Affäre mit seinem Bruder. Wie sie aussagte, habe ihr Mann ihr kaum sexuelles Interesse entgegengebracht und sie vielmehr in ihrer Freundschaft mit dem jungen Reverend George Dyson bestärkt.

Im Oktober 1885 bezogen die Bartletts eine neue Wohnung im Londoner Stadtteil Pimlico, wo Adelaide Dyson regelmäßig besuchte. Edwin Bartlett verfasste ein Testament, in dem er seine Frau zur Alleinerbin und Dyson als Vollstrecker bestimmte. Bald darauf erkrankte er und verstarb. Bei der Autopsie fanden sich in seinem Magen größere Mengen Chloroform, jedoch keine Spuren in Mund und Rachen.

Der Mordprozess gegen Adelaide Bartlett begann am 12. April 1886. Dyson hatte nur wenige Tage vor Bartletts Tod größere Mengen Chloroform erworben. Adelaide behauptete aber, sie habe es auf ein Taschentuch gesprenkelt, um ihren Mann, der sich plötzlich wieder für sie zu „interessieren" begann, des Nachts schläfrig zu machen.

Wie aber war das Gift verabreicht worden? Chloroformflüssigkeit erzeugt Blasen an den Schleimhäuten und ist im Verhältnis 1:200 in Wasser löslich. Um die im Magen gefundene Menge zu verabreichen, hätte das Opfer die Mixtur literweise trinken müssen. War es ihr gelungen, ihn ohne Gegenwehr zu betäuben und dann einen Gummischlauch bis in den Magen einzuführen?

Wegen der unzureichenden Beweise wurde Adelaide Bartlett freigesprochen. Nach der Verhandlung äußerte der Chirurg Sir James Paget folgende Bitte: „Nun sollte sie uns im Interesse der Wissenschaft erklären, wie sie es getan hat." Doch Adelaide Bartlett schwieg.

*Kreuzverhör von Reverend George Dyson (eingefügtes Porträt) während des Prozesses um Adelaide Bartlett (oben), die man anklagte, ihren Mann Edwin mit Chloroform vergiftet zu haben.*

AKTE GESCHLOSSEN

## MORDAKTE:
# Arthur Ford

**Blind vor Liebe versuchte er, eine Kollegin für sich zu gewinnen, indem er ihr ein als Aphrodisiakum angesehenes Mittel verabreichte. Doch die Sache nahm ein böses Ende: zwei Menschen starben.**

1954 erregte in England ein überaus ungewöhnlicher Fall Aufmerksamkeit. Arthur Ford, der 44-jährige Geschäftsführer einer Drogeriegroßhandlung, fühlte sich obsessiv zu einer Kollegin hingezogen, der 27-jährigen Sekretärin Betty Grant – eine Passion, die allerdings nicht erwidert wurde.

Am 26. April stahl Ford etwas Cantharidin aus dem Vorratslager. Dieser Trockenextrakt des Blasenkäfers *Lytta vesicatoria* („Spanische Fliege") wird seit langem fälschlicherweise als Aphrodisiakum angesehen, ist aber in Wahrheit ein Reizgift, von dem bereits weniger als 60 Milligramm tödlich sind.

Tags darauf erschien Ford mit Kokosnusseis, das er Betty und zwei anderen Frauen anbot. Betty und eine ihrer Kolleginnen kosteten davon. Eine Stunde später klagte diese unter Magenschmerzen und bald erkrankte auch Betty. Ford selbst wirkte ebenfalls blass und kränklich.

Der Notarzt wies alle drei in ein nahe gelegenes Krankenhaus ein. Die beiden Frauen starben noch am gleichen Tag, doch Ford erholte sich wieder. Die Autopsie ergab eine Dosis von jeweils 60 bis 120 Milligramm Cantharidin.

Im Verhör gestand Ford, das Eis mit dem Gift versetzt zu haben. Des Totschlags angeklagt, plädierte er auf „schuldig" und wurde zu fünf Jahren Haft verurteilt.

**FALL GELÖST**

nachweisen, deshalb wird es als Gift rasch erkannt. Viele andere, vor allem aus Naturstoffen isolierte Verbindungen sind hingegen nur sehr schwer nachzuweisen. In der Anfangszeit der Toxikologie waren die Experten oft auf ihren Geschmackssinn angewiesen – was nicht ungefährlich war.

Nachdem man 1850 den Comte de Bocarmé und seine Gattin beschuldigt hatte, ihren Bruder mit Nikotin vergiftet zu haben, gewann der belgische Chemiker Jean Servais Stas einen Flüssigextrakt aus den Organen des Toten. Als er von ihm kostete, verspürte er ein Brennen von der Zunge bis in den Rachen. Nachfolgend untermauerte er seinen Befund, indem er zwei Hunde mit Nikotin tötete.

In einem Strafprozess aussagend, wandte sich der englische Toxikologe Professor Robert Christison an den Richter: „Herr Vorsitzender, es gibt nur einen tödlichen Wirkstoff dieser Art, den wir in einem Leichnam nicht zufriedenstellend nachweisen können, und dies ist ..." An dieser Stelle fiel man ihm ins Wort, damit er den Namen des Gifts nicht nannte: Akonitin.

Extrakte des Eisenhuts *Aconitum napellus* wurden bereits in der Antike vielfach als Gift eingesetzt. Die Griechen nannten es „Schwiegermuttergift" und unter dem römischen Kaiser Trajan war sein Anbau verboten.

Akonitin verursacht zunächst ein Prickeln im Mund. George Lamson stand 1881 wegen Mordes am jüngeren Bruder seiner Frau vor Gericht. Angeblich hatte er ihm ein Stück vergifteten Kuchen vorgesetzt. Der medizinische Sachverständige berichtete über die Extrakte, die er aus den Organen des toten Jungen gewonnen hatte: „Ich gab etwas von dem Extrakt auf meine Zunge und dieser erzeugte die Wirkung von Akonitin."

Akonitin ist ein Alkaloid, wie auch Nikotin, Morphin, Scopolamin, Strychnin und ähnliche Pflanzenderivate. Dr. Hawley Harvey Crippen benutzte Scopolamin, um seine Frau 1910 umzubringen. Die Vergiftungssymptome sind vielfach unauffällig, beim Strychnin jedoch nicht zu übersehen. Die Muskeln verkrampfen, der Atem geht schwer und der Rücken krümmt sich derart, dass nur noch Kopf und Fersen die Unterlage berühren. Das Gesicht läuft dunkelrot an, während Spasmen der Mundmuskulatur ein starres „teuflisches Grinsen" *(Risus sardonicus)* hervorrufen.

Dennoch wurden diese Symptome schon von Ärzten übersehen. Als der berüchtigte Dr. Thomas Neill Cream 1891 und 1892 in London Prostituierte

*Festnahme von Dr. Crippen durch Inspektor Dew am 31. Juli 1910 an Bord des Passagierschiffs Montrose. Erstmals hatte ein Funkgerät bei der Ergreifung eines Mörders eine Rolle gespielt. Nachdem die als Junge verkleidete Geliebte Crippens den Verdacht des Kapitäns erregt hatte, sandte dieser einen Funkspruch nach London. Dew nahm ein schnelleres Schiff und konnte die Flüchtigen vor der kanadischen Küste stellen.*

*Die Hinrichtung von Dr. Crippen im Gefängnis Pentonville, London (zeitgenössische Illustration aus einer Tageszeitung).*

mit Strychnin vergiftete, führte man wenigstens einen der Todesfälle auf Alkoholismus zurück. Und als im Mai 1934 ein Mann in England plötzlich verstarb, nannte sein Hausarzt einen „epileptischen Zustand" als Todesursache. Als dann ein anonymer Brief bei der Polizei einging, in dem es hieß, ein Nachbarshund sei verendet, nachdem er von der Frau des Toten ausgelegte Essenreste verzehrt hatte, wurde eine Exhumierung angeordnet und man stellte als Todesursache eine Strychninvergiftung fest.

Das 19. Jahrhundert ist als „goldenes Zeitalter" der Giftmorde in die Verbrechensgeschichte eingegangen, doch zugleich war es die Zeit, in der spezifische Tests für die rasch anwachsende Zahl natürlicher und synthetischer Giftstoffe und die ersten restriktiven Handelsgesetze entstanden. Im 20. Jahrhundert und vor allem nach Erlass weiterer Gesetze wurden die meisten Giftmorde hingegen von Medizinern oder solchen Personen verübt, die aus beruflichen Gründen täglich mit Arzneimitteln, Drogen und anderen toxischen Substanzen zu tun hatten.

### TÖDLICHE MEDIZIN

Im Zuge der Entwicklung von spezifischen Arzneimitteln geht die Zahl der heute verfügbaren Giftstoffe in die Tausende.

Die bis vor nicht allzu langer Zeit am weitesten verbreitete Gruppe von Arzneimitteln waren die Barbiturate. Barbitursäure wurde 1863 durch Adolf von Bayer erstmals synthetisiert (und nach seiner Freundin Barbara benannt). Rund 40 Jahre später entstanden zwei Abkömmlinge, die sich als höchst effiziente Beruhigungsmittel erwiesen: Diäthylbarbitursäure (Barbital, Veronal) und Phenobarbital (Luminal). Das hohe Suchtpotential dieser Substanzen erkannte man erst in den 1950er-Jahren, doch bis dahin waren bereits Millionen dieser Tabletten verschrieben worden. Zahlreiche ungewollte und selbstmörderische Tode führte man auf eine Barbituratvergiftung zurück, doch bei wie vielen von ihnen handelte es sich in Wahrheit um Mord? Nachgewiesen wurde dies nur in vergleichsweise wenigen Fällen.

Die jüngere Geschichte der Giftmorde zeigt ein breites Spektrum unerwarteter Substanzen und die Probleme bei deren Identifizierung. So wurde der Journalist Georgi Markow, ein bulgarischer Emigrant, in London vermutlich vom bulgarischen Geheimdienst ermordet – mit einer Kugel aus einer Gaspistole, die in einem Schirm versteckt war. Sie enthielt Rizin, ein

Moderne Kriminallabors sind technisch auf der Höhe der Zeit und viele Phasen der Giftanalyse erfolgen inzwischen computergestützt. Der Toxikologe muss jedoch eine bestimmte Vorstellung haben, wonach er eigentlich sucht. Eventuell noch zu Lebzeiten beobachtete klinische Symptome können einen nützlichen Hinweis geben. Die mögliche Todesursache wird oftmals auch durch den Autopsiebericht näher eingegrenzt.

Ohne diese Hinweise ist der Toxikologe häufig auf traditionelle chemische Nachweisverfahren angewiesen, für die man jedoch keine größeren Probenmengen mehr benötigt. Heute stehen zahlreiche spezifische Tests zur Verfügung. Sie ergeben eine Farbreaktion, eine Ausfällung oder charakteristische Kristalle, die mit dem Mikroskop weiter untersucht werden können.

Giftige Wirkstoffe kann man in vier Typen grob unterteilen:

• Substanzen (meist Flüssigkeiten), die in Dampf, Luftstrom oder Edelgas flüchtig sind.

• Wasserlösliche, nicht in Dampf flüchtige und nicht in organischen Mitteln lösliche Substanzen.

• Organische (natürliche oder synthetische) Substanzen, die in organischen Mitteln besser löslich sind als in Wasser.

• Anorganische (meist metallische) Elemente, die nicht in Dampf flüchtig sind. Nach ihnen sollte man suchen, wenn sämtliche organischen Substanzen zerstört wurden. Vor allem metallische Elemente sind in Leber und Milz meist am stärksten konzentriert.

Unter Rückgriff auf diese recht grobe Klassifizierung steht den Toxikologen eine Vielzahl von Analyseverfahren zur Verfügung: Spektroskopie, Flüssig- und Gas-Chromatographie, Elektrophorese, Massenspektrometrie, Neutronenaktivierung, „Tagging" mit radioaktiven Spürsubstanzen und Immunoassay (siehe „Moderne Verfahren").

Die Durchführung verläuft vielfach computergesteuert und vollautomatisch. Mühsame Routinearbeiten entfallen somit. Dennoch ist man in manchen Fällen weiterhin auf Labormäuse angewiesen, um die Auswirkungen eines mutmaßlichen Gifts mit einer bekannten Substanz vergleichen zu können.

im Samen der Rizinuspflanze enthaltenes Protein – doppelt so giftig wie eine Kobra und bereits in einer Menge von zwei Millionstel des Körpergewichts absolut tödlich.

Im Juni 1981 ermordete die 28-jährige Susan Barber ihren Mann Michael, indem sie dem Essen das Herbizid Paraquat beimengte. Der Leichnam wurde eingeäschert, doch im Zuge fortdauernder Ermittlungen konnte die Substanz neun Monate später in den Proben, die während der Autopsie entnommen wurden, nachgewiesen werden. 1982 wurde Mrs. Barber zu lebenslänglich verurteilt, ihr ehemaliger Geliebter zu zwei Jahren Gefängnis.

Einer der schrecklichsten Fälle der letzten Jahre war der von Genene Jones, einer Kinderkrankenschwester aus dem texanischen San Antonio, die

## MORDAKTE:
# Graham Young

**Angeblich resozialisiert, verfiel der überführte Giftmörder rasch wieder seiner Obsession. Zwei Männer starben und einige weitere hatten unter den Nachwirkungen einer Thalliumvergiftung zu leiden.**

*Standbild aus dem britischen Film* The Young Poisoner's Handbook, *der mit unverkennbar schwarzem Humor den Werdegang Graham Youngs nacherzählte und zugleich mit unerbittlicher Präzision die Schattenseiten des London der „Swinging Sixties" einfing.*

Graham Young, ein 14-jähriger Engländer, gestand 1962, dass er seine Stiefmutter vergiftet und es später auch bei seinem Vater, seiner Schwester und einem Schulfreund versucht hatte. Nach neun Jahren wurde er als „geheilt" entlassen.

Young fand bald einen Job als Lagerist bei einem Hersteller von Fotolinsen. Zufällig hatte es damals in der Nachbarschaft eine Welle von Magen-Darm-Infekten gegeben. Als der Vorarbeiter Bob Egle zwei Monate später erkrankte, machte man den gleichen „Bazillus" dafür verantwortlich. Doch keine zwei Wochen darauf war der Mann an „peripherer Neuritis" verstorben. Fred Biggs, sein Nachfolger, zeigte ab Oktober ähnliche Symptome und starb am 19. November. Während des Winters erkrankten weitere Angestellte.

Allmählich machte sich der Geschäftsführer Sorgen, irgendwo auf dem Betriebsgelände könnten Chemikalien austreten, zumal man bei der Linsenfertigung auch eine Thalliumverbindung verwendete. Er rief ein von dem Toxikologen Dr. Ian Anderson angeführtes Team zur Hilfe. Bei den Gesprächen mit dem Personal wollte Young merkwürdigerweise wissen, ob die beobachteten Symptome womöglich auf eine Thalliumvergiftung zurückgingen.

Nachdem er die einschlägige Literatur konsultiert hatte, erkundigte sich Dr. Anderson bei Scotland Yard nach Graham Young. Young kam in Untersuchungshaft und bei der Hausdurchsuchung fand man ein Tagebuch, in dem er seine Taten sorgfältig protokolliert hatte. Offenbar hatte er das Thallium im Tee verabreicht, den er seinen Kollegen brachte. Über Fred Biggs hatte er geschrieben: „tödliche Dosis der speziellen Verbindung an F ... Gab ihm drei Einzeldosen."

Nachfolgende Analysen ergaben Thallium in sämtlichen Opfern. Bob Egle war zwar eingeäschert worden, doch sogar seine Asche enthielt noch neun Milligramm Thallium. Überdies fand man im Futter von Youngs Mantel ein Giftpäckchen, das er als seine „Abschiedsdosis" vorgesehen hatte. Young wurde im Juni 1972 zu lebenslänglicher Haft verurteilt.

**FALL GELÖST**

vermutlich den Tod von mehr als 30 Säuglingen und Kleinkindern auf dem Gewissen hat. Die Wiederbelebung und Versorgung von Säuglingen, die einen plötzlichen Herzstillstand erlitten hatten, erregte und befriedigte sie derart, dass sie begann, ihnen nahezu tödliche Injektionen zu verabreichen, nur um sie wieder gesund pflegen zu können.

Die von ihr bevorzugte Substanz war das Sukzinylcholin. Zum Verhängnis wurde ihr die Entdeckung einiger Ampullen, die sie manipuliert hatte. Das dem Curare ähnelnde, jedoch synthetische Sukzinylcholin entspannt und paralysiert die Muskelfasern (Atemlähmung). Jones wurde am 15. Februar 1984 zu mindestens 25 Jahren Haft verurteilt, ohne die Möglichkeit eines früheren Bewährungsantrags.

Die psychische Erkrankung, an der sie litt, bezeichnet man als Münchhausen-Stellvertreter-Syndrom. Einige ähnliche Fälle sind bekannt. Der Krankenpfleger Richard Angelo wurde 1989 für schuldig befunden, vier Patienten muskelentspannende Substanzen injiziert zu haben. Der Videomitschnitt seines Geständnisses enthält die Worte „Ich fühlte mich unzulänglich und meinte, mich beweisen zu müssen."

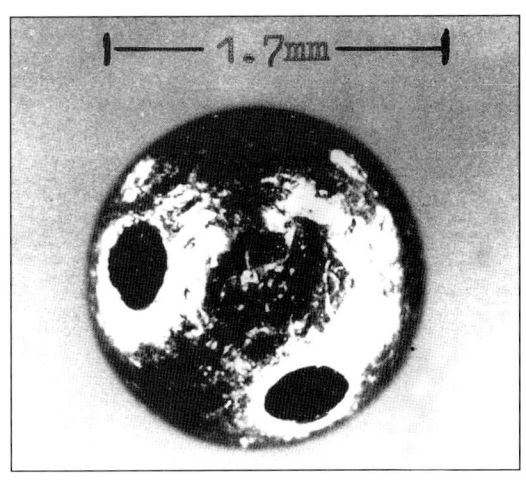

*Die Platin-Iridium-Kugel, die 1978 aus einem Regenschirm auf Georgi Markow abgeschossen wurde, war keine zwei Millimeter groß, enthielt jedoch 0,2 Milligramm des tödlichen Rizins.*

## SCHWERMETALLE

Obwohl die meisten heutigen Giftmörder zu komplexen organischen Verbindungen greifen, sind zahlreiche anorganische (mineralische) Substanzen nicht weniger giftig. Oft wirken sie langsamer, und teilweise qualvoller, doch ebenfalls tödlich.

Außer dem bereits erwähnten Arsentrioxid („Arsen") enthält diese Gruppe noch weitere, ebenso giftige Verbindungen. So etwa sind sämtliche Blei- und Quecksilberverbindungen toxisch. Die Quecksilbersalze, wie sie einst bei der Herstellung von Filzhüten verwendet wurden, trieben manchen Arbeiter in den Wahnsinn.

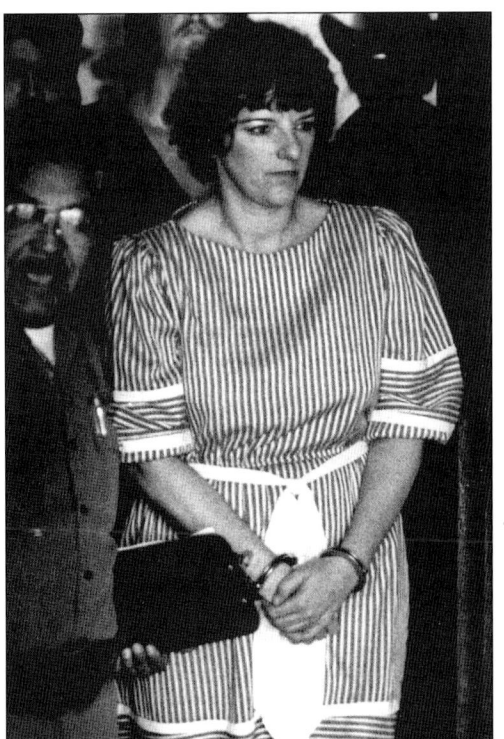

*Genene Jones, eine Kinderkrankenschwester aus dem texanischen San Antonio, tötete vermutlich mehr als 30 ihrer Schützlinge mit Sukzinylcholin.*

*Richard Angelo (links), ein in West Islip, New York, tätiger Pfleger, wurde wegen Ermordung von vier Patienten verurteilt. „Ich meinte, mich beweisen zu müssen."*

*Auch wenn man in den letzten Jahren wiederholt auf mit Quecksilber versetzte Nahrungsmittel stieß, ist das Metall selbst kaum toxisch, da es sich nicht im Körper auflöst. Quecksilberdämpfe jedoch und auch die meisten Quecksilberverbindungen sind hochgiftig.*

Die Verwendung von Brechweinstein (Kaliumantimonylsulfat) im Fall Charles Bravo haben wir bereits erwähnt (siehe „Mord oder Selbstmord?"). Antimon war neben anderen Substanzen auch das von Dr. William Palmer verwendete Gift, der vor 1856 in England möglicherweise 14 Menschen ermordete. In einem ungewöhnlichen Fall vergiftete der französische Apotheker Pierre-Desiré Moreau 1874 seine zweite Frau mit Kupfersulfat.

Thalliumverbindungen, wie man sie bei Insektiziden, Nagergiften und Enthaarungsmitteln verwendete, gelangten ebenfalls zu trauriger Berühmtheit. Caroline Grills saß 1949 in Sydney wegen vier vollendeten und zwei versuchten Morden mittels Thallium auf der Anklagebank. Obgleich nur ein Fall des versuchten Mordes verhandelt wurde, landete die Verurteilte für den Rest ihres Lebens hinter Gittern, wo sie von den Mithäftlingen „Tante Thally" genannt wurde.

Phosphor ist zwar kein Metall, spielte jedoch eine Rolle bei einigen Giftmorden durch anorganischer Substanzen. Das Element kommt in zwei Formen vor: als relativ reaktionsträger roter Phosphor und als hochgiftiger weißer Phosphor, der früher als Rattengift benutzt wurde. Phosphor wurde auch für den Mord an Sarah Ricketts verwendet, einer älteren Witwe, die in einem Bungalow in dem englischen Badeort Blackpool lebte.

Am 12. März 1953 traten Louisa Merrifield und ihr Mann Alfred ihre Stellung als Hausangestellte von Sarah Ricketts an. Schon sehr bald rühmte sich Louisa Merrifield, sie habe für eine alte Frau gearbeitet, die gestorben sei und ihr einen Bungalow hinterlassen habe. Auf Nachfragen erwiderte sie: „Tot ist sie noch nicht, wird's aber bald sein." Am 9. April rief sie den Hausarzt herbei, der bezeugen sollte, dass die alte Dame imstande sei, ein neues Testament abzufassen.

Am 14. April starb Sarah Ricketts. Bei der Autopsie stieß man im Magen auf eine braune Flüssigkeit – ein Gemisch aus Brandy und Phosphor. Obwohl man im Haus keinerlei Rattengift fand, kam heraus, dass Alfred Merrifield kurz zuvor eine Dose gekauft hatte.

Im Juli wurde Louisa Merrifield zum Tode verurteilt. Die Geschworenen sahen sich allerdings nicht in der Lage, über Alfred Merrifield zu urteilen.

*Dr. William Palmer wurde 1856 schuldig gesprochen, einen Mann mit Antimon vergiftet zu haben; 13 frühere Todesfälle gehen wahrscheinlich ebenfalls auf sein Konto.*

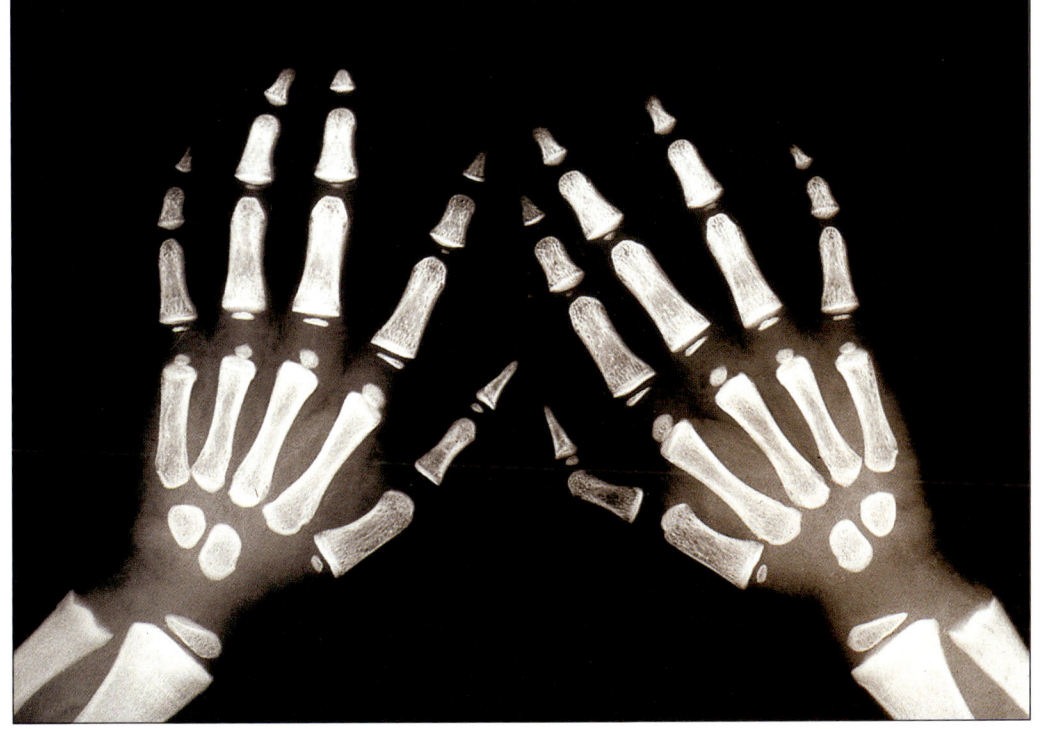

*Bei Erwachsenen, die an einer Bleivergiftung leiden, sind über 95 Prozent des Bleis in den Knochen konzentriert. Abgelagertes Blei lässt sich mit Hilfe von radioaktivem Jod durch Röntgen nachweisen.*

*Seite 65: Festnahme des Massenmörders John Christie, 1953 in London. Am 9. März 1950 hatte man Timothy Evans wegen der Ermordung seiner Frau gehängt, in Wahrheit war sie Christie zum Opfer gefallen.*

## GIFTGASE

Die meisten Gifte sind fest oder flüssig. Unter den giftigen Gasen spielen Kohlenmonoxid und Zyanwasserstoff eine herausragende Rolle.

Kohlenmonoxid ist deshalb hochgiftig, weil es eine starke „Affinität" für das Hämoglobin besitzt, 300-mal größer als die des Sauerstoffs. Das Hämoglobin versorgt die Gewebe mit Sauerstoff. Falls dieser durch Kohlenmonoxid ersetzt wird, besteht akuter Sauerstoffmangel.

Früher war Kohlenmonoxid in Form von Rauchgas aus Kohlenöfen leicht verfügbar und bildete für mehr als 100 Jahre ein bevorzugtes Selbstmordmittel. Aber auch viele tödliche Unfälle und einige Morde lassen sich darauf zurückführen. Der berühmteste Fall eines Mordes mit Hilfe von Rauchgas ist der von John Christie, der gestand, in London zwischen 1943 und 1949 seine Gattin und mindestens fünf weitere Frauen ermordet zu haben, darunter vier Prostituierte, die er zunächst mit Gas betäubte und dann erwürgte und vergewaltigte.

Die Verdrängung des Brennstoffs Kohle durch Erdgas beseitigte zugleich eine größere Gefahr, doch die unvollständige Verbrennung aller Kohlenwasserstoffe sowie von Kohlenstoff in Kohle, Koks oder Holzkohle führt auch zur Entstehung von Kohlenmonoxid. Bei ineffizienter Verbrennung von Erdgas, Butan oder Propan bildet sich somit auch Kohlenmonoxid und aus dem Auspuff eines Benziners ohne Katalysator entströmen vier bis acht Prozent Kohlenmonoxid, bei Dieselmotoren einiges weniger. Reines Kohlenmonoxid ist geruchlos und ist daher eine potenzielle Todesursache, wenn Räume, in denen ein Verbrennungsprozess abläuft, nicht ausreichend gelüftet werden. Bei vielen Brandopfern etwa ist die eigentliche Todesursache eine Rauchvergiftung.

Geringe Mengen Kohlenmonoxid reichen aus, um den Sauerstoff aus den roten Blutkörperchen zu verdrängen und die Fähigkeit des Bluts, Sauerstoff zu transportieren, rasch zu verringern. Hierbei bestehen erhebliche individuelle Unterschiede, doch ein Austausch von rund 50 bis 60 Prozent dürfte beim gesunden Erwachsenen tödlich sein; bei älteren, herz- oder lungenkranken Menschen können bereits 25 Prozent ausreichen.

Man schätzt, dass eine Austauschrate von 50 Prozent im Blut einer gesunden, sitzenden Person, deren Atemluft nur ein Prozent Kohlenmonoxid enthält, nach 15 Minuten erreicht ist, bei körperlicher Aktivität jedoch bereits nach fünf Minuten.

Schon 0,2 Prozent Kohlenmonoxid in der Luft können in wenigen Minuten zum Tod führen. Da das ans Hämoglobin gebundene Kohlenmonoxid sich im Blut ansammelt, kann bereits 0,1 Prozent dieses Gases in der Atemluft innerhalb von zwei bis drei Stunden tödlich wirken – und ein Automotor, der in einer geschlossenen Garage läuft, in nur fünf Minuten.

Es kann vorkommen, dass das Opfer außer einem leichten Kopfschmerz nichts von der Kohlenmonoxidvergiftung bemerkt, bevor Koma und schließlich der Tod eintreten. Bei einem Blutspiegel von bis zu 30 Prozent tritt beim gesunden Erwachsenen vielleicht nicht mehr ein als Kopfschmerz, Übelkeit und eine Konzentrationsschwäche auf; 30 bis 40 Prozent Kohlenmonoxid im Blut sind durch Schwächegefühl, Erbrechen, Schleier vor den Augen und allmählich einsetzendes Koma gekennzeichnet; bei mehr als 50 Prozent ist der Tod nahezu unausweichlich, wenngleich gesunde junge Erwachsene sogar 70 Prozent erreichten, bevor sie starben.

Untrügliches Zeichen einer Kohlenmonoxidvergiftung ist eine kirschrote Verfärbung von Haut, Lippen und inneren Organen, die viele Monate nach dem Tod fortbestehen kann und an den Totenflecken besonders auffällig ist.

Auch das Zyanid entfaltet seine Giftwirkung, indem es verhindert, dass die Gewebe mit Sauerstoff versorgt werden. Es hemmt jenes Enzym, das für die Aufnahme des Sauerstoffs aus dem Blut verantwortlich ist.

Zyanwasserstoff ist ein Gas, während Zyansäure (Blausäure) eine wässrige Lösung dieses Gases darstellt. Ihre Salze, meist Natrium oder Kalium, sind weiß. Zyanide werden recht häufig in Industrie, Fotografie und bei der Galvanisierung verwendet, überdies zur Bekämpfung von Ratten und Wespen sowie zum Begasen von Bäumen, Obst und von Frachträumen. Bei einer Erhebung über Todesfälle durch Zyanid stellte sich heraus, dass 70 Prozent Selbstmorde waren und der Rest Unfälle, wenngleich Zyanid auch schon für Morde benutzt wurde. Da bereits geringe Mengen ausreichen, ein Gegenmittel unverzüglich verabreicht werden muss und nur selten zur Hand ist, war Kaliumzyanid (Zyankali) das bevorzugte Gift in den „Selbstmordkapseln" der Spione, um einem Verhör zu entgehen.

Zyanwasserstoff kann auch bei einem Brand entstehen – als Zerfallsprodukt bestimmter für Polstermöbel verwendeter Kunststoffe.

Schon 0,02 Prozent dieses Gases in der Atemluft führen fast sofort zum Tod, ebenso längeres Einatmen geringerer Konzentra-

Blausäure ist zwar extrem giftig, jedoch nicht sonderlich beständig. Fast jeder Chemiestudent kennt die Geschichte von dem Laborpersonal, das sich über die Zudringlichkeiten einer schäbigen, streunenden Katze ärgert. Schließlich gibt man ihr etwas Fleisch zu fressen, das man zuvor mit dem Inhalt einer halb vollen Flasche Blausäure vermengt, die lange Zeit im Regal gestanden hatte. Zwei, drei Tage darauf kehrt die Katze zurück – strotzend vor Kraft und mit glänzendem Fell. Wie sich herausstellt, hat die Blausäure mit dem atmosphärischen Kohlendioxid reagiert und sich in Ammoniumcarbonat verwandelt, das wie ein harmloses Abführmittel wirkt.

tionen. Bei Blausäure reichen 50 Milligramm und als tödliche Dosis werden für Kaliumzyanid meist 250 Milligramm angegeben, doch man kennt auch Fälle der Genesung nach Einnahme der zehnfachen Menge.

Zyanwasserstoff riecht nach Bittermandeln, auch wenn es heißt, dass bis zu 20 Prozent aller Menschen dies nicht wahrnehmen können – ein berühmter britischer Pathologe konnte es nur beim Rauchen! Zum Töten ihrer Beute verwendeten Schmetterlings-sammler früher die zerstoßenen Blätter des ebenfalls zyanidhaltigen Lorbeers. Auch Mandeln können bis 0,1 Prozent Zyanid enthalten. Noch kürzlich wurde der Tod einer jungen Frau gemeldet, die grüne Mandeln gegessen hatte. Auch kennt man einen Todesfall durch Trinken aus einer alten Flasche Mandellikör, bei dem sich das Zyanid in einer öligen Schicht konzentriert hatte. Das fraglos abscheulichste Zeugnis der Verwendung von Zyanidverbindungen war das Zyklon B in den

*Polizisten evakuieren die U-Bahn von Tokio, nachdem die Aum-Sekte dort das Nervengas Sarin freigesetzt hat (19. März 1995).*

Vernichtungslagern der SS. In die jüngere Vergangenheit fällt das „Jones-town-Massaker" vom 18. November 1978, bei dem der Sektenführer Jim Jones 900 Mitglieder seiner „People's Church" in den Tod führte, darunter auch zahlreiche Kinder.

Die Todeszeichen einer Zyanidvergiftung ähneln denen der Kohlenmo-noxidvergiftung, denn die Ursache (Sauerstoffmangel) ist die gleiche. Die hellrote Farbe des Bluts wird an Haut, Lippen, inneren Organen und Totenflecken sichtbar und ist meist noch etwas dunkler als die bei Kohlenmonoxidvergiftung eintretende Verfärbung. Bei der Autopsie fällt meist ein markanter Geruch nach Bittermandeln auf. Auch lässt sich das Vorhandensein von Zyanid chemisch problemlos nachweisen.

Jüngere Entwicklungen auf dem Gebiet der C-Waffen führten zur Herstellung einer Reihe von „Nervengasen"; sie blockieren die Weiterleitung der Nervenimpulse und können rasch zum Tod führen. Am 19. März 1995 setzten Mitglieder der japanischen Aum-Sekte das Nervengas Sarin in drei Stationen der U-Bahn von Tokio frei. Zwölf Menschen kamen um und die Zahl der Geschädigten belief sich auf über 5000.

### BIOLOGISCHE WIRKSTOFFE

Ein Giftmord mittels Bakterienkulturen zählt wohl zu den seltensten Fällen überhaupt. Dr. Bennett Clarke Hyde wurde 1910 angeklagt, den Millionär Thomas Swope und dessen Verwalter James Hunton mit einer Mixtur aus Strychnin und Zyanid vergiftet zu haben. Kurz nach deren Tod waren fünf der Erbberechtigten an Typhus erkrankt und einer von ihnen verstorben. Im Prozess gestand ein Bakteriologe, Hyde mit Typhuskulturen versorgt zu haben. Über ihm schwebte der Verdacht, seinen Opfern die Kulturen injiziert zu haben, das jedoch ließ

*Arthur Waite wartet auf seinen Prozess 1916 in New York. Verurteilt wegen der Ermordung seiner Schwiegereltern mit Hilfe von Bakterienkulturen, landete er im Mai 1917 in Sing Sing auf dem elektrischen Stuhl.*

sich nicht beweisen. Hyde wurde des Doppelmordes schuldig gesprochen. Mehrere Berufungsverhandlungen endeten 1917 damit, dass seine Anwälte sich auf einen Verfahrensfehler stützen konnten und Hyde freikam.

Hydes Frau, die stets zu ihm gehalten hatte, trennte sich einige Jahre später von ihrem Mann. Sie hatte über Magenschmerzen geklagt und er hatte sich angeboten, sie zu behandeln. Zweifellos zog sie es vor, einen anderen Arzt zu konsultieren und weiterzuleben.

Arthur Waite war ein ambitionierter New Yorker Zahnarzt, der nebenher auch an der Cornell Medical School in der Bakterienforschung tätig war. Er gestand, 1916 seine Schwiegermutter getötet zu haben, indem er ihren Speisen Diphterie- und Influenzakulturen beifügte. Ähnliche Methoden erprobte er auch an seinem Schwiegervater: „Einmal gab ich ihm ein Nasenspray mit Tuberkelbazillen." Als dies nicht fruchtete, vergiftete er ihn mit Arsen.

Unter den biologischen Kampfstoffen ist Anthrax (Milzbrand) einer der gefürchtetsten. Viele Teilnehmer am Golfkrieg wurden vorsorglich mit Anthraxvakzin geimpft. Milzbrand ist ein Bazillus, dem meist Schafe und Rinder zum Opfer fallen. Seine Sporen können jedoch in trockener Umgebung mindestens 40 Jahre überleben, was in der Pelz- und Wollindustrie schon zu Todesfällen geführt hat.

*Massiver Befall einer menschlichen Lunge mit Anthraxbakterien.*

Am 19. Februar 1998 wurden unweit von Las Vegas zwei Männer festgenommen, die offenbar einen Behälter mit einer Anthraxkultur mit sich führten. Das FBI gab Großalarm, nachdem man erfahren hatte, dass einer der beiden Männer 1995 überführt worden war, drei Ampullen mit einer Beulenpestkultur per Post erhalten zu haben. Angeblich hatte er 1997 angekündigt, eine Glaskugel mit Anthrax in der New Yorker Subway zu deponieren, um „wirtschaftlichen Ruin" hervorzurufen. Zum Glück handelte es sich um blinden Alarm.

Ein zweiter Anthraxalarm ereignete sich ein Jahr darauf. Am 23. Februar 1999 erhielten Abtreibungsbefürworter in mehreren US-Bundesstaaten Briefe mit einem braunen Pulver, das angeblich aus Anthraxsporen bestand. Dies erwies sich glücklicherweise als übler Scherz, doch die Leichtigkeit, mit der sich manche Menschen Bakterien beschaffen und Kulturen anlegen können, verstärkt die Furcht, dass Terroristen jederzeit zuschlagen können.

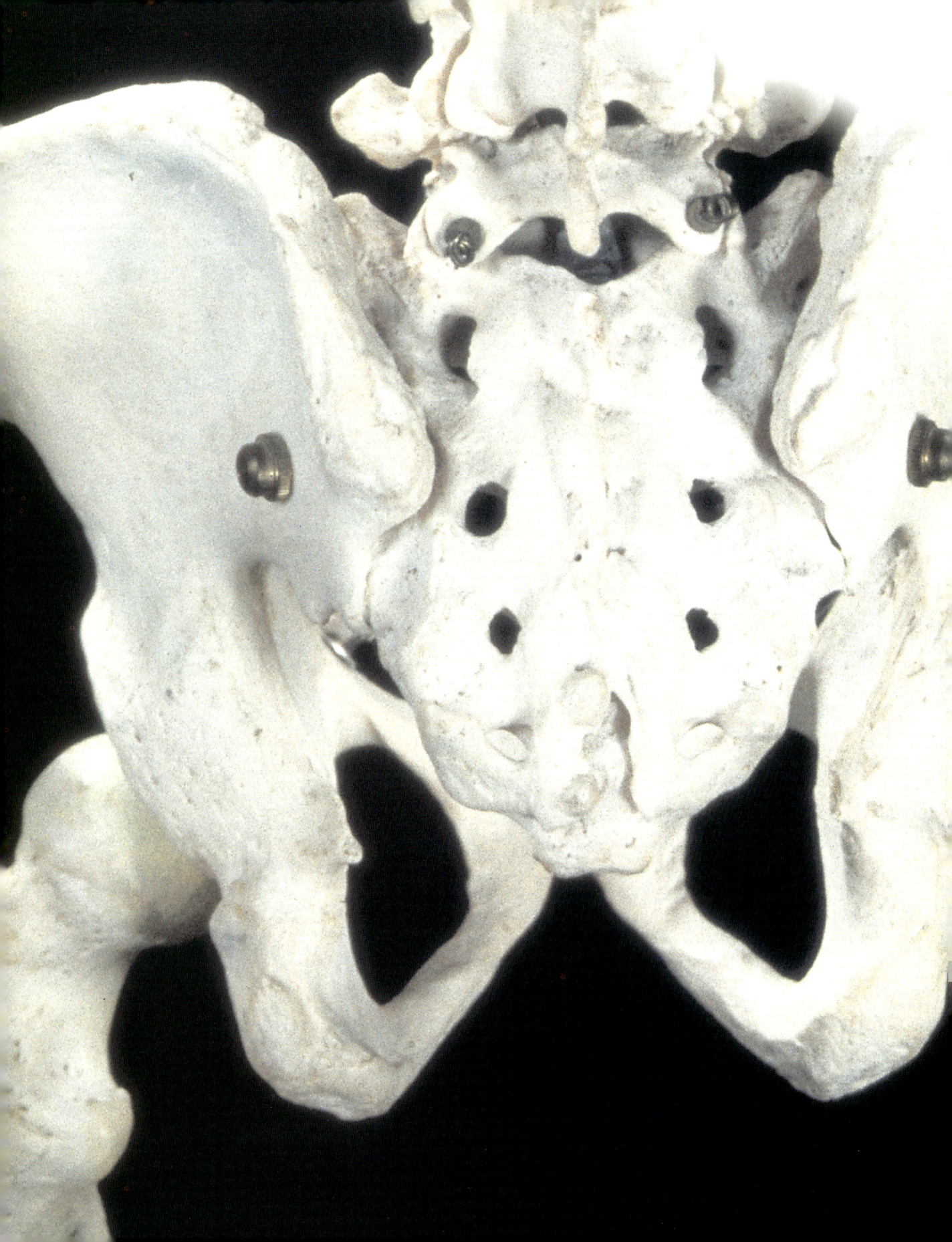

# Schädel und Knochen

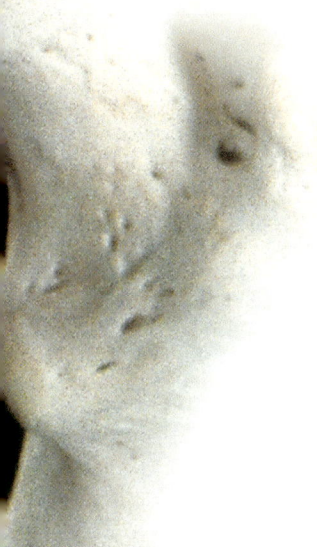

*Nahaufnahme eines weiblichen Beckens. Dieser Teil des Skeletts liefert einen wertvollen Anhaltspunkt für die Bestimmung des Geschlechts. Man beachte die ausgeprägte Spreizung des Beckenkorbs.*

Der Verwesungsprozess setzt unmittelbar nach dem Tod ein. Bereits nach Tagen sind die Gesichtszüge meist kaum noch zu erkennen, nach wenigen Wochen hat sich – unter normalen Bedingungen – das Gewebe aufgelöst und allmählich bleiben nur noch die Knochen, Zähne und Haare übrig. Eine Identifizierung wird somit zunehmend schwieriger; hat eine Leiche jedoch unberührt an einem Ort gelegen, kann der Pathologe sogar aus einem bloßen Skelett einiges ablesen.

### GESCHLECHT, ALTER UND KÖRPERGRÖSSE

Becken und Schädel liefern fraglos die wertvollsten Anhaltspunkte für das Geschlecht. Das weibliche Becken ist naturgemäß breiter und flacher als das männliche. Der Beckenkorb ist markant breiter und entspricht, einer Faustregel gemäß, bei der erwachsenen Frau dem Abstand zwischen gespreiztem Daumen und Zeigefinger, beim Mann indes der Entfernung zwischen Zeige- und Mittelfinger. Das Beckenskelett besitzt noch weitere geschlechtsspezifische Größen- und Gestaltsunterschiede.

Männliche Schädelmerkmale bilden sich erst nach dem 14. Lebensjahr heraus, deshalb ist die Geschlechtsbestimmung anhand eines jüngeren Schädels schwierig und unzuverlässig. Bei den Schädeln erwachsener Personen gibt es jedoch markante geschlechtsspezifische Unterschiede. In der Regel ist die Augenhöhle bei Frauen rund, bei Männern eher rechteckig.

Männer besitzen eine längere, schmalere, nahezu tränenförmige Nasenöffnung, die bei Frauen ist eher birnenförmig. Männer haben einen eckigeren und meist auch massiveren Unterkiefer. Die weibliche Stirn verläuft meist steiler und markante Brauenbögen fehlen in der Regel. Weitere Unterschiede wie etwa das Knochengewicht sind indes nur im Zusammenspiel mit den auffälligeren Geschlechtsmerkmalen aussagekräftig.

Um das Alter eines Skeletts zu ermitteln, untersucht der Pathologe den Schädel und einzelne Knochen. Hierzu muss kein vollständiges Skelett vorhanden sein. Beim Neugeborenen sind die Enden der langen Röhrenknochen durch Knorpel mit dem Mittelstück verbunden. Nach Abschluss des Längenwachstums schließt sich diese Epiphysenfuge allmählich (bis zum 30. Lebensjahr). Die einzelnen Phasen ermöglichen eine Altersbestimmung plus/minus zwei bis drei Jahre. Bei einem höheren Alter ermöglichen feststellbare Veränderungen der Knochen eine Schätzung, bei der mit einer Ungenauigkeit von rund zehn Jahren in beide Richtungen zu rechnen ist.

*Der Schädel enthält Informationen über das Alter und Geschlecht des Opfers. Der Schädel eines etwa zehnjährigen Kindes (oben links) zeigt den Durchbruch bleibender Zähne. Der Schädel einer erwachsenen Frau (oben rechts) verdeutlicht die eher runde Form der Augenhöhlen und die charakteristischen Nasenöffnungen. Der Säuglingsschädel (unten links) zeigt deutlich sichtbare, teils noch nicht geschlossene Nähte. Der Schädel eines erwachsenen Mannes (unten rechts) wurde per Falschfarben-CAT-Scan in mehrere Bereiche unterteilt, die später einzeln gescannt werden.*

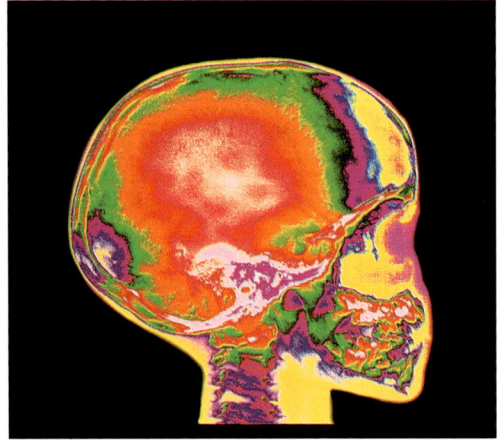
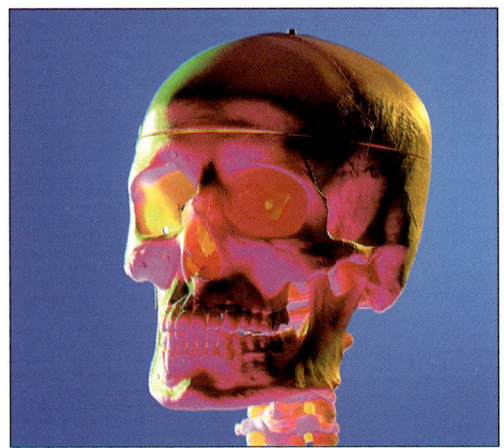
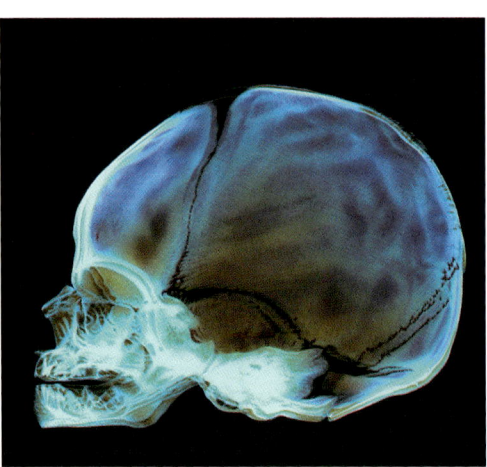
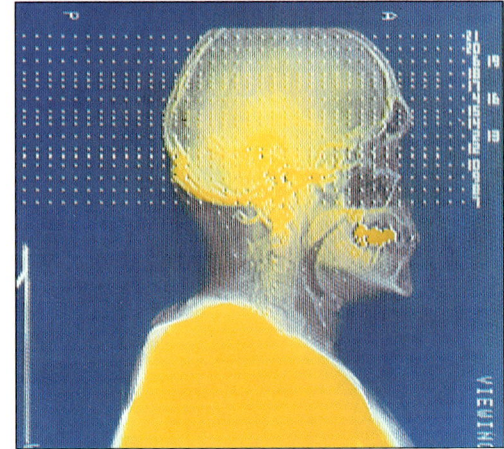

Der Schädel eines Säuglings besteht aus einzelnen Teilen, deren „Nähte" sich nach und nach schließen. Als erstes wächst die Stirnnaht zu. Andere Knochennähte beginnen sich gewöhnlich zwischen dem 20. und 30. Lebensjahr zu schließen, einige sind auch mit 60 noch nicht vollständig geschlossen und die letzte schließt sich frühestens mit 70 Jahren. Hieraus wird deutlich, dass eine Altersschätzung, die sich allein auf den Knochenbau stützt, bis etwa zum 25. Lebensjahr recht präzise ist, dann jedoch zunehmend ungenauer wird, so dass andere Faktoren berücksichtigt werden müssen.

Zur Berechnung der Körpergröße werden die Knochen auf einem „osteometrischen" Brett ausgelegt, das genauere Messungen ermöglicht als Bandmaß und Tastzirkel. Die einigermaßen korrekte Ermittlung der Körpergröße ist möglich, wenn ein größerer Teil des Skeletts vorhanden ist, doch man kennt auch recht präzise Formeln, bei denen die Röhrenknochen ausreichen. Diese wurden 1888 von dem französischen Pathologen Rollet aufgestellt und haben sich trotz einiger späterer Korrekturen im Grundsatz bis heute nicht sehr verändert. Es gilt folgende Faustregel: Die Länge des Oberarmknochens beträgt 20 Prozent der Körpergröße, die des Oberschenkelknochens 27 Prozent, des Schienbeins 22 Prozent und der Wirbelsäule 35 Prozent – mit diversen Korrekturen für Geschlecht, Alter und Herkunft.

Aus den Deformationen des Skeletts konnten einige bemerkenswerte Schlüsse gezogen werden. Als man Sir Sydney Smith, einen jungen Pathologen in Kairo, bat, ein Päckchen mit drei Knochenstücken zu untersuchen, das man in einem Brunnen entdeckt hatte, konnte er diese als Teile eines weiblichen Beckens identifizieren (als die beiden Hüftknochen und das Kreuzbein). Die Knochen waren klein und schienen zu einem jungen Mädchen zu gehören, doch die nahezu abgeschlossene Verschmelzung der Hüftknochen deutete auf ein Alter zwischen 22 und 25 Jahren hin. Einige Knochenfurchen zeugten von wenigstens einer Schwangerschaft. Überdies war der rechte Hüftknochen größer und schwerer als der linke und besaß eine größere Gelenkpfanne. In der rechten Hüfte fand sich eine Schrotkugel.

Aus diesen wenigen Beobachtungen konnte Smith Folgendes ableiten: „Es handelt sich um die Knochen einer jungen, schlanken Frau von kleiner Statur, zum Zeitpunkt ihres vor wenigstens drei Monaten eingetretenen Todes zwischen 23 und 25 Jahre alt ... Ihr linkes Bein war verkürzt, weshalb sie auffällig hinkte. Vermutlich hatte sie als Kind Polio. Getötet wurde sie mit einer Schrotflinte ... aus rund einem Meter Entfernung." Im Besitz dieser Beschreibung erfuhr die Polizei bald von einer vermissten Frau – klein, schlank, 24 und hinkend. Sie hatte geheiratet, ein Kind ausgetragen, sich scheiden lassen und war zu ihrem Vater gezogen. Dieser gestand, dass er seine Tochter beim Gewehrreinigen versehentlich angeschossen, sie bis zu ihrem Tod eine Woche lang gepflegt und dann ihre Leiche beseitigt hatte.

## MORDAKTE:
# George Shotton

**40 Jahre vergingen, bis man die sterblichen Überreste der Frau des Bigamisten fand. Eine sorgfältige forensische Rekonstruktion bewies seine Schuld, für eine Verurteilung kam man indes zu spät.**

Mamie Stuart und der Bigamist George Shotton. Nach ihrem Verschwinden war er der Hauptverdächtige.

Drei junge Höhlenforscher stießen 1961 in Wales hinter einem großen Felsen auf Skelettreste. Untersuchungen der Gerichtsmedizin ergaben, dass es sich um ein fast vollständiges Skelett handelte. Jemand hatte die Leiche in drei ungefähr gleich große Teile zersägt.

Schädel und Becken ließen vermuten, dass man es höchstwahrscheinlich mit den Knochen einer jungen Frau zu tun hatte. Ihre Körpergröße schätzte man auf 160 Zentimeter, dies anhand des montierten Skeletts und der Länge der Röhrenknochen. Durch Röntgen stellte man fest, dass der Wachstumsprozess erst kurz zuvor zum Stillstand gekommen war. Aufgrund der Weisheitszähne war anzunehmen, dass die Frau über 20 war und da zwei Knochen der Schädelbasis erst kurz zuvor verschmolzen waren, konnte sie nicht älter gewesen sein als 28.

Bei der Leiche fand man einzelne Kleidungsreste und Sackleinenstücke, etwas Schmuck und eine Haarspange aus Zelluloid mit einigen braunen Haaren. Außerdem einen Ehering mit eingeprägter Jahreszahl (1918). Einige vergoldete Quasten stammten vermutlich von einer Art Stola, wie sie Anfang der 1920er-Jahre modern war.

Spurensicherungskoffer, wie er bei der Bergung der sterblichen Überreste von Mamie Stuart im Jahr 1961 verwendet wurde. Trotz aller Modernisierungen hat sich an den Grundsätzen der Beweissicherung bis heute nichts geändert.

Es war klar, dass die Frau unter zweifelhaften Umständen zu Tode gekommen und heimlich beseitigt worden war. Das rund 40 Jahre zurückliegende Verbrechen stellte die Polizei vor ein größeres Problem. Zahlreiche Aufzeichnungen waren den Bomben des Zweiten Weltkriegs zum Opfer gefallen, doch mehrere Personen erinnerten sich noch an das rätselhafte Verschwinden der ehemaligen Tänzerin Mamie Stuart um 1919/1920. In Zeitungsarchiven fand man bald nähere Informationen.

Der Schiffsingenieur George Shotton führte 1918 in Nordostengland eine Art Ehe mit Mamie Stuart, obwohl er in Südwales bereits Frau und Kind hatte. Im November 1919 ließen sich beide unweit von Swansea nieder. Ein Telegramm zu Weihnachten war die letzte Nachricht, die den Stuarts von ihrer Tochter zuging.

Im März 1920 übergab der Direktor eines Hotels in Swansea der Polizei einen herrenlosen Koffer mit Frauenkleidern und einem Zettel mit der Adresse der Eltern, die die Kleidungsstücke wieder erkannten. Die Polizei veröffentlichte folgende Beschreibung: „Alter: 26; sehr attraktives Äußeres; Größe: 158–160 cm; dichtes, dunkelbraunes Haar, Bubikopf." Doch auch eine gründliche Durchsuchung der letzten Wohnstätte blieb ohne Ergebnis.

Bald aber fand man George Shotton. Im Mai 1920 wurde er wegen Bigamie angeklagt und im Prozess vom Staatsanwalt auch des Mordes an Stuart bezichtigt, doch ohne Leiche konnte man ihm nichts nachweisen. Wegen Bigamie wurde er zu 18 Monaten Zwangsarbeit verurteilt.

Im Lauf der Jahre griffen Zeitungen immer wieder das „Geheimnis um die verschollene Tänzerin" auf, bis es schließlich im Dezember 1961 gelüftet wurde. Die Geschworenen sprachen George Shotton des Mordes schuldig. Tatsächlich konnte ihn die Polizei schon bald auffinden – auf einem Friedhof in Bristol, denn 1958 war er mit 78 Jahren eines natürlichen Todes gestorben.

*Zwei Kripobeamte und ein Gerichtsmediziner mit einem der Säcke, in denen sich die Leichenteile befanden.*

# Dr. John White Webster

**Erst die Entdeckung seines Gebisses führte zur Identifizierung der sterblichen Überreste von Dr. George Parkman und zu der Überführung seines Mörders.**

Die Identifizierung der sterblichen Überreste von Dr. George Parkman im Jahr 1849 war der erste Fall, bei dem die Zähne ein wichtiges Beweismittel waren.

Dr. Parkman war ein wohlhabendes und einflussreiches Mitglied der Bostoner Gesellschaft. Er hatte den Lehrstuhl für Anatomie und Physiologie am Medical College der Harvard University gestiftet und dem Chemieprofessor Dr. John White Webster neue Labors eingerichtet. Webster hatte sich jahrelang von Parkman Geld geliehen und beide verabredeten sich für den 22.11., um die Rückzahlung zu besprechen. Parkman war seit dieser Unterredung verschwunden.

Ein Hausmeister erinnerte sich, dass Webster seine Labortür nach Parkmans Verschwinden verschlossen hatte und die Außenwand hinter dem Laborofen sehr heiß war. Einige Tage später griff er zu Hammer und Meißel und konnte in einen kleinen Hohlraum vordringen. Durch die Öffnung ins Dunkle spähend, erblickte er ein Becken und zwei Beinteile. Später fand die Polizei noch den oberen Teil eines menschlichen Rumpfs in einer Teekiste und im Brennofen weitere Knochenfragmente – überdies ein künstliches Gebiss.

In Polizeigewahrsam versuchte Webster, sich mit Strychnin zu vergiften. Ein Team aus Websters Kollegen machte sich daran, die mehr als 150 menschlichen Fragmente, die man aus dem Labor geborgen hatte, zu identifizieren. Demnach stammten sie von einem rund 175 Zentimeter großen, 50–60 Jahre alten Mann. Parkman maß 178 Zentimeter und war 60.

Im Mordprozess lieferte Dr. Nathan Keep, ein Bostoner Zahnarzt, den entscheidenden Beweis. Etwa drei Jahre zuvor hatte ihn Parkman wegen eines Gebisses aufgesucht und da sein Unterkiefer ungewöhnlich stark hervorstand, hatte Keep einen gesonderten Abdruck angefertigt und behalten. Vor Gericht demonstrierte er, wie gut das sichergestellte Gebiss in den Abdruck passte. Überdies hatte er einige Zähne abfeilen müssen; er konnte die Spuren aufzeigen, die diese Prozedur hinterlassen hatte. Vor seiner Hinrichtung legte Webster ein Geständnis ab. Zwischen beiden Männern war ein erbittertes Wortgefecht ausgebrochen und Parkman schrie: „Ich habe Sie zum Professor gemacht und werde Sie auch wieder absetzen!" Webster ergriff ein Holzscheit und erschlug seinen Widersacher. Einen Teil der Leiche verbrannte er und wollte die größeren Stücke später verschwinden lassen.

FALL GELÖST

### ZÄHNE

Nach rund 50 Jahren haben die Skelettknochen die Hälfte ihres Stickstoffgehalts verloren und werden zunehmend leichter und poröser, bis sie kaum noch forensisch verwertbar sind. Die Zähne sind indes weit beständiger und können sogar extreme Bedingungen wie Feuer überstehen. Das Gebiss bietet einen guten Hinweis auf das Lebensalter und ist zudem ein wichtiges Identifizierungsmittel.

Die Altersbestimmung ist am einfachsten bei vergleichsweise jungen Menschen. Der Entwicklungszustand der ersten oder zweiten Zähne liefert einen recht präzisen Anhaltspunkt, wenngleich erhebliche Schwankungen möglich sind. Auf Röntgenaufnahmen können weitere Zähne zu Tage treten – der Durchbruch der dritten Backenzähne („Weisheitszähne") erfolgt meist erst im frühen Erwachsenenalter.

Bei einem vollständig ausgeprägten Gebiss lässt sich, wie bei Pferden und anderen Tieren, eine grobe Altersbestimmung etwa anhand des Allgemeinzustands, der Abnutzung und der Stärke der Dentinschicht vornehmen. Der schwedische Professor Gosta Gustafson entwickelte in den 1950er-Jahren ein sechs Punkte umfassendes System. Es bietet den Vorteil, mit einer rein visuellen Bewertung auszukommen und die Beweismittel nicht zu zerstören.

Jedem der Merkmale wird ein Wert von eins bis vier zugeordnet. So etwa deutete eine festgestellte Abnutzung von 1,5 auf ein Alter zwischen 14 und

*Die lichterloh brennende* Noronic *am Abend des 7. September 1949 im Hafen von Toronto. Zahlreiche Passagiere waren eingeschlossen. Nach fünf Monaten intensiver Ermittlungen konnten bis auf drei Ausnahmen alle 118 stark verkohlten Leichen identifiziert werden, viele anhand älterer Zahnbefunde.*

# MORDAKTE:
# Ted Bundy

**Der notorische Serienmörder Ted Bundy floh aus dem Gefängnis, um weiter zu morden. Biss-Spuren am Körper seines letzten Opfers führten schließlich dazu, dass er auf dem elektrischen Stuhl endete.**

In den frühen Morgenstunden des 15. Januar 1978 brach ein Mann in ein Studentenwohnheim der Florida State University in Tallahassee ein und überfiel brutal vier Frauen. Zwei von ihnen wurden schwer verletzt, doch Margaret Bowman und Lisa Levy überlebten nicht. Am linken Gesäß von Levy fand man Biss-Spuren.

Einen Monat darauf wurde ein Mann, der sich als Chris Hagen ausgab, wegen eines unbedeutenden Verkehrsdelikts verhaftet. Er entpuppte sich als Ted Bundy, ein gesuchter Verbrecher und mutmaßlicher Serienmörder.

Bundys blutige Karriere hatte 1974 in Seattle begonnen. Im August 1975 wurde er in Salt Lake City, wo er Jura studierte, wegen Mordes angeklagt, nachdem man das Haar eines seiner Opfer in seinem Auto gefunden hatte. Wegen weiterer Vorwürfe nach Colorado ausgeliefert, wartete er im Gefängnis von Aspen auf seinen Prozess.

Bundy konnte zweimal aus Aspen fliehen. Im ersten Fall gelang es, ihn nach acht Tagen in einer nahe gelegenen Berghütte zu stellen, doch am 30. Dezember 1977 kam er weiter und traf in der zweiten Januarwoche 1978 in Tallahassee ein.

Die Polizei hielt es für wahrscheinlich, dass Bundy der Wohnheimtäter war. Dr. Richard Souviron machte Farbfotos von Bundys ungleichmäßigen Zähnen (von innen und außen) und fertigte anschließend einen kompletten Gebissabdruck.

Der Mordprozess, bei dem Bundy ohne Verteidiger auftrat, begann am 25. Juni 1979 in Miami. Souviron legte eine Folie mit der Zahnaufnahme über ein vergrößertes Foto der sichergestellten Biss-Spuren und konnte aufzeigen, dass beide exakt zueinander passten. Der Befund wurde durch einen zweiten Sachverständigen bestätigt. Bevor Bundy im Januar 1989 auf dem elektrischen Stuhl landete, deutete er an, mehr als 40 Menschen auf dem Gewissen zu haben.

*Der Serienmörder Theodore „Ted" Bundy, der möglicherweise über 40 Menschen umbrachte und im Januar 1989 auf dem elektrischen Stuhl endete.*

FALL GELÖST

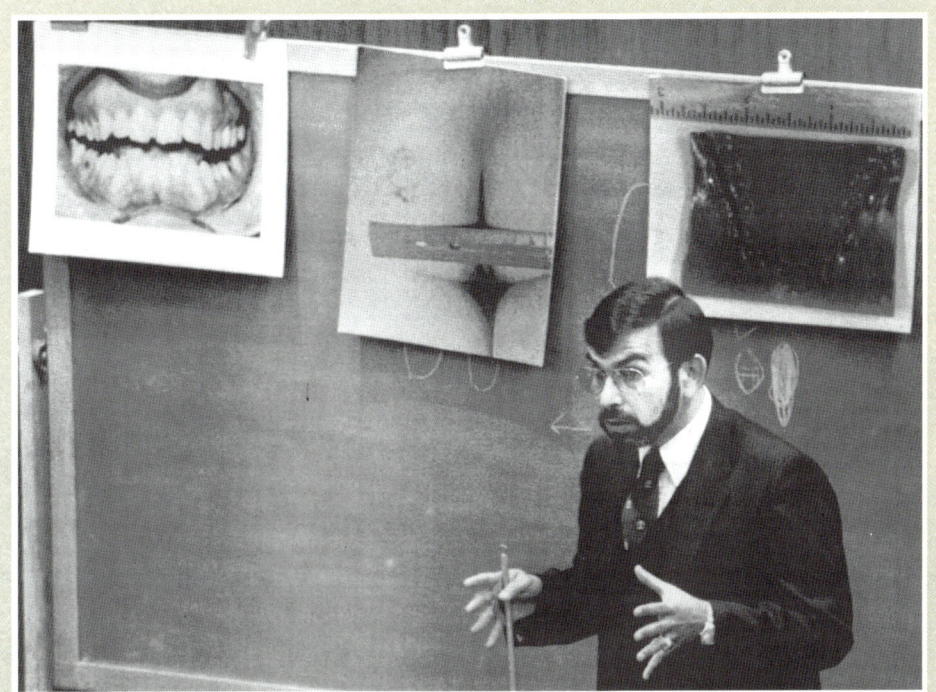

*Der forensische Zahn-experte Dr. Lowell Levine demonstriert vor Gericht die Über-einstimmung der Biss-Spuren mit den Zahn-merkmalen des Ange-klagten – ein Beweis, der das Todesurteil besiegelte.*

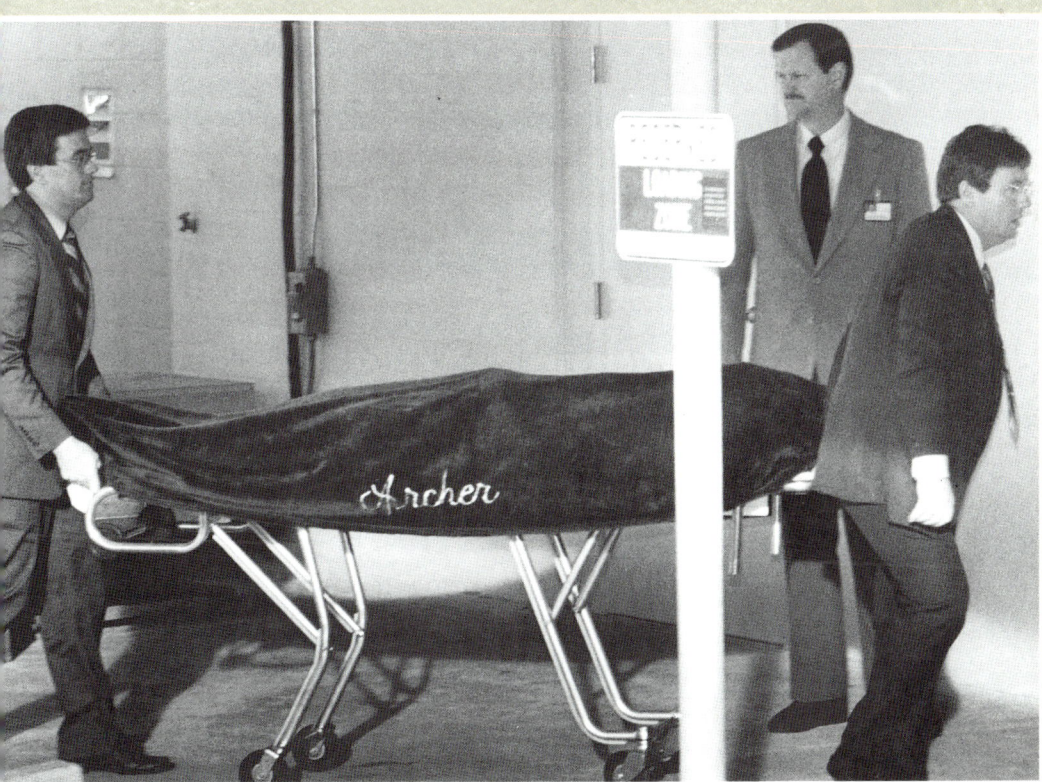

*Bundy konnte sich zehn Jahre lang vor dem elektrischen Stuhl retten, indem er im-mer wieder Berufung einlegte und sich mit zahllosen Interviews in den Schlagzeilen hielt. Vor seiner Hinrichtung am 24. Januar 1989 im Florida State Prison sandte er noch einen „lieben Gruß an meine Familie und Freunde". Das Foto zeigt den Abtransport seiner Leiche zum Untersu-chungsraum.*

22 – das tatsächliche Alter war 18. In einem anderen Fall ergab sich ein Gesamtwert von zwölf und laut Gustafson ein Alter von 66 bis 76 – das tatsächliche Alter war 68.

Beim Erwachsenengebiss muss man somit einen größeren Spielraum in Rechnung stellen. Die Identifizierung anhand der Zähne (auch der künstlichen) hat sich indessen vielfach bewährt. Oftmals basiert sie auf bekannten Merkmalen wie Deformationen, Lücken oder Markierungen aufgrund bestimmter Gewohnheiten. Gustafson behauptete, in der Lage zu sein, anhand der Zähne den Spieler eines Blechblasinstruments von dem eines Holzblasinstruments unterscheiden zu können. Eine Identifizierung wird dennoch durch zahnärztliche Aufzeichnungen stark erleichtert.

Heute gehen die meisten Menschen regelmäßig zum Zahnarzt, der genau über sämtliche Plomben, Kronen, Brücken und Besonderheiten Buch führt. Hierzu gibt es weltweit rund 200 verschiedene Befundsysteme, die jedoch allesamt eine relativ leichte und fast hundertprozentig zuverlässige Identifizierung ermöglichen. Zahnbefunde erwiesen sich als unentbehrlich für die Identifizierung von (lebenden oder toten) Einzelpersonen oder Katastrophenopfern. Inzwischen verkörpert die Zahnkunde (Odontologie) ein eigenes Fachgebiet der Kriminaltechnik.

An Bord der Vergnügungsjacht *Noronic* brach 1949 ein Feuer aus. Nachdem das Flammenmeer gelöscht war, konnten 118 Passagiere nur noch tot geborgen werden; 20 von ihnen waren lediglich anhand ihrer Zähne identifizierbar und bei weiteren 39 Opfern spielten die Zähne bei der Identifizierung eine mehr oder weniger bedeutende Rolle. Bei einem Hotelbrand kamen 1959 in Norwegen 24 Menschen um; sechs von ihnen konnte man allein anhand der Zähne identifizieren. (Unter den Opfern waren auch einige Amerikaner, von denen außerdem ältere Röntgenaufnahmen existierten, was die Identifizierung zusätzlich erleichterte).

Zur Analyse von Zahndaten wurden für Identifizierungszwecke 1976 erstmals Computer eingesetzt, nachdem man nach einer Flutkatastrophe in Colorado 139 Opfer nur noch tot hatte bergen können. Nach einem Flugzeugunglück am 25. Mai 1979 auf dem O'Hare-Flughafen von Chicago konnte ein 20-köpfiges Team von Zahnärzten zur Identifizierung der 273 verbrannten und zerstückelten Opfer beitragen. Im Jahr 1981 exhumierte man den Kennedy-Mörder Lee Harvey Oswald, um seine Zähne mit den aus seiner Militärzeit stammenden Aufzeichnungen zu vergleichen und um Gerüchte zu entkräften, ein russischer Spion habe sich als Oswald ausgegeben.

Immer wieder hat man Maßnahmen ergriffen, um Zähne und Gebisse mit Erkennungsmarken zu versehen. Im Zweiten Weltkrieg fügte das Canadian Dental Corps ein Stück Nylon in die Acrylprothesen ein, um den entsprechenden Soldaten identifizieren zu können. Und 1986 startete die Ame-

rican Dental Association ein Programm, an einem der oberen Backenzähne eine kodierte Mikroplatte anzubringen, die nur wenig größer ist als ein Stecknadelkopf. Man hofft, in absehbarer Zeit jeden US-Bürger auf diese Weise eindeutig kennzeichnen zu können, sobald sich die bleibenden Zähne gebildet haben.

## BISS-SPUREN

Um einen Gebissabdruck zu gewinnen, muss der Patient in eine Abformmasse beißen, aus der nachfolgend ein Positivabdruck gewonnen wird. Auch nur die Biss-Spuren können ein wichtiges Beweismittel darstellen. 1906 wurde erstmals ein solches Beweismittel vor Gericht zugelassen. Ein Einbrecher hatte unvorsichtigerweise in ein Stück Käse gebissen und einen präzisen Abdruck seiner Schneidezähne zurückgelassen. Ähnliches ereignete sich 1984 in England, als Arthur Hutchinson wegen Dreifachmordes, Vergewaltigung und Einbruchdiebstahls angeklagt war. Zu den zahlreichen Spuren zählten ein Handabdruck auf einer Champagnerflasche und zwei Zahnabdrücke in einem Stück Käse im Kühlschrank.

*Die Überschwemmung im Big Thompson Canyon 1976 in Colorado kostete 139 Menschen das Leben. Um sie zu identifizieren, wurden die Zahndaten erstmals mit Hilfe von Computern analysiert.*

# MORDAKTE:

# Dr. Buck Ruxton

**Er ermordete seine Frau und ihr Dienstmädchen und versuchte, die verstümmelten Leichen unkenntlich zu machen. Eine sorgfältige anthropologische Rekonstruktion und ein neuartiger Einsatz der Fotografie konnten die Identität der Opfer erfolgreich aufzeigen.**

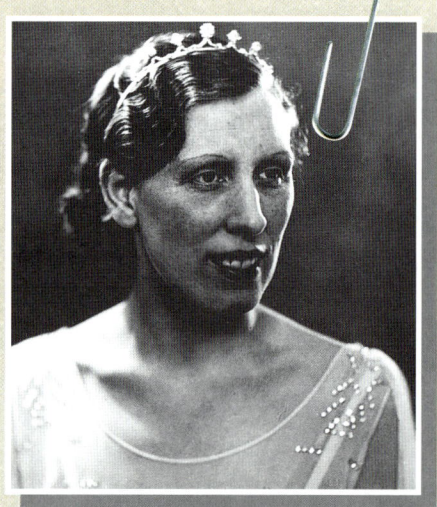

Am 29. September 1935 sah eine Frau beim Überqueren einer Flussbrücke unweit des schottischen Moffat einige mit Zeitungspapier und Kleidungsstücken umwickelte Bündel am Ufer liegen. Aus einem der Bündel ragte tatsächlich ein menschlicher Arm! Die Polizei fand insgesamt rund 70 Körperteile in der Umgebung. Am 28. Oktober stieß man 15 Kilometer südlich von Moffat auf einen eingewickelten linken Fuß und am 4. November am Straßenrand unweit der Brücke auf einen rechten Unterarm mitsamt Hand.

Mit der Untersuchung der geborgenen Leichenteile befassten sich die Professoren John Glaister (Glasgow) und James Brash (Edinburgh).

Insgesamt hatte man es mit zwei Köpfen, zwei Teilen eines Rumpfs und den aus 15 Fragmenten bestehenden, mit Ausnahme eines rechten Fußes vollständigen Gliedmaßen zweier Personen zu tun. Die Leichen hatte jemand mit einem Messer sauber zerstückelt und gezielt jene Körperteile entfernt, die eine Identifizierung ermöglicht hätten. Bei einem der Schädel fehlten die Augen, bei dem anderen einige Zähne und außerdem Augen, Nase, Ohren, Zungen-

spitze und Lippen. Auch die meisten Fingerkuppen fehlten, doch eine rechte Hand war noch auswertbar.

Den beiden Experten gelang es unter Aufbietung all ihrer Fachkenntnisse, zwei Körper zusammenzufügen, die sie als weiblich identifizierten.

Körper Nr. 1 zeigte keine geschlossenen Schädelnähte, was auf ein Alter unter 30 Jahren hinwies. Da die Epiphysenfugen noch nicht vollständig geschlossen waren, ging man von einem Alter zwischen 18 und 25 aus, das man auf 18 bis 21 eingrenzte, weil noch kein Weisheitszahn durchgebrochen war. Trotz fehlendem Rumpf wurde eine Körpergröße von 147 bis 150 Zentimeter errechnet.

Die Schädelnähte von Körper Nr. 2 legten ein Alter von 35 bis 55 Jahren nahe und die Schließung der Epiphysenfugen ein Mindestalter von 25. Arthritis an Wirbelsäule und rechter Hüfte führten zur Eingrenzung des Alters auf 35 bis 45 Jahre. Die Körpergröße betrug 157 Zentimeter.

Obwohl sich die Leichen bereits in einem fortgeschrittenen Verwesungsstadium befanden, konnte der Todeszeitpunkt relativ leicht bestimmt werden.

*Die Identifizierung der verstreuten Leichenteile wurde zum forensischen Triumph. Professor James Brash verwendete erstmals ein ungemein nützliches Verfahren: Auf ein Porträtfoto von Mrs. Ruxton (oben) legte er ein Negativ von einem der Schädel (rechts). Die exakte Übereinstimmung bewies, dass es sich tatsächlich um Isabella Ruxton handelte.*

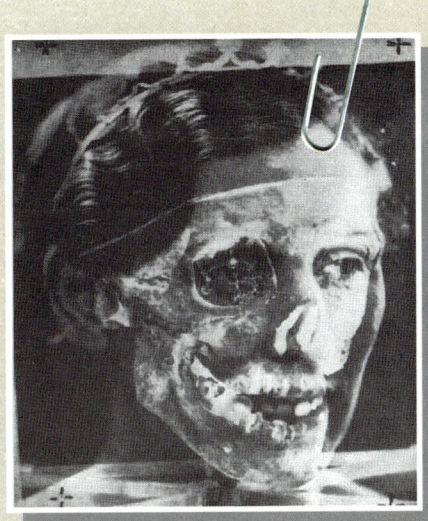

Eine der bei den Leichen gefundenen Zeitungsseiten stammte nämlich vom 15. September und die Tatsache, dass man einige Leichenteile weiter stromabwärts gefunden hatte, wies darauf hin, dass sie durch eine Überschwemmung am 19. September dorthin gelangt waren.

Daher konzentrierte die Polizei ihre Ermittlungen auf Personen, die man in dieser Zeit als vermisst gemeldet hatte. Die Zeitung erwies sich als Sonderausgabe, die nur in einer bestimmten Region verbreitet wurde. Zufällig hatte der Chief Constable von Dumfriesshire gelesen, dass eine junge Frau aus Lancaster verschwunden war – Mary Jane Rogerson, das 20-jährige Dienstmädchen aus dem Haushalt von Dr. Buck Ruxton. Dieser hatte sie und auch seine 34-jährige Frau Isabella als vermisst

gemeldet und sich dann über die möglichen Gründe ihres Fernbleibens in Widersprüche verwickelt. Am 12. Oktober wurde er des Mordes an Mary Rogerson anklagt.

Indizien gab es reichlich: einige seiner Teppiche waren blutbefleckt oder versengt; in den Abflussrohren fand man menschliches Gewebe und Fett; und einige der Kleidungsstücke, mit denen die Leichen umwickelt waren, wurden von Rogersons Mutter identifiziert. Die Fingerabdrücke und der Handabdruck von Leiche Nr. 1 stammten eindeutig von Rogerson. Doch war die andere Leiche die von Isabella Ruxton?

Professor Brash ersann eine revolutionäre Methode: Er besorgte sich ein gutes Foto von Isabella Ruxton und fotografierte den Schädel von Leiche Nr. 2 aus der gleichen Perspektive. Aufeinander gelegt, stimmten beide Aufnahmen exakt überein. Als weiteren Beweis fertigte Brash elastische Modelle des linken Fußes beider Frauen. Beide passten genau in die Schuhe von Mary Rogerson und Isabella Ruxton.

Buck Ruxton wurde wegen Doppelmordes verurteilt und am 12. Mai 1936 gehängt.

*Die Kleidungsstücke, in die einige der Leichenteile eingewickelt waren, wurden von Mary Jane Rogersons Mutter und einer weiteren Frau identifiziert.*

**FALL GELÖST**

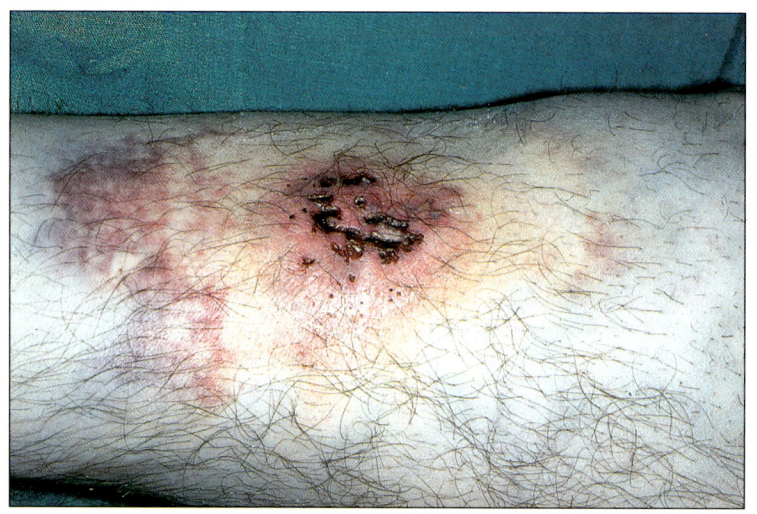

*Menschliche Biss-Spuren auf einem Bein. Speichelreste können zur Bestimmung der Blutgruppe oder DNA-Analyse verwendet werden.*

Biss-Spuren im menschlichen Fleisch sind problematischer. Ein leichter Biss führt manchmal erst nach vier Stunden zu einem Bluterguss in lebendem Fleisch und ist bis zu 36 Stunden deutlich sichtbar. Biss-Spuren sind im UV-Licht noch nach Monaten zu erkennen. Bei einem Toten werden sie nach zwölf bis 24 Stunden sichtbar. Der einzig dauerhafte Beweis der Verletzungen sind meist Fotos, wenngleich man von tiefen Bisswunden mittels Silikonkautschuk auch Abdrücke gewinnen kann. Wichtig ist es, vorher einen Abstrich zu machen oder das Gewebe vom Pathologen untersuchen zu lassen, denn oft finden sich Speichelreste, die man für eine Blutgruppenbestimmung oder DNA-Analyse verwenden kann.

Zwei rund 50 Jahre zurückliegende Fälle, bei denen Dr. Keith Simpson mitwirkte, trugen maßgeblich dazu bei, die Geschworenen erstmals zu überzeugen, dass ein Foto die Übereinstimmung mit den Zahnmerkmalen des Angeklagten zu beweisen vermag. In einem der Fälle hatte man am 1. Januar 1948 hinter einem Tanzsaal den übel zugerichteten Leichnam von Mar-

Der Zahnexperte muss sich zunächst vergewissern, dass die Bisse von einem Menschen stammen. Zwischen menschlichen und tierischen Bisswunden bestehen folgende Unterschiede:

• Mensch: U-förmig. Eckzähne hinterlassen keine ausgeprägten Spuren und die Vertiefungen wirken breiter und stumpfer als die durch Tiere verursachten.
• Hund: Schmaler, annähernd quadratischer Bogen mit auffälligen, spitzen Abdrücken der Fangzähne.
• Katze: Kleiner Rundbogen mit Einstichspuren der Fangzähne.
• Meist finden sich auch Kratzspuren der Krallen.

• Nager: Kleine Wunden mit tiefen Bisskanälen durch die Nagezähne.

Bei nicht-sexuellen Attacken werden die Zähne als Waffe eingesetzt: Der Biss ist kräftig und erfolgt impulsartig; Rötungen infolge von Blutergüssen fehlen. Manchmal können Finger, Nasen- oder Zungenspitze sowie Ohrläppchen glatt abgebissen werden.
Bei sexuellen Attacken kann ein kurzer Biss mit einem so genannten „Knutschfleck" einhergehen. Die beim Saugen Halt bietenden Zähne erzeugen eine typische Rötung (zentraler Fleck oder peripherer Ring), doch oftmals keine sichtbaren Abdrücke.

garet Gorringe gefunden. An der rechten Brust fand sich eine deutliche Biss-Spur von zwei oberen und vier unteren Schneidezähnen. Von ihrem sofort verdächtigten Mann nahm Simpson persönlich einen Gebissabdruck. „Zum Glück", schrieb Simpson, „waren die Zähne des Verdächtigen derart lückenhaft, schief und merkwürdig geformt, dass sich einige direkte Vergleiche anboten; die Unregelmäßigkeiten erwiesen sich als identisch."

### REKONSTRUKTION

Die Untersuchung von Schädeln und Zähnen kann maßgeblich zur Identifizierung einer Leiche und zur Ermittlung der Todesursache beitragen, führt jedoch nicht immer gleich zum Ziel. Falls beispielsweise die Teile mehrerer Leichen vorliegen, bedarf es der Mitwirkung eines forensischen Anthropologen. Dies gilt vor allem für Katastrophen wie einen Flugzeugabsturz. Andererseits erfordert ein einzelner oder ein mit einem noch nicht identifizierten Skelett assoziierter Schädel die Kunstfertigkeit und Einbildungskraft eines geschulten Bildhauers, der allein anhand des Knochenbaus und einer genauen Kenntnis der Gesichtstypologie ein Porträt zu schaffen vermag.

Es ist nicht ganz klar, wem die Ehre für die erste erfolgreiche Gesichtsrekonstruktion anhand eines Schädels gebührt. Jedenfalls erwarb der Anatom Wilhelm His 1895 einen Schädel, der angeblich von Johann Sebastian Bach stammte, und schuf daraus ein Gesicht, das als treffliches Ebenbild gerühmt wurde. In einem Keller in Brooklyn stieß man 1916 auf ein unbekanntes Skelett. Ein Kriminalanatom rekonstruierte den Kopf. Für den Hals benutzte er zusammengerolltes Zeitungspapier. Nachdem er braune Glasaugen eingepasst und sein Werk mit fleischfarbenem Plastilin vollendet hatte, sorgte ein Bildhauer für den letzten Schliff. Mehrere italienische Einwanderer erkannten darin sogleich Domenico la Rosa, der seit einiger Zeit als vermisst galt.

Am stärksten wurde diese Technik von dem Russen Michail Gerassimow weiterentwickelt. Gerade einmal 20 Jahre alt, wurde er 1927 zum Leiter der archäologischen Abteilung des Museums von Irkutsk ernannt. Zuvor hatte er zwei Jahre lang die Köpfe von Toten seziert und vermessen, um Vergleichsdaten für die jeweilige Dicke der Weichteile und den Einfluss der Muskulatur zu erhalten. Mit diesem Rüstzeug untersuchte er die musealen Schädel. Seinen ersten Erfolg erntete er 1935, als er Ebenbilder ihm unbekannter Personen schuf, die den vorhandenen Fotos stark ähnelten. Die Inhaftierung eines Knabenmörders 1939 wäre ohne ihn undenkbar gewesen. Die Krönung seiner Arbeit erlebte er 1950 mit der Gründung eines Labors für plastische Rekonstruktion durch die sowjetische Akademie der Wissenschaften. Russland war jahrelang führend auf dem Gebiet der Gesichtsrekonstruktion.

## MORDAKTE:

# John Wayne Gacy

**Der ansehene Bürger war in Wirklichkeit ein homosexueller Serienmörder. Die verstreuten Überreste seiner jungen Opfer stellten die forensischen Anthropologen vielfach vor unüberwindliche Probleme.**

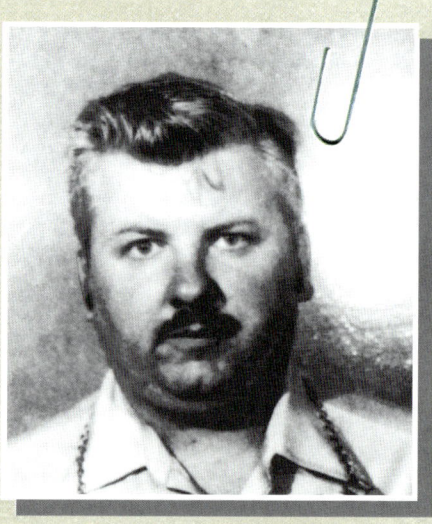

John Wayne Gacy war ein auch als „The Fat Man" bekannter Freizeitclown. Er ermordete 33 junge Männer.

Für seine Nachbarn in einem Chicagoer Vorort war John Wayne Gacy ein korpulenter Bauunternehmer, der oft als Clown an örtlichen Wohltätigkeitsveranstaltungen teilnahm.

Am 11. Dezember 1978 verschwand der 15-jährige Robert Piest. Wie sich herausstellte, war er bei Gacy gewesen. Gacys Vergangenheit bot ein wenig gefälliges Bild: Er fiel bereits seit mehr als zehn Jahren durch Sexualdelikte auf. Wegen Homosexualität mit Minderjährigen war er 1968 zu zehn Jahren Haft verurteilt, jedoch nach 18 Monaten auf Bewährung entlassen worden. Nur wenige Wochen später wurde er in Chicago wegen eines ähnlichen Delikts angeklagt, doch das Verfahren musste eingestellt werden, nachdem der ebenfalls 15-jährige Junge nicht erschienen war.

Bei der Hausdurchsuchung stieß die Polizei unter einer Falltür auf eine Unmenge verwesender Leichenteile – wie sich herausstellte von jungen, meist erdrosselten Männern. Gacy gestand den Mord an 32 Jugendlichen und Männern in den letzten fünf Jahren; fünf von ihnen hatte er in einen nahe gelegenen Fluss geworfen.

Doch er hatte sich verzählt: insgesamt fand die Polizei auf seinem Anwesen 33 Leichen. Eine der vier aus dem Fluss geborgenen Leichen erwies sich als die von Robert Piest.

Bei der Polizei gab es eine lange Liste mit männlichen Vermissten, doch weil die Morde mit Homosexualität in Verbindung standen, verhielten sich viele Eltern sehr zurückhaltend. Ende Januar 1979 waren erst zehn von ihnen anhand von Zahnbefunden, Röntgen-

Polizisten bei der Bergung von Leichenteilen aus Gacys Haus in Des Plaines, Dezember 1978.

aufnahmen und Fingerabdrücken identifiziert. Nach mehreren frustrierenden Monaten zog man Dr. Clyde Snow und den Radiologen John Fitzpatrick hinzu.

Snows erste Aufgabe bestand in der Zuordnung der entsprechenden Knochen und Gewebeteile. Anhand von 35 Vergleichspunkten erfasste er die Merkmale sämtlicher Schädel. Alle waren männlich und ließen eine ungefähre Altersbestimmung zu.

Einer der Vermissten war der 19-jährige David Talsma, der sich als Kind den linken Arm gebrochen hatte. Eines der montierten Skelette wies tatsächlich eine solche Verletzung auf. Zudem wirkte der zugehörige Schädel flacher als gewöhnlich. Wie sich herausstellte, war David in Kentucky wegen eines leichten Schädelbruchs behandelt worden. Auch in puncto Körpergröße bestand Übereinstimmung. Überdies fand Snow heraus, dass der linke Arm etwas länger war als der rechte und die Form des Schultergelenks auf einen Linkshänder hinwies – was auf Talsma zutraf.

Ende 1979 waren erst fünf weitere Leichen identifiziert. Snow zog Betty Ann Gatliff, eine führende Expertin für Gesichtsrekonstruktion, hinzu. Anhand von neun noch nicht identifizierten Schädeln modellierte sie Gesichter. Die in Zeitungen veröffentlichten Fotos riefen indes leider keine Leserreaktionen hervor. Gatliff erinnert sich:

Zwei Mädchen aus verschiedenen Vororten nannten den gleichen Namen und behaupteten, er sei ihr Bruder. Doch als sie ihre Eltern angeben sollten, erwiderten sie: „Nein, werde ich Ihnen nicht sagen, denn meine Mutter will darüber einfach nicht sprechen." Die Frage nach seinem Zahnarzt konnten sie nicht beantworten. Ob sie vielleicht ihre Mutter fragen könnten? „Nein, nicht einmal darüber würde sie sprechen."

Einige Jahre später konnte ein Lokalreporter eines der von Gatliff rekonstruierten Gesichter identifizieren. Die sterblichen Überreste der anderen Opfer wurden anonym bestattet.

*Ende Januar 1979 waren erst zehn Leichen identifiziert. Untere Reihe, zweiter von rechts: Robert Piest.*

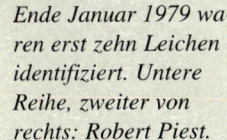

*Gesichtsrekonstruktion (rechts und ganz rechts) aus dem Jahr 1989 durch Richard Neave von der Universität Manchester im Fall einer unbekannten Toten. Anhand von Fotos, die durch Presse und TV verbreitet wurden, konnte man das Opfer schon bald als Karen Price identifizieren.*

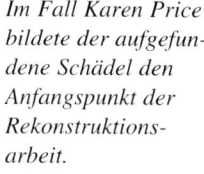

*Im Fall Karen Price bildete der aufgefundene Schädel den Anfangspunkt der Rekonstruktionsarbeit.*

Heute ist der Brite Richard Neave eine der weltweit größten Kapazitäten auf diesem Sektor. Bauarbeiter stießen 1989 in Cardiff auf ein Skelett, das in einen Teppich gewickelt war. Pathologen, ein Zahnarzt und ein Insektenkundler fanden heraus, dass es sich um ein 15-jähriges Mädchen handelte, das zwischen 1981 und 1984 verscharrt worden war. Die Polizei brauchte aber das Gesicht des Opfers.

Richard Neave arbeitete zwei Tage an seiner Rekonstruktion. Zeitgleich entstand eine Laseranalyse (siehe Kasten gegenüber), die jedoch nicht benötigt wurde. Fotos von Neaves Werk wurden an Presse und Fernsehen verteilt und nur zwei Tage darauf meldete sich ein Sozialarbeiter mit dem Hinweis auf eine gewisse Karen Price. Ältere Zahnbefunde bestätigten diese

Vermutung. Schließlich noch verglich man DNA-Material aus den Knochen des Opfers mit dem Blut der Eltern und das Puzzle war komplett.

Bald hatte man den unglücklichen Lebensweg der Karen Price rekonstruiert: Von zu Hause fortgelaufen, hatte sie als Prostituierte gearbeitet und war von ihrem Zuhälter und einem Türsteher umgebracht worden, nachdem sie sich geweigert hatte, für Pornofotos Modell zu stehen. Beide wurden im Februar 1991 abgeurteilt.

Ganz anders war die Ausgangslage im Fall John List, der 1971 Frau, Mutter und drei Kinder ermordet hatte und dann selber untertauchte. Er blieb auf der Fahndungsliste des FBI, bis der Bildhauer Frank Bender 1989 anhand eines Fotos einen Kopf modellierte, der darstellte, wie List momentan, um 17 Jahre gealtert, aussehen könnte. Nachdem man die Rekonstruktion in einer Fernsehsendung gezeigt hatte, riefen Hunderte von Menschen an, die vielfach einen Robert Clark aus Richmond, Virginia, nannten. Er mochte seinen Namen geändert haben, nicht jedoch seine Fingerabdrücke. Clark alias List wurde wegen fünffachen Mordes verurteilt.

*John List, den man 17 Jahre nach einem fünffachen Mord stellen konnte.*

Die Grundtechnik der Gesichtsrekonstruktion ist sehr einfach. Von dem sichergestellten und nochmals von dem gründlich gereinigten Schädel werden halbfeste Kunststoffabdrücke gefertigt. In die Augenhöhlen legt man Polystyrolkugeln. An wichtigen anatomischen Messpunkten werden kleine Löcher gebohrt, in die man Holzstiftchen steckt, die nicht dicker sind als Zahnstocher und die jeweilige Stärke der Weichteile markieren.

Mit Modelliermasse werden nun Muskeln und andere Merkmale bis zum Ende der Stifte aufgebaut. Die Form der Nase und Ohren lässt sich anhand des Schädels schwer abschätzen, weshalb es hier auf die Erfahrung des Durchführenden ankommt. Wangen und Schläfen werden ausgefüllt und die dünne Schädelhaut streifenweise ausgelegt.

Nach dem Glätten des Tons werden Kunsthaare als Augenbrauen eingesetzt. Eine Perücke bildet den Abschluss.

Seit Ende der 1980er-Jahre steht auch eine ganz andere Technik zur Verfügung. Hierzu wird der rotierende Schädel per Laserstrahl abgetastet. Ein Computer vergleicht die eingespeisten Daten mit denen einer lebenden Person, die ähnliche Schädelmaße aufweist, und fügt sie zu einem Porträt zusammen.

KURZINFO

# MORDAKTE:
# Alferd Packer

Der „Kannibale von Colorado" gab unumwunden zu, dass er einen strengen Winter nur überlebte, indem er die Leichen seiner Gefährten verspeiste. Hatte er sie ermordet oder sich nur erfolgreich gegen die Attacke des wahren Mörders gewehrt?

*Alferd Packer, der „Kannibale von Colorado", überlebte den Winter 1874 in den Bergen von Colorado, indem er seine fünf Kollegen verspeiste.*

Im bitterkalten Winter des Jahres 1874 saß eine Gruppe von sechs Prospektoren tief in den Bergen von Colorado fest. Als der Schnee im Frühjahr schmolz, tauchte nur einer von ihnen wieder auf, und zwar verdächtig wohlgenährt: Alferd Packer.

Bei seiner Festnahme leugnete er nicht, dass er seine fünf Gefährten verspeist hatte. Sie seien eines natürlichen Todes gestorben oder von Shannon Bell, dem fünften Mann, ermordet worden. Er selbst habe nur überlebt, indem er Bell in Notwehr tötete. Packer wurde 1883 wegen Mordes zum Tode und später zu einer 15-jährigen Haftstrafe verurteilt.

Im Lauf der Zeit wurde Packer zu einem Helden verklärt. James Starrs von der George Washington University stellte 1989 ein Team aus Archäologen, Anthropologen und Pathologen zusammen, um nach den sterblichen Überresten der Opfer zu suchen. Leider war keines der fünf rekonstruierten Skelette vollständig und die damaligen Beschreibungen reichten für eine Identifizierung nicht aus. Dennoch war Starrs überzeugt, dass „Packer alles andere war als ein Unschuldslamm".

An den Knochen fand man Einkerbungen, aus denen klar hervorging, dass mindestens vier der Männer mit einem Beil erschlagen und dann sorgfältig mit einem Abdeckmesser entbeint worden waren. Der Anthropologe Walter Birkby kam nach fast einmonatigem Studium der Knochen zu einem Urteil, das vorsichtiger ausfiel als das von Professor Starr: „Anhand greifbarer Beweise werden wir nie erfahren, wer es war. Niemals."

AKTE GESCHLOSSEN

### VERSTREUTE LEICHENTEILE

Ein schwieriges Problem für den Ermittler ist das Sortieren und Identifizieren der sterblichen Überreste von mehr als nur einem Opfer, die großflächig verstreut und unvollständig sein können. Meist handelt es sich hierbei nicht um das Ergebnis einer Straftat, sondern von Katastrophen wie Flugzeugabstürzen, Zugunglücken oder Explosionen. Gelegentlich aber wurden die einzelnen Leichenteile vom Mörder deponiert und durch Tiere weiter verstreut oder sie bilden das Beinhaus eines psychopathischen Killers.

Anatomen kennen die Proportionen des menschlichen Körpers genau und sind nicht selten in der Lage, einzelne Gliedmaßen dem entsprechenden Rumpf zuzuordnen. Auch Gewebe- und Knochenanalysen können weiterhelfen.

In den USA entstand in jüngerer Vergangenheit eine neue Spezialdisziplin, die forensische Anthropologie. Einer ihrer führenden Vertreter ist Dr. Clyde Snow, der viele Jahre beim Civil Aeromedical Institute der Federal Aviation Authority (FAA) tätig war. Dort untersuchte er, was bei einem Flugzeugabsturz genau mit den Passagieren geschieht. Snow bezeichnet seine Tätigkeit als „Osteobiographie", denn „jedes Skelett enthält einen kurzen, doch sehr nützlichen und informativen Lebenslauf, wenn man ihn nur zu lesen weiß".

Snow schied 1979 bei der FAA aus, um sich auf forensische Fragen zu konzentrieren. Er wirkte bei zahlreichen Ermittlungen mit wie der Untersuchung der exhumierten Leiche des KZ-Arztes Dr. Joseph Mengele, der 33 Opfer des Serienmörders John Wayne Gacy und der Öffnung von Massengräbern im ehemaligen Jugoslawien. Die größte Herausforderung in seiner Karriere war jedoch die Identifizierung der 273 Opfer des Flugzeugunglücks 1979 auf dem O'Hare-Flughafen in Chicago.

Eine gewaltige Explosion hatte die Menschen zerfetzt und durch den Brand waren die meisten Kleidungsstücke und Dokumente, die einen Hinweis hätten geben können, zerstört. Ein Feuerwehrmann sagte damals: „Kein einziger Körper war unversehrt ... Überall nur Rümpfe, Hände, Arme, Köpfe und Teile von Beinen. Ob sie von einem Mann oder einer Frau, von einem Erwachsenen oder Kind stammten, konnte man nicht erkennen, denn sie waren allesamt verkohlt."

Die hinzugezogenen Pathologen, Zahnärzte und Experten etwa für Fingerabdrücke konnten viele Opfer rasch identifizieren. Die 49 ungeklärten Fälle übertrug man Snow.

Wie der Zahnexperte Lowell Levine berichtete, fielen bei der Operation „Abertausende von Papierschnipseln" an. Snow schlug vor, einen Computer zu verwenden und gab mit der Hilfe eines Programmierers von American Airlines alle Daten ein, die über die noch unidentifizierten Passagiere bekannt waren, außerdem die jeweiligen anthropologischen und zahnspezifischen Details. Sich im Schichtdienst mit dem Radiologen John Fitzpatrick abwechselnd, konnte er nach fünf Wochen 20 Opfer identifizieren, doch bei den verbleibenden 29 Personen war dies ohne zusätzliche Informationen nicht hundertprozentig möglich. Trotz aller nachweislichen Erfolge bleibt die forensische Anthropologie eine unsichere – wenngleich überaus wertvolle – Disziplin. Schädel und Knochen können in der Tat eine Geschichte erzählen, doch manchmal ist sie nicht vollständig.

# Ohne Luft kein Leben

Man kennt mindestens 25 000 Arten von meist einzelligen Kieselalgen, die in Süß- oder Salzwasser vorkommen. Die Zellwände enthalten Silizium, wie bei diesen Vertretern von Campylodiscus hibernicus deutlich sichtbar ist.

Die Lunge versorgt das Blut mit Sauerstoff, der durch das Hämoglobin in sämtliche Körperregionen, vor allem das Gehirn, transportiert wird. Ohne Sauerstoff setzen die Körperfunktionen rasch aus. Falls Herz und Lunge nicht mehr arbeiten, droht unmittelbar der Tod. Wie sich der britische Physiologe J.B.S. Haldane 1930 ausdrückte, kommt durch Sauerstoffmangel „nicht nur die Maschine zum Halten, sondern auch das ganze Drumherum zu Schaden". Moderne Wiederbelebungstechniken zielen darauf ab, die „Maschine" wieder zu aktivieren. Selbst bei Herzstillstand kann das Gehirn bis zu zehn Minuten lang ohne Sauerstoff überleben, wenngleich in dieser Zeit immer mehr Zellen absterben.

Erstickung tritt ein, wenn die Lunge nicht in der Lage ist, Luft aufzunehmen. Einer von zahlreichen Gründen hierfür ist ein intensiver Druck auf den Brustkorb etwa in einem Gedränge oder bei Verschüttung. Eine Blockade der Luftröhre kann zufällig erfolgen, etwa durch hastiges Essen oder Einatmen von Wasser (Ertrinken). Sie kann jedoch auch vorsätzlich herbeigeführt werden, entweder mit bloßen Händen oder mit Hilfe eines flexiblen Strangulationswerkzeugs (z. B. Kordel, Kabel, Krawatte oder Schal).

Strangulation kann noch auf zwei anderen Wegen zum Tod führen, indem der Druck auf die Luftröhre die Blutzufuhr zum Gehirn unmittelbar unterbindet oder aber der Vagusnerv übererregt wird, der Blutdruckschwankungen in der Halsschlagader registriert; das Gehirn reagiert auf den erhöhten Druck, indem es die Herztätigkeit anhält.

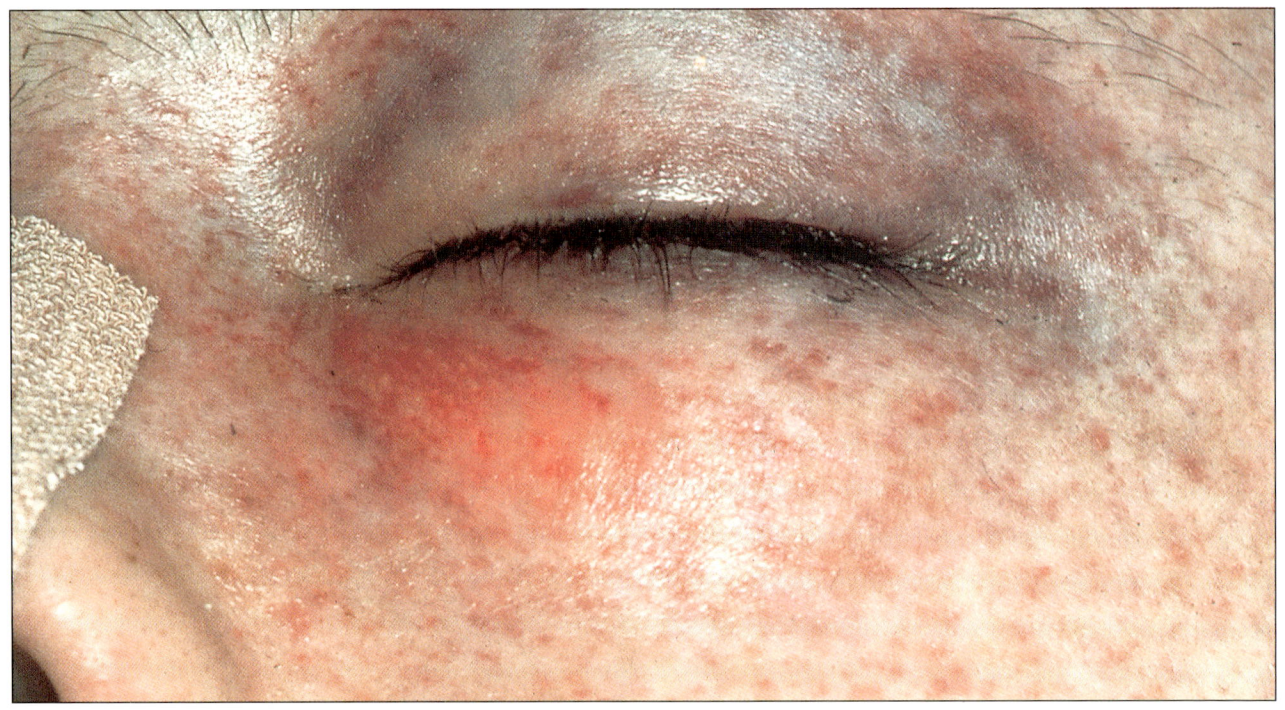

*Ein typisches Ersti-
ckungszeichen ist das
Entstehen von Pete-
chien (Mikroblutun-
gen) an Augenlidern
und Gesichtshaut.*

Oft gibt es deutliche Zeichen einer Erstickung. Aufgrund des erhöhten Venendrucks schwillt das Gesicht an. Das sauerstofffreie Hämoglobin lässt vor allem die Haut an Kopf und Hals blau anlaufen (Zyanose). Winzige Haut- oder Schleimhautblutungen (Petechien) finden sich vor allem im Weiß des Auges, an den Augenlidern, im Gesicht, an den Lippen und hinter den Ohren. Nach dem Tod durch Ersticken steigt die Körpertemperatur in den ersten ein bis zwei Stunden überraschenderweise an.

### ERSTICKEN UND STRANGULATION

Das Ersticken eines Opfers mit Hilfe eines Kissens, eines anderen weichen Gegenstands und sogar mit der bloßen Hand hinterlässt kaum eindeutige Zeichen; dies gilt auch für das Ersticken durch Überstülpen einer Plastik- tüte. Fast immer nämlich handelt es sich in solchen Fällen um eine ältere, bettlägerige Person oder ein ebenso wehrloses kleines Kind. Zyanose und Petechien entstehen meist nur nach einem Kampf. In diesem Fall können auch kleinere Blutergüsse oder Abschürfungen im Mundraum (durch Druck der Zähne gegen die Lippen) zurückbleiben. Petechien können indes auch entstehen, wenn der Körper mit dem Gesicht nach unten liegt.

Die Strangulation kann mit bloßer Hand oder mit Hilfe eines Werkzeugs erfolgen. Beides hinterlässt deutliche Spuren. Manuelle Strangulation lässt meist die Vermutung zu, dass der Angreifer größer und stärker ist als das

# MORDAKTE:
# Catherine Fried

**Sie glaubte, den „perfekten Mord" begangen zu haben. Nur die Aussage eines geständigen Mörders und die erneute Prüfung medizinischer Befunde führte zur Verwertung entscheidender Beweismittel.**

*Catherine Fried glaubte, ihren Mann erstickt zu haben, ohne Spuren zu hinterlassen. Eine spätere Untersuchung der sichergestellten Beweismittel kam zu einem anderen Ergebnis.*

Am 23. Juli 1976 fand Catherine Fried die Leiche ihres 61-jährigen Mannes Paul, eines prominenten Gynäkologen, mit dem Gesicht nach unten liegend auf dem Boden seines Schlafzimmers. Obwohl beide erst seit einem Jahr verheiratet waren, lebten sie getrennt, trafen sich jedoch regelmäßig. Sie teilte der Polizei mit, ihr Mann sei alkohol- und barbituratabhängig gewesen. Da er nicht ans Telefon gegangen sei, habe sie nach dem Rechten gesehen und dann seine Leiche gefunden. Er hatte eine blutige Nase und auf dem Kopf lag ein blutbeflecktes Kissen.

Auf dem Nachttisch fand man eine Notiz, die auf Selbstmord hindeutete. Nach kurzer Untersuchung wurde ein „Tod durch Überdosis" bescheinigt. Catherine ließ die Leiche einbalsamieren und traf Vorkehrungen für eine Feuerbestattung. Frieds Töchter aus erster Ehe wollten indes nicht an einen Selbstmord glauben. Sie bewirkten eine Aufschiebung der Verbrennung und baten Dr. Milton Helpern, eine zweite Autopsie vorzunehmen.

In seinem 15-seitigen Bericht erging sich Helpern in lyrischen Betrachtungen über den menschlichen Körper als „Museum" des Alterungsprozesses, fand jedoch keine unmittelbar lebensbedrohlichen Spuren. Obwohl er auf winzige Petechien in den Augen und leichte Blutergüsse am Hals stieß, schloss er auf einen natürlichen Tod.

Später wandte sich ein Mann namens Jerald Sklar an das FBI. Um Zeugenschutz bittend, gestand er den Mord an zwei Männern und dass Fried ihm Geld gezahlt habe, um ihren Mann umzubringen. Als er sich weigerte, habe sie ihren Mann selbst mit dem Kissen erstickt.

Der Staatsanwalt war sich nicht sicher, ob dies für eine Mordanklage ausreichte. Da Frieds Leiche bereits eingeäschert war, hatte Dr. Michael Baden, Helperns Nachfolger, allein die Protokolle und Fotos zur Verfügung. Den toxikologischen Befund, der damals erst nach Ausstellen des Todesscheins eingegangen war, hatte man schlichtweg ignoriert, obwohl er nur geringste Barbituratmengen und keinen Alkohol nachwies. Selbstmord wurde also ausgeschlossen.

In Frieds Prozess äußerte Baden die Meinung, der Tod sei „mit Ersticken vereinbar". Die Angeklagte wurde schuldig gesprochen. Auch das Revisionsverfahren endete mit einem Schuldspruch.

FALL GELÖST

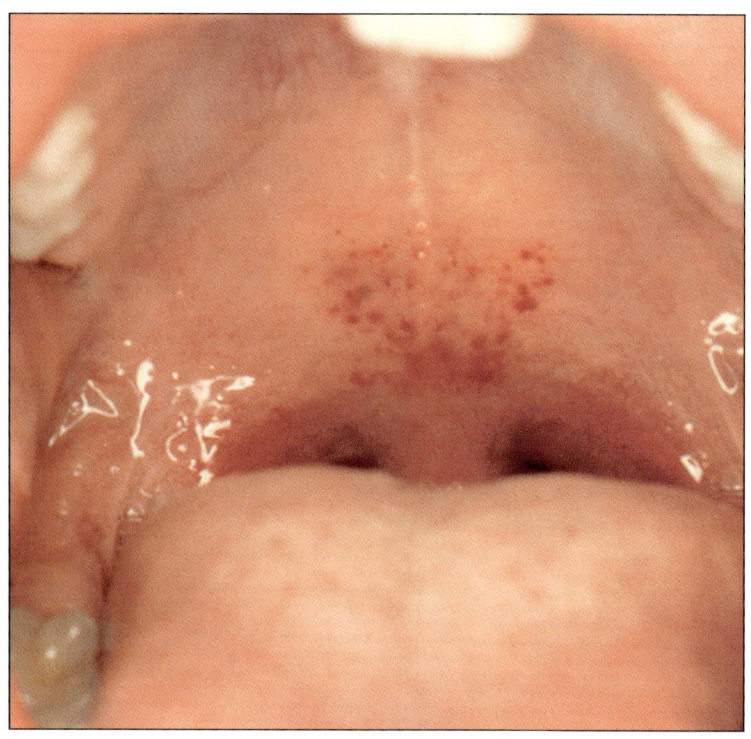

*Petechien sind siche-re Erstickungszei-chen und können auch im Mundraum vorkommen.*

Opfer. Opfer sind in der Regel Frauen, oftmals während oder nach einer Vergewaltigung.

Äußere Zeichen sind Blutergüsse und Abschürfungen am Hals, meist entlang des Unterkiefers. Die Finger hinterlassen gewöhnlich einen runden Abdruck; dieser ist etwas kleiner als die Fingerkuppen, beim Daumen indes ein wenig größer. Wird jedoch während der Tat der Griff geändert, entsteht ein größerer, unregelmäßiger Bluterguss.

Bei anhaltendem Druck zeigen sich im Gesicht des Opfers die typischen Blutstauungen und Petechien, nicht so jedoch bei Eintreten des Todes innerhalb weniger Sekunden. Dies gilt vor allem, wenn plötzlicher Herzstillstand die eigentliche Todes-ursache darstellt und den Tod durch Ersticken vorwegnimmt.

Bei der Autopsie zeigt sich womöglich, dass der Kehlkopf beschädigt und der Schilddrüsenknorpel eingedrückt ist (aufgrund höherer Elastizität des Knorpels bei jüngeren Menschen weniger häufig). Auch das zwischen Unterkiefer und Kehlkopf liegende Zungenbein kann beschädigt sein.

Als Strangulationswerkzeug können so unterschiedliche Dinge dienen wie Kordeln, Strom- oder Telefonkabel, Krawatten, Schals, Strümpfe oder Büstenhalter. Vorhandene Knoten können aufgrund ihrer Besonderheiten bisweilen auf den Mörder hindeuten. So etwa gab die Art und Weise, wie er nach vollbrachter Tat die Enden der Schnur zu einer merkwürdig lockeren Schleife band, der Bostoner Polizei 1962 den ersten Hinweis darauf, dass man es mit

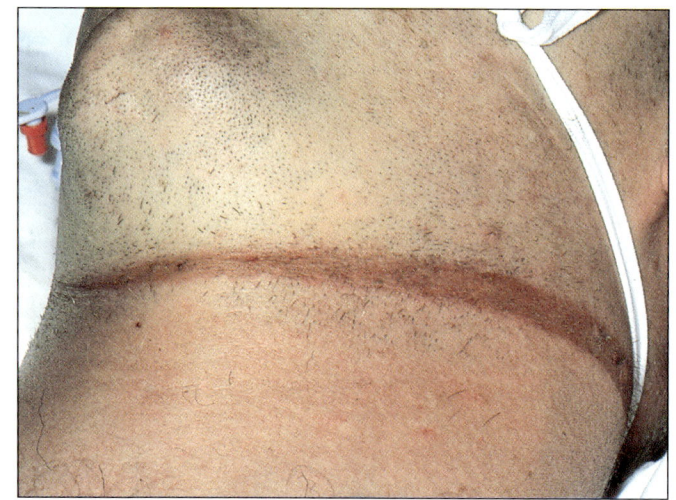

*Das Strangulations-werkzeug (hier eine Kordel) hinterlässt markante Spuren. Falls es fehlt, wird ein Folienabzug ge-nommen, um eventu-elle Faserreste si-cherzustellen.*

einem Serienmörder zu tun hatte, dem später als Albert DeSalvo identifizierten „Würger von Boston".

Blutstau, Zyanose und Petechien entstehen bei länger als 15 Sekunden ausgeübtem Druck. Das straff um den Hals gespannte Strangulationswerkzeug hinterlässt dort eine markante Spur, aus der man die Art und Breite der Tatwaffe ablesen kann.

Das Strangulationsmal verläuft meist horizontal oberhalb des Kehlkopfs um den Hals herum. Kabel oder Kordeln hinterlassen eine tiefe, deutlich abgegrenzte Furche. Ein Streifen weicher Stoff ergibt eine eher undeutliche Spur, während ein breites, straff gespanntes Tuch wie etwa ein Schal oder Handtuch eine oder mehrere schmale Furchen hinterlassen kann. Bei einem von hinten erfolgten Angriff findet sich vielleicht nur vorn am Hals ein deutliches Strangulationsmal, weiter hinten stößt man indes oftmals auf Kratzer, die von der Gegenwehr des Opfers zeugen.

Die inneren Verletzungen ähneln denen durch manuelle Strangulation, sind jedoch gemeinhin weniger ausgeprägt.

*Albert DeSalvo, der „Würger von Boston", wurde 1964 endlich gefasst. Bei vielen seiner Opfer hatte er seine „Unterschrift" in Form einer lockeren Schleife hinterlassen, zu der er die Enden der Strangulationsschnur band.*

## MORDAKTE:

# Harold Loughans

**Konnte er eine wehrlose Frau mit seiner verkrüppelten Hand erwürgt haben? Die Experten waren sich uneins und die Wahrheit trat erst 20 Jahre später zu Tage.**

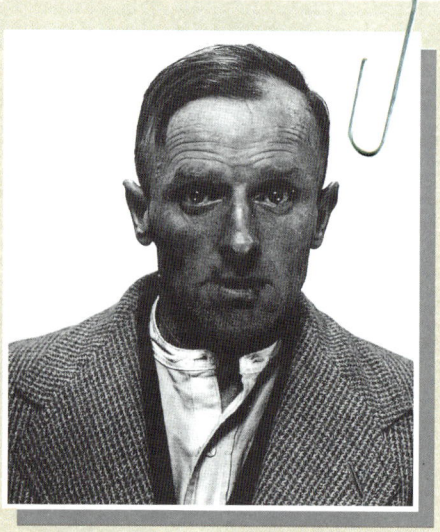

Polizeifoto von Harold Loughans nach seiner Festnahme wegen Mordes an der Wirtin Rose Robinson.

Am Morgen des 29. November 1943 fand man die Leiche von Rose Robinson, der Wirtin eines Pubs im südenglischen Portsmouth, in ihrem Schlafzimmer. Die Frau war erwürgt worden. Außerdem fehlten 450 £. Hierzu Dr. Keith Simpson:

Ich dachte, sie sei wohl auf dem Boden liegend erwürgt worden, während der Mörder auf ihr kniete oder saß. Die Fingerabdrücke waren eindeutig: ein tiefer Bluterguss rechts am Kehlkopf, vermutlich vom Daumen, und drei schwächere in einer Linie auf der anderen Seite. Von einem Rechtshänder und mit einer Spanne von zehn Zentimeter.

Einen Monat später verhaftete man in London einen Dieb namens Harold Loughans, der den Mord gestand. Die Spuren brachten ihn mit dem Tatort in Verbindung, doch hatte die Sache einen Haken: an vier Fingern der rechten Hand besaß er nur noch die Grundgelenke.

Im Prozess vom März 1944 widerrief Loughans sein Geständnis. Vier Zeugen schworen, ihn in der fraglichen Nacht in London gesehen zu haben, doch die Geschworenen konnten sich auf kein Urteil einigen. Zwei Wochen später wartete die Verteidigung mit einem weiteren Trumpf auf: Der renommierte Pathologe Sir Bernard Spilsbury untersuchte Loughans Hand im Gefängnis und glaubte nicht, dass er mit dieser Hand jemanden erwürgen könne. Loughans wurde freigesprochen.

Der damals zuständige Staatsanwalt veröffentlichte 1963 seine auszugsweise in einer Zeitung abgedruckte Autobiographie, in der er andeutete, Loughans habe mit dem Freispruch Glück gehabt. Loughans verklagte die Zeitung wegen Verleumdung.

Wiederum stritten Anklage und Verteidigung darüber, ob Loughans in seiner rechten Hand genügend Kraft habe. Simpson legte seine 20 Jahre alten Notizen und Zeichnungen vor. Er beschrieb, dass Loughans nur noch sein Körpergewicht auf die Hand verlagern musste, um Rose Robinson zu erwürgen, nachdem er sie erst einmal auf dem Boden hatte. Die Verleumdungsklage wurde abgewiesen; somit sprach man Loughans schuldig, konnte ihn aber nicht mehr verurteilen. Zwei später Monate bescheinigte er der Zeitung schriftlich: „Die Frau in Portsmouth geht auf mein Konto."

FALL GELÖST

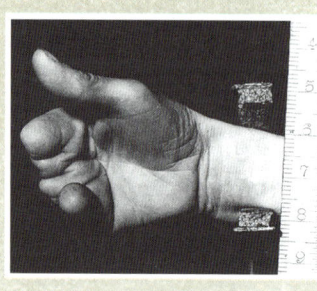

Die verstümmelte Hand von Harold Loughans, die Sir Bernard Spilsbury zu der Behauptung führte, er sei unfähig gewesen, Rose Robinson erwürgt zu haben.

### ERTRINKEN

Tod durch Ertrinken – ein Schicksal, das eine von 40 000 Personen ereilt – kann durch Unfall, Selbstmord oder Mord eintreten. Am häufigsten sind Unfälle, die zu 80 Prozent Männer betreffen. Ertränkungen sind relativ selten und in der Mehrzahl tragische Fälle der Kindstötung. Ertrinkungsopfer müssen in den meisten Fällen autopsiert werden, da immer wieder versucht wird, einen Mord als Ertrinkungsunfall zu vertuschen.

Ertrinken kann man in einem Fluss, See oder Kanal, im Meer, Schwimmbad, Badewanne und sogar in einer Wasserlache – tatsächlich gibt es nicht wenige Fälle, in denen ein Betrunkener in einer vielleicht fünf Zentimeter tiefen Pfütze ertrunken ist. Auch andere Flüssig-

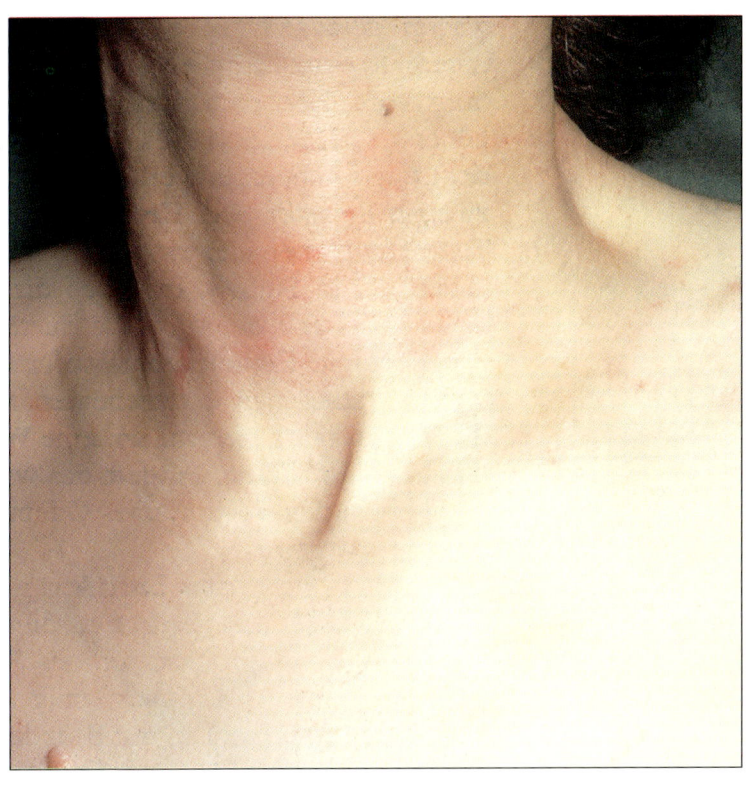

*Die bloße Hand hinterlässt mehr oder weniger deutliche Würgemale. Falls sich der Griff während der Attacke verlagert, entstehen größere, unregelmäßige Blutergüsse.*

keiten können ins Spiel kommen: ein Fass Bier, Farbe, flüssige Chemikalien in einer Fabrik oder sogar das eigene Erbrochene. Eine der gefährlichsten Flüssigkeiten überhaupt ist ein dichtes Gemisch aus Sand und Meerwasser, das unvermittelt eingeatmet wird, nachdem man durch eine mächtige Welle ins flache Wasser geworfen oder von einem Surfbrett in den Bauch getroffen wurde.

Entgegen der landläufigen Annahme geht dem Ertrinken nicht immer ein langer Todeskampf voraus. In 15 Prozent aller Fälle tritt der Tod bereits innerhalb von Sekunden ein. Die Pathologen bezeichnen dies als „trockenes Ertrinken", da man in der Lunge kein oder nur wenig Wasser findet. Hier wirken offenbar zwei unterschiedliche Mechanismen. Der mit dem Eintauchen einhergehende Schock kann einen sofortigen Herzstillstand bewirken. Oder das in die Nase eindringende Wasser verursacht einen Kehlkopfkrampf, der eigentlich verhindern soll, dass Wasser in die Lunge gelangt; wegen des sofortigen Sauerstoffmangels kann kurz darauf Bewusstlosigkeit und nur wenig später der Tod eintreten. Drogen können dabei eine entscheidende Rolle spielen; betrunkene Seeleute, die nach dem Landgang im Hafenbecken ertrinken, sind ein bekanntes Beispiel.

Auch beim „feuchten Ertrinken" erhält die Lunge keinen Sauerstoff, doch hier kommen noch weitere Faktoren ins Spiel. Bei Ertrinken in Süßwasser gelangen große Wassermengen rasch ins Blut, dessen Volumen innerhalb einer Minute um bis zu 50 Prozent zunehmen kann. Dieser Belastung ist das Herz nicht lange gewachsen. Meerwasser hingegen besitzt einen höheren Salzgehalt als das Blut, so dass Gewebewasser in die Blutgefäße der Lunge wandert und ein Lungenödem verursacht. Dies führt jedoch nicht zu einer Belastung des Herzens, das ist vermutlich der Grund dafür, dass der Todeskampf beim Ertrinken in salzhaltigem Meerwasser weitaus länger dauert als in Süßwasser. Auch die Wassertemperatur ist von Bedeutung. Kaltes Wasser kann zum Tod durch Unterkühlung oder der Schock durch das plötzliche Eintauchen zu sofortigem Herzversagen führen.

Die Pathologen unterscheiden zwischen primärem Ertrinken, bei dem der Tod zu rasch eintritt, um eine Wiederbelebung zu ermöglichen, und sekundärem Ertrinken, bei dem das wiederbelebte Opfer womöglich erst nach Wochen an den Folgen eines Ödems oder einer nachfolgenden sekundären Infektion verstirbt.

Charakteristischstes Ertrinkungsmerkmal ist das Entstehen einer schaumigen Flüssigkeit in der Lunge, die meist durch Mund und Nase austritt. Es handelt sich um ein Gemisch aus Wasser und Schleim, das durch krampfhaftes Ringen nach Luft schaumig wird und durch das Platzen kleiner Lungenblutgefäße ab und an mit Blut durchsetzt ist. Der Schaum löst sich ziemlich schnell wieder auf und findet sich nicht mehr in Leichen, die längere Zeit im Wasser gelegen haben.

Bisweilen tritt eine sofortige Totenstarre ein (siehe „Beweise sammeln"). Falls die Hände des Toten noch Kleidungsteile oder fremde Haare umklammert halten, erhebt sich unweigerlich ein Mordverdacht (vor allem bei Anzeichen für einen Kampf an Land). Und doch fand man in einem Kanal einmal die Leiche eines Mannes mit durchschnittener Kehle. Eine Blutspur führte von einer Brücke zu einem leer stehenden Haus. Auf dem Boden lag ein offenes Rasiermesser. Es sah aus wie Mord, doch auf dem Messer waren allein die Fingerabdrücke des Toten. Der Mann hatte sich anscheinend die Kehle durchgeschnitten und es noch bis zum Kanal geschafft, um sich dort zu ertränken.

An einer Wasserleiche lässt sich äußerlich nicht erkennen, ob der Tod an Land oder im Wasser eingetreten

Die älteste gerichtsmedizinische Abhandlung ist das chinesische Buch *Hsi Yuan Lu* (dt.: Das Fortwaschen des Unrechts) aus dem 13. Jahrhundert. Neben zahlreichen unwissenschaftlichen Ratschlägen gibt es detailliert Auskunft, wie man zwischen Strangulation (Druckstellen am Hals, Knorpelschäden) und Ertrinken (Wasser in der Lunge) unterscheidet. Daher verwundert es, dass westliche Ärzte erst 1890 schlüssig nachwiesen, dass der Ertrinkungstod durch Wasser in der Lunge verursacht wird.

## MORDAKTE:

# George Joseph Smith

**Bekannt wurde er als der „Badezimmermörder". Wie er drei seiner Frauen ertränkt hatte, um ihre Lebensversicherungen zu kassieren, demonstrierte man auf dramatische – und beinahe tödliche – Weise vor Gericht.**

George Joseph Smith war ein notorischer Heiratsschwindler. Nachdem er 1910 Bessie Mundy geehelicht und festgestellt hatte, dass ihr Erbe gebunden war, musste er sie zunächst überzeugen, ihn als Erben einzusetzen. Am 13. Juli 1912 fand man Bessie Mundy mit untergetauchtem Kopf tot in der Badewanne. Man kam zu dem Schluss, dass sie bei einem epileptischen Anfall ertrunken war.

Am 4. November 1913 heiratete Smith Alice Burnham und schloss für sie eine Lebensversicherung über 500 £ ab. Am 12. Dezember starb auch sie in der Badewanne. Seine nächste Frau hatte mehr Glück. Wenige Tage nach der Hochzeit verließ er sie – erleichterte sie allerdings um 90 £. Am 17. Dezember 1914 ehelichte er Margaret Lofty, versicherte ihr Leben mit 700 £ – und bereits am folgenden Abend lag sie leblos in der Wanne.

Am 1. Januar 1915 berichtete eine Zeitung von diesem tragischen Ereignis. Den Artikel lasen Alice Burnhams Vater sowie ihre damalige Vermieterin. Beide staunten über die Parallelen zwischen den beiden Fällen und wandten sich besorgt an die Polizei. Smith wurde am 1. Februar verhört.

Noch am gleichen Tag untersuchte Dr. Bernard Spilsbury die exhumierten Überreste von Margaret Lofty und kurz danach die beiden anderen Leichen.

Es gab keinerlei Zeichen einer Gewaltanwendung. Zweifellos lag Tod durch Ertrinken vor. Doch auf welche Weise? War ein Serienmord anzunehmen? Die Frauen hatten auf dem Rücken gelegen, der Kopf unter Wasser und die Beine am steilen Wannenende gerade herausragend. Falls die Frauen an den Folgen eines Anfalls gestorben wären, so Spilsbury, wäre ihr Kopf aufgrund von Muskelkrämpfen entlang dem schrägen Ende aus dem Wasser herausgedrückt worden. Andererseits sprach nichts für einen Kampf.

Im Prozess demonstrierte Spilsbury seine Interpretation mit dramatischem Resultat. Nachdem eine Krankenschwester in eine der Wannen gestiegen war, ergriff ein Helfer ihre Füße und zog die Frau unter Wasser. Zu seinem Entsetzen wurde sie durch das in Nase und Mund einströmende Wasser sofort bewusstlos und musste wiederbelebt werden. Damit war Smiths Schuld erwiesen und er endete im August 1915 am Galgen.

*George Joseph Smith mit Bessie Mundy, seiner ersten Frau, die er am 13. Juli 1912 ertränkte. Er sollte noch dreimal heiraten und sich der gleichen Methode bedienen, um zwei weitere Frauen umzubringen.*

FALL GELÖST

ist. Beginnend an den Fingerbeeren, bildet sich eine durchweichte und faltige, so genannte „Waschhaut". Nach rund zwei Wochen löst sich die Haut von den Händen und Füßen und nach drei bis vier Wochen lässt sich die gesamte Haut wie ein Handschuh abstreifen. Im Dezember 1933 fand man einen solchen Hautfetzen in einem australischen Bach. Experten konnten einen Fingerabdruck gewinnen und das Opfer identifizieren, bald darauf auch seinen Mörder.

Leichen treiben meist mit dem Gesicht nach unten und mit herabhängenden Armen und Beinen im Wasser. Eventuelle Totenflecke bilden sich daher meist im Gesicht, der oberen Rumpfpartie, an Händen, Unterarmen, Waden und Füßen. Bestehender Wellengang kann das Erscheinungsbild aber verändern.

Im Wasser verläuft der Verwesungsprozess langsamer als an Land. Eine Wassertemperatur von 5 °C kann eine mehrwöchige Verzögerung bewirken. Mit fortschreitender Fäulnis entsteht in den Eingeweiden ein beträchtliches Gasvolumen. Sofern die Leiche nicht – absichtlich oder zufällig – am Grund fixiert ist, steigt sie nach rund zwei Wochen an die Wasseroberfläche. Die Identifizierung von Ertrinkungsopfern gestaltet sich manchmal sehr schwierig, da der verwesende Körper und vor allem das Gesicht stark entstellt und die Haut durch das sich zersetzende Blut fast schwarz sein kann.

Längeres Liegen im Wasser und überhaupt in einer feuchten Umgebung führt gelegentlich zum Entstehen von *Adipocire* (siehe „Beweise sammeln"). Aufgrund chemischer Prozesse wird das Körperfett hierbei in eine graue, wachsartige und seifenähnliche Substanz verwandelt. Die Körpergestalt bleibt erhalten, das Gesicht ist jedoch oftmals nicht mehr zu erkennen. *Adipocire* entsteht gewöhnlich erst im Lauf mehrerer Monate (ausnahmsweise in nur drei bis vier Wochen) und ist über Jahre oder sogar Jahrhunderte hinweg beständig.

Eine der schwierigsten Aufgaben der Autopsie besteht in der Klärung der Frage, ob der Tod vor oder nach dem Eintauchen ins Wasser eintrat. Bei feuchtem Ertrinken ist die Lunge voller Wasser und fühlt sich wie ein Schwamm an. Für die chemische Analyse des Blutes in den beiden Herzkammern wurden bereits viele unterschiedliche Methoden vorgeschlagen. So soll die linke Hälfte durch die Auswirkungen des Süß- oder Salzwassers auf das Blut stärker betroffen sein als die rechte, doch kein Untersuchungsverfahren erwies sich als zuverlässig.

Der Diatomeentest ist das wohl geeignetste Mittel, um festzustellen, ob ein Ertrinkungstod vorliegt. Diatomeen (Kieselalgen) sind Mikroorganismen, die im Meer und in sauberem Süßwasser leben. Viele der mindestens 25 000 Arten sind anhand der Gestalt ihrer säureresistenten Kieselschalen identifizierbar. Beim Ertrinken gelangen sie über die Lunge ins Blut, von dort aus in den gesamten Körper und lagern sich in Organen wie Nieren, Gehirn und sogar im Knochenmark ab.

Gelangt ein bereits Toter ins Wasser, können Diatomeen zwar in die Lunge eindringen, doch sie werden nicht mit dem Blut verteilt. Man vergleicht den Diatomeengehalt des herauspräparierten Knochenmarks mit dem des Wassers. In einem Fall konnten Wissenschaftler durch Identifizieren der charakteristischen Spezies nachweisen, dass eine an der belgischen Küste angeschwemmte Leiche von einer Jacht aus ins Wasser gelangt war, die im Ärmelkanal vor der Isle of Wight gelegen hatte.

Noch fehlt der schlüssige Beweis dafür, dass Kieselalgen unter Normalbedingungen nicht in die Blutbahn gelangen können. Auch weiß man nicht, wie lange sie im Knochenmark nachweisbar sind. Ertränkungsfälle sind zum Glück selten. Meist finden sich Zeichen für einen Kampf an Land sowie Verletzungen, die nicht von einem Aufenthalt im Wasser herrühren können, oder Reste eingeflößter Drogen. Wasser kann eben nicht alle Sünden fortwaschen.

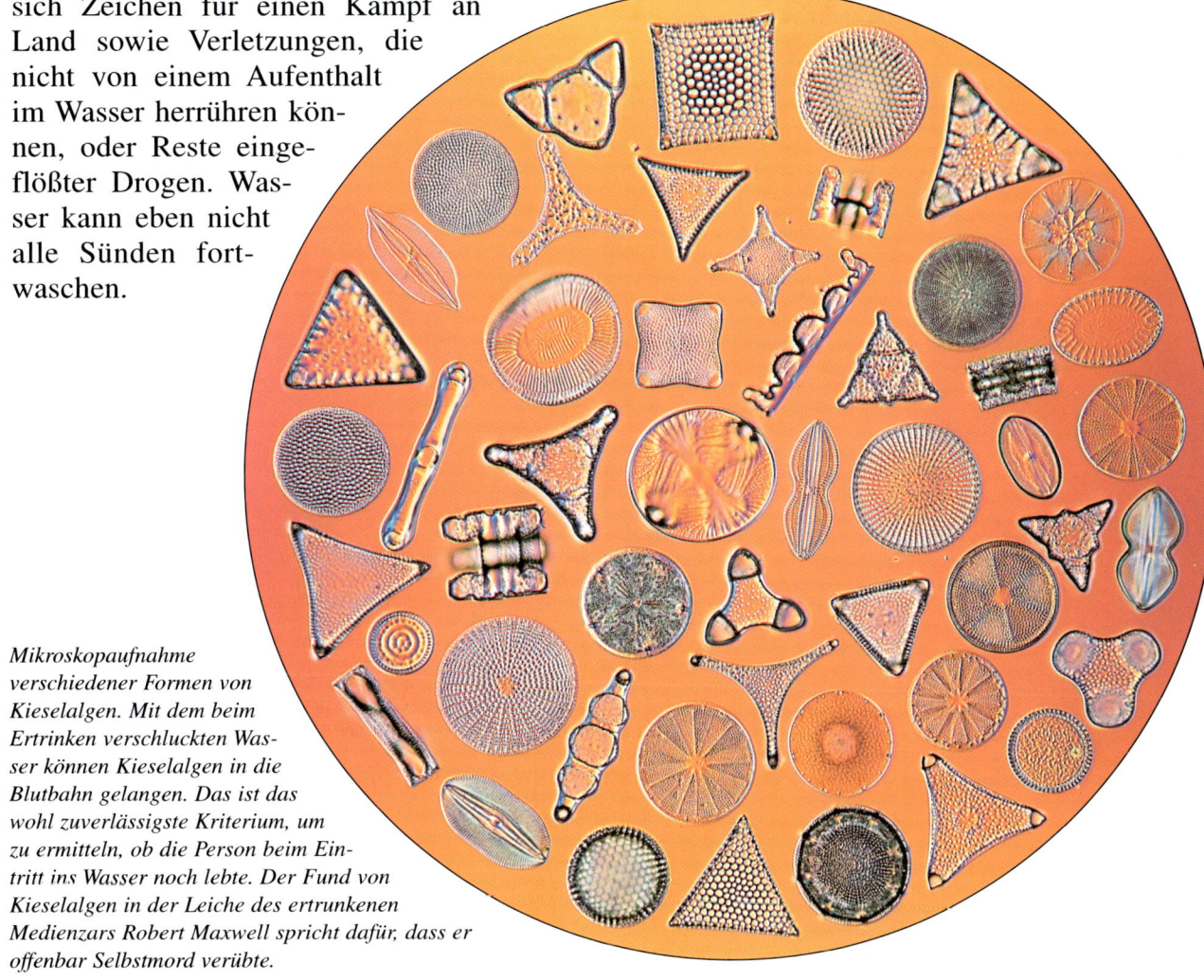

*Mikroskopaufnahme verschiedener Formen von Kieselalgen. Mit dem beim Ertrinken verschluckten Wasser können Kieselalgen in die Blutbahn gelangen. Das ist das wohl zuverlässigste Kriterium, um zu ermitteln, ob die Person beim Eintritt ins Wasser noch lebte. Der Fund von Kieselalgen in der Leiche des ertrunkenen Medienzars Robert Maxwell spricht dafür, dass er offenbar Selbstmord verübte.*

# Fliegen und Maden

*Nur wenige Stunden nach Eintritt des Todes legen Fliegen ihre ersten Eier in Wunden und Körperöffnungen ab. Die Maden schlüpfen acht bis 14 Stunden später. Ihr jeweiliger Entwicklungszustand liefert einen guten Hinweis auf den Todeszeitpunkt.*

D er Geruch einer im Freien verwesenden Leiche zieht unweigerlich Fliegen an. Sie legen ihre Eier ab und nach kurzer, je nach Spezies verschiedener Zeit, schlüpfen die hungrigen Maden. Später verpuppen sie sich und erscheinen, wiederum nach einem charakteristischen Zeitraum, als junge Fliegen. Falls die Leiche unangetastet bleibt, wiederholt sich dieser Zyklus. Eine gründliche Kenntnis des Verhaltens und Lebenszyklus' der einzelnen Insektenarten ermöglicht daher eine bis auf einen Tag oder eine Woche genaue Schätzung der seit Eintritt des Todes vergangenen Zeit. In schon mehr als einem Fall erwies sich das als wichtig für die Bestimmung des Zeitraums, in dem sich ein Mord ereignet haben musste. Manchmal ergab sich auch, dass die Leiche nicht immer am gleichen Ort gelegen hatte.

Bis zu acht verschiedene Insektenarten können eine im Freien liegende Leiche befallen. Als erstes erscheinen Schmeißfliegen (Gattung *Calliphora*) und zuletzt Käfer. Schmeißfliegen können ihre Eier bereits wenige Stunden nach dem Tod in Wunden, auf Augen und Lippen und in Körperöffnungen wie Mund, Nase oder Scheide ablegen – bei Tageslicht und vorzugsweise in der warmen Mittagszeit (kaum jedoch in den Wintermonaten). Acht bis 14 Stunden später – je nach Lufttemperatur – schlüpfen die ersten winzigen Maden. Das erste Larvenstadium dauert weitere acht bis 14 Stunden. Der Häutung folgt ein zweites Stadium, das zwei bis drei Tage dauert. Im dritten Stadium sind die Maden cremeweiß und fressen sechs Tage lang emsig. Dann vergraben sie sich in einiger Entfernung, um nach zwölftägiger Verpuppung als Fliegen zu schlüpfen. Da Schmeißfliegen frisches Fleisch bevorzugen, werden sie die Leiche selten erneut besiedeln.

Im Fall Buck Ruxton (siehe „Schädel und Knochen") fand man in den Leichenteilen Maden der Schmeißfliege. Die Eier mussten innerhalb weniger Tage nach dem Tod abgelegt worden sein und die größten Maden waren aller Wahrscheinlichkeit nach nicht älter als zwölf Tage. Da der Fund vom 29. September datierte und nichts für einen weiteren Insektenbefall sprach, hatten die Leichenteile offenbar erst seit dem 17. September im Freien gelegen.

Weitere Fliegen, deren Maden man auf Leichen finden kann, sind die Goldfliege (Gattung *Lucilia*) und die Stubenfliege *(Musca)*. Der Lebenszyklus von *Lucilia* ähnelt dem der Schmeißfliege, während die Stubenfliege ihre Eier nur selten in Leichen ablegt, obwohl sie sich durchaus von dem Fleisch ernährt.

Massiver Madenbefall kann in der verwesenden Leiche einen merklichen Temperaturanstieg hervorrufen und rasch zur Bildung einer fettigen Substanz führen, dem *Adipocire* (siehe „Beweise sammeln"). *Adipocire* entsteht meist erst nach einigen Monaten und in Leichen, die sich im Wasser oder einer anderen feuchten Umgebung befinden. Man kennt aber auch Fälle, in denen *Adipocire* in nur drei Wochen durch Madenbefall entstand, so dass es den Anschein hatte, als habe die Leiche viel länger unentdeckt dagelegen.

Eine schützende Erdschicht hält manche Fliegenarten von der Leiche ab, doch die Buckelfliege *(Conicera tibialis)* kann sogar in geschlossene Särge eindringen. Nachdem man 1989 im walisischen Cardiff ein verscharrtes Skelett gefunden hatte (das von Karen Price, siehe „Schädel und Knochen"), zog die Kripo den führenden britischen Experten auf dem Gebiet der forensischen Entomologie hinzu, Dr. Zakaria Erzinclioglu, den seine Kollegen an der Universität Cambridge kurz „Dr. Zak" nannten. Er berechnete die von den Bu-

*Erstes Larvenstadium einer Goldfliege, nur zwei Stunden nach dem Schlüpfen.*

# MORDAKTE:
# William Brittle

**Die männliche Leiche war bereits stark verwest. Der Pathologe beachtete jedoch den Entwicklungszustand der Maden und gelangte zu der Überzeugung, dass der Tod nicht mehr als zwölf Tage zurücklag.**

Am 28. Juni 1964 durchsuchten zwei Jungen im englischen Berkshire ein Wäldchen nach einem verwesenden Kaninchen. Sie hofften Maden zu finden, die sie als Fischköder verwenden wollten. Wenige Meter neben dem Weg entdeckten sie auf einem Hügel aus lockeren Grassoden eine wimmelnde Masse aus fetten Schmeißfliegenmaden – und bei näherer Inspektion einen verwesenden Arm.

Der Pathologe Dr. Keith Simpson überwachte die Sicherstellung der Leiche. Die Polizei nahm eine Verweildauer von sechs bis acht Wochen an, nicht aber Simpson: „Wenigstens neun bis zehn, vermutlich aber nicht mehr als zwölf Tage." Anhand des Entwicklungszustands der Maden errechnete er, dass der Tod am 16. oder 17. Juni eingetreten war.

Eine der als vermisst gemeldeten Personen war Peter Thomas, der am 16. Juni aus Lydney an der walisischen Grenze verschwunden war. Er konnte anhand der Körperabmessungen, einer alten Röntgenaufnahme, der Fingerabdrücke und eines Aufnähers in der Jacke identifiziert werden und war durch einen heftigen Schlag gegen den Hals getötet worden.

Der Verdacht fiel auf William Brittle, der Thomas Geld geschuldet hatte und beim Militär im Nahkampf ausgebildet worden war. Er sei am 16. Juni nach Lydney gefahren, um seine Schulden zu begleichen. Ein Anhalter konnte dies bestätigen. Im Mordprozess nannte die Verteidigung drei Zeugen, die schworen, Thomas am 20. und 21. Juni in Lydney gesehen zu haben.

Simpson war erfreut, seinen gegenteiligen Befund durch einen Sachverständigen der Verteidigung bestätigt zu sehen. Die Geschworenen waren nun überzeugt, dass sich die Zeugen wohl in den Daten geirrt hätten. Brittle wurde zu lebenslanger Haft verurteilt.

*William Brittle, beim Militär im Nahkampf ausgebildet, ermordete Peter Thomas am 16. Juni 1964. Seine Verurteilung zu lebenslanger Haft beruht weitgehend auf der Beweisführung durch den Pathologen Dr. Keith Simpson.*

FALL GELÖST

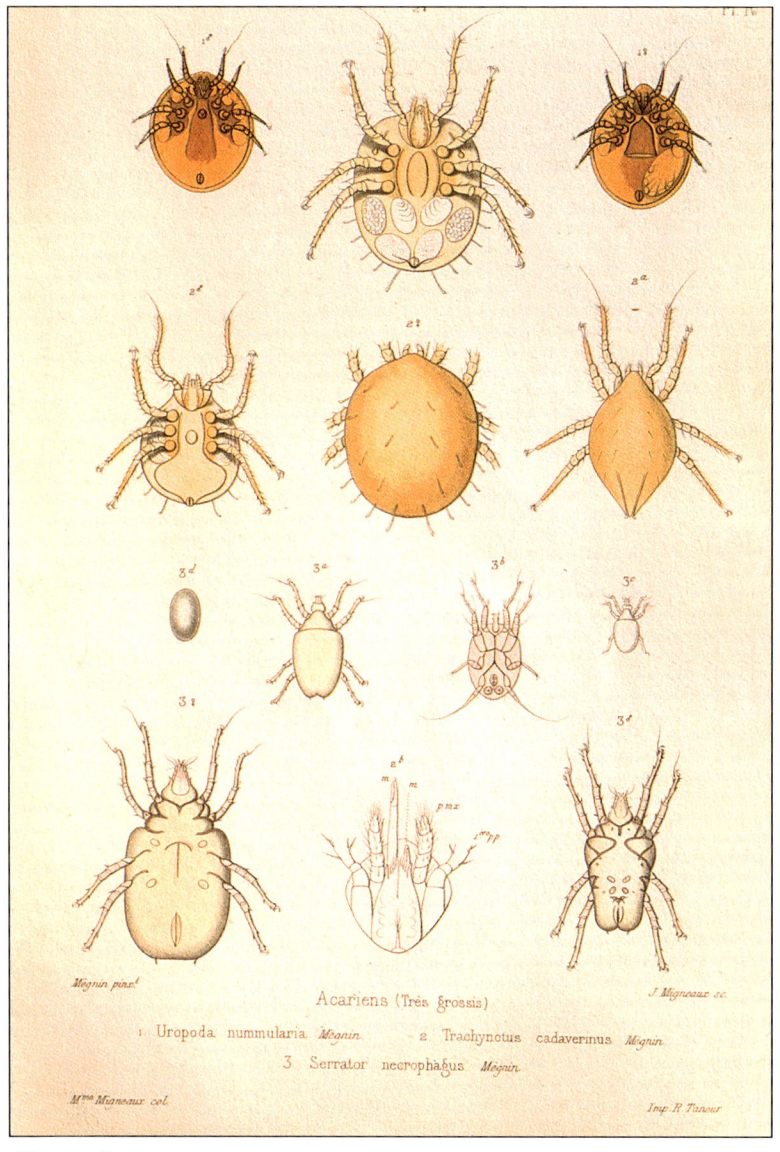

Acariens (Trés grossis)

1. Uropoda nummularia. *Mégnin.*    2. Trachynotus cadaverinus. *Mégnin.*

3. Serrator necrophagus. *Mégnin.*

*Eine stark verweste Leiche kann durch zahlreiche Insektenarten besiedelt werden. Die Zeichnung zeigt verschiedene Milbenarten und stammt aus* La Faune des Cadavres, *einem Standardwerk des französischen Entomologen Mégnin aus dem 19. Jahrhundert.*

ckelfliegen benötigte Zeit, um die Weichteile zu verzehren und kam auf mindestens drei Jahre. Danach hatten sich mehrere Generationen von Bohrasseln angesiedelt, was weitere zwei Jahre bedeutete, so dass die „Bestattung" 1984 oder früher erfolgt sein musste.

Käfer, Motten und sogar Wespen können dem Entomologen ebenfalls wertvolle Hinweise liefern. Erstmals war dies 1850 der Fall, als man – neben einem Kamin versteckt – auf den mumifizierten Leichnam eines Neugeborenen stieß. Auf ihm fanden sich Motten verschiedener Generationen, was eine Verweildauer von rund zwei Jahren bedeutete. Der Verdacht fiel nun auf eine Vormieterin, von der man wusste, dass sie schwanger gewesen war. Obgleich man ihr nachweisen konnte, dass sie den Leichnam versteckt hatte, konnte ein natürlicher Tod nicht ausgeschlossen werden.

Ein ähnlicher Fall ereignete sich 1960 in Nordwales. In einem Schrank fand man die mumifizierte Leiche einer 20 Jahre zuvor verstorbenen Frau. Im Laufe der Jahre hatten Motten das Kopfhaar bis auf kurze, saubere Stoppel aufgefressen.

Im April 1962 stieß man in einem Kleiderschrank auf eine männliche Leiche mit starken Fraßspuren durch Speckkäfer, die im Frühjahr 1961 massenhaft vorgekommen waren. Da die Käfer eine Leiche rund drei bis sechs Monate nach dem Tod zu attackieren beginnen, musste der Mann im Herbst 1960 gestorben sein. Bei der Leiche fand man Papiere, wonach er im August 1960 aus der Haft entlassen worden war. Er war offenbar bei einem Freund untergekommen und dort verstorben. Anstatt den Todesfall zu melden, hatte der Freund die Leiche im Schrank aufbewahrt. Die Autopsie ergab einen natürlichen Tod.

In Tennessee fand man 1985 einen menschlichen Schädel, in dem Wespen ein Nest gebaut hatten. Dies musste spätestens im Sommer 1984 geschehen sein. Und da sich Wespen nur an trockenen Orten ansiedeln, mussten zu diesem Zeitpunkt bereits sämtliche Gewebe, also auch das Gehirn, komplett zerfallen gewesen sein. Später fand man weitere Skelettteile, aus denen hervorging, dass die Leiche mindestens zwei Jahre am Fundort gelegen haben und der Tod somit spätestens 1983 eingetreten sein musste.

Die forensische Entomologie hat sich bereits bei diversen Fällen als bedeutsam erwiesen. Im Prozess gegen William Brittle (Seite 107) fragte die Verteidigung den Sachverständigen: „Nehmen wir an, die Schmeißfliege legt ihre Eier um Mitternacht auf ...“ „Oh nein“, unterbrach der Experte, „keine Schmeißfliege legt Eier um Mitternacht. Vielleicht am Mittag, doch nicht um Mitternacht.“ Er fügte hinzu, dass bis zum Schlüpfen der ersten Maden acht bis 14 Stunden vergehen. Würden diese Maden sofort zu fressen beginnen? „Nun ja“, erwiderte der Entomologe, „Maden sind neugierig. Stellen Sie sich vor, dies sei eine Leiche und wir hätten hier 100 Maden; 99 von denen machen sich sofort auf den Weg zur Leiche.“

*Beim französischen Institut de Recherche Criminelle wurden Vertreter zahlreicher verschiedener Fliegenarten zwecks späterer Identifizierung sichergestellt.*

Die Aktivitäten von Stubenfliegen, die eine Leiche fressen, können zu einem Trugschluss verleiten. Während einer Hitzewelle in Texas fand man einen Mann, der sich in seinem Haus erhängt hatte und nach nur drei bis vier Tagen bereits stark verwest war. Wände und Decke waren mit winzigen Blutspritzern übersät, als sei der Mann schwer misshandelt worden.

Bei der Auswertung von Tatortfotos bemerkte ein FBI-Experte aber rasch, dass es sich bei den rotbraunen Flecken nicht um Blut handelte, sondern um Fliegendreck. Die voll gefressenen Fliegen hatten sich auf Wänden und Decke niedergelassen und dort das verdaute Blut ausgeschieden. „Vor allem“, so der Experte, „war da ein Foto mit einer brennenden Glühbirne ganz ohne Flecke, denn sie war für die Fliegen zu heiß.“

# Verräterische Finger

Es dauerte eine ganze Weile, bis man feststellte, dass die Abdrücke der Finger – aber auch der ganzen Hand und der Fußsohle – derart individuell sind, dass man sie zur eindeutigen Identifizierung verwenden kann. Schon vor Jahrhunderten versahen chinesische und japanische Töpfer ihre Werke mit einem Daumenabdruck als „Unterschrift".

Die Haut der Handinnenseite und Fußsohle unterscheidet sich deutlich von der des übrigen Körpers. Von den Fingerspitzen bis zum Handgelenk ist die Hand mit einer derberen Haut bedeckt, die ein Muster aus Papillarlinien oder Hautleisten aufweist. Sie verlaufen meist parallel, verändern jedoch bisweilen ihre Richtung, um in diversen Hand- und Fußregionen klar definierte Muster zu bilden.

Die Hautleisten und ihre durch Richtungswechsel verursachten charakteristischen Muster entstehen ab dem dritten Monat der Embryonalentwicklung und bleiben nach der Geburt in ihrer Anordnung gleich; mit dem Wachstum der Hände und Füße verändern sie allein ihre Größe. Soweit man weiß, gibt es weltweit keine zwei Menschen, deren Muster exakt gleich sind – dies ist nicht einmal bei eineiigen Zwillingen der Fall.

Im 19. Jahrhundert unternahmen zwei britische Beamte in zwei weit voneinander entfernten Ländern die ersten Schritte, Finger- und Handabdrücke systematisch für Identifizierungszwecke zu verwenden.

William Herschel, Enkel des berühmten Astronomen, ging 1853 im Alter von 20 Jahren nach Indien. Nachdem ihm 1858 der Gedanke gekommen war, einen Handabdruck als Unterschrift unter einem Vertrag zu benutzen, begann er mit Fingerabdrücken zu experimentieren. Im Jahr 1877 trat er unweit von Kalkutta einen Regierungsposten an; eine seiner Aufgaben bestand in der Auszahlung staatlicher Pensionen.

Um sicherzustellen, dass verstorbene Anspruchsberechtigte nicht durch Dritte vertreten wurden, ließ er sich die Auszahlung durch einen Abdruck des rechten Zeige- und Mittelfingers bestätigen. Bald wurden vor Ort sämtliche offiziellen Dokumente auf diese Weise besiegelt und Herschel regte in Briefen an den Gefängnisinspektor und den Verwaltungschef von Bengalen an, dieses System allgemein einzuführen. Er versicherte, dass die Abdrücke vom Alter unabhängig seien und für das Führen der Verbrecherkartei nützlich sein könnten.

Zur gleichen Zeit arbeitete der schottische Arzt Henry Faulds im Tokioter Tsukiji-Hospital. Ihm war aufgefallen, dass Dokumente aus den entlegeneren Landesteilen von Analphabeten oftmals in Form eines schwarzen oder roten Handabdrucks „unterzeichnet" wurden. Er fragte sich, ob diese Muster je nach Rasse unterschiedlich ausfielen und fing an zu sammeln. Ein Einbrecher hinterließ im Sommer 1879 einen rußigen Handabdruck, als er über eine getünchte Gartenmauer kletterte. Als Faulds erfuhr, dass die Polizei bereits einen Verdächtigen verhaftet hatte, bat er darum, einen Vergleich vornehmen zu dürfen, der negativ ausfiel. Als dann ein weiterer Mann festgenommen wurde und gestand, konnte Faulds nachweisen, dass dessen Handabdruck mit dem auf der Mauer identisch war.

Von der Polizei gebeten, sie in einem weiteren Fall zu unterstützen, realisierte Faulds das kriminologische Potenzial seiner Beobachtung. In einem Brief an das englische Wissenschaftsmagazin *Nature* bewertete er seine Theorie der „Daktylographie" wie folgt: „Es kann keinen Zweifel geben hinsichtlich des Vorteils, außer den Lichtbildern einen Abdruck der auf ewig unveränderlichen Fingerfurchen wichtiger Krimineller zu besitzen."

Herschel, der 1879 mitsamt seinen Aufzeich-

*Der englische Anthropologe Sir Francis Galton entwickelte als Erster ein System zur Klassifizierung von Fingerabdrücken, basierend auf dem Vorkommen eines kleinen dreieckigen Bereichs, den er „Delta" nannte.*

nungen nach England zurückgekehrt war, musste entdecken, dass Faulds ihm zuvorgekommen war. Auch er schrieb an *Nature*, was einen kurzen, kontrovers geführten Briefwechsel zur Folge hatte.

In Frankreich hatte Alphonse Bertillon anhand der Körperabmessungen eine ganz andere Methode der Identifizierung entwickelt (siehe „Vom Phantom zum Täter"). Von der „Bertillonage" unbeeindruckt, erinnerte sich der englische Arzt und Anthropologe Sir Francis Galton 1888 an die Korrespondenz zwischen Faulds und Herschel. Von Herschel mit dessen Unterlagen versorgt, forschte er nun, wie man Fingerabdrücke klassifizieren könne.

Galton stieß auf eine Schrift des polnischen Pathologen Johann Purkinje aus den 1830er-Jahren, in der er die verschiedenen Hautmuster der Fingerkuppen beschrieb. Es gab jedoch Dutzende von Variablen, die einen Vergleich sehr zeitaufwändig machten. Dann aber stellte er fest, dass fast jeder Abdruck aus seiner Sammlung einen kleinen dreieckigen Bereich mit zusammenlaufenden Linien aufwies, den er als „Delta" bezeichnete. Galton unterschied vier Grundtypen: Abdrücke ohne Delta, mit Delta links, Delta rechts und mit mehreren Deltas. Wenn sämtliche zehn Fingerabdrücke vorlägen, könnte man sie demnach in mehr als 60 000 Klassen einteilen. Einzelheiten veröffentlichte Galton 1892 in seinem Buch *Finger Prints*.

### ANFÄNGE DER KRIMINALISTIK

Der argentinische Polizist Juan Vucetich war der Erste, der das von Galton beschriebene System in die Praxis umsetzte. Seinen ersten Erfolg hatte er im Juni 1892 im Fall einer Mutter, die ihre beiden kleinen Kinder umgebracht hatte. Fingerabdrücke als wichtigstes Mittel der Täteridentifizierung wurden 1894 erstmals von der argentinischen Polizei eingeführt. In den ersten Jahren des 20. Jahrhunderts hatte sich dieses System bereits in ganz Südamerika verbreitet.

In Europa und den Vereinigten Staaten nahm die Entwicklung einen etwas anderen Verlauf. Edward Henry war Generalinspekteur der bengalischen Polizei, als er 1893 Galtons Buch las. Sein mit Hilfe zweier Assistenten entwickeltes System fußt auf fünf klar unterscheidbaren Linienmustern: Bögen, Zeltbögen, Radialschleifen – Schleifen in Richtung auf den Speichenknochen (Radius) außen am Arm –, Ulnarschleifen – Schleifen in Richtung auf die Elle (Ulna) – sowie Wirbel.

Nach der Einstufung eines Abdrucks in eine dieser Hauptkategorien erfolgte eine feinere Einteilung je nach Form des Deltas. Dann wurden die Grenzen des Deltas anhand des inneren und äußeren Endpunkts ermittelt und die Zahl der die Verbindungslinie schneidenden Linien bestimmt.

In einem Brief an die bengalische Regierung vom Jahr 1896 schrieb Henry, wie problemlos sich Fingerabdrücke gewinnen ließen:

*Beispiele für die
Klassifizierung von
Fingerabdrücken:*

*(1) Einfacher Bogen
(2) Zeltbogen
(3) Schleife
(4) Zentrale
Taschenschleife
(5) Doppelschleife
(6) Doppelschleife
(7) Einfacher Wirbel
(8) Akzidentiell*

## MORDAKTE:
# Thomas Jennings

**Im Jahr 1910 steckte die Identifizierung von Fingerabdrücken noch in den Kinderschuhen. Einen wichtigen Schritt bedeutete die Verurteilung eines mordenden Einbrechers anhand seiner Fingerabdrücke, die er in feuchter Farbe hinterlassen hatte.**

Clarence Hiller lebte mit Frau und vier Kindern in Chicago. In den frühen Morgenstunden des 19. September 1910 stellte er einen Einbrecher im Treppenhaus. Zwei Revolverschüsse trafen Hiller und töteten ihn.

Kurz vor Dienstschluss wurden zufällig einige Polizisten gut einen Kilometer entfernt auf einen Mann aufmerksam. Sie stellten ihn zur Rede und nahmen ihn fest, nachdem sie einen geladenen Revolver in seiner Tasche gefunden hatten. Bei dem Mann handelte es sich um den erst kurz zuvor aus der Haft entlassenen Thomas Jennings.

Wie sich zwischenzeitlich herausstellte, war das Küchenfenster aufgehebelt worden und auf dem frisch gestrichenen Balkongeländer fanden sich die deutlichen Abdrücke von vier Fingern einer linken Hand – sie stammten von Thomas Jennings.

Dass die Aussagen der vier von der Staatsanwaltschaft berufenen Sachverständigen vom Gericht akzeptiert wurden, bedeutete einen Fortschritt in der Rechtsgeschichte der USA. Jennings ging in Berufung, doch der oberste Gerichtshof von Illinois entschied über die Zulässigkeit von Fingerabdrücken: „Es ist davon auszugehen, dass für die systematische Identifizierung anhand der Fingerabdrücke eine wissenschaftliche Basis existiert und dass die Gerichte derartige Beweismittel zu Recht zulassen."

**FALL GELÖST**

Die Utensilien – eine Zinnplatte und etwas Druckerschwärze – sind wohlfeil und allerorten beschaffbar; die Abdrücke sind eigenhändige Unterschriften, bar aller erdenklichen Fehler der Beobachtung und Übertragung; jede Person von gewöhnlicher Intelligenz kann nach ein paar Minuten der Anleitung lernen, sie vorzunehmen ... Da ihre Merkmale lebenslang beständig sind, könnte man sich der Fingerabdrücke eines Kindes bedienen, um späterhin die gleiche Person zu identifizieren ... Und schließlich ist der durch Prüfung der Abdrücke von zwei oder drei Fingern erzielbare Beweiswert so groß, dass niemand, der diesen zu schätzen weiß, es für notwendig hielte, anderswo Bestätigung zu suchen.

Der Bericht hatte zur Folge, dass 1897 in Kalkutta das weltweit erste nationale Fingerabdruckbüro entstand, das Henrys bis heute grundlegendes System verwendete.

Im Jahr 1898 fand man den Verwalter einer nordindischen Teeplantage mit durchgeschnittener Kehle. Safe und Geldcassette waren geplündert. Unter den zurückgelassenen Papieren war ein Kalender mit zwei braunen Klecksen; einer von ihnen musste von einem Finger der rechten Hand stammen. Henry besaß die Fingerabdrücke aller zu Gefängnisstrafen verurteilten Personen. Bald stellte sich heraus, dass der Abdruck vom rechten Daumen eines ehemaligen Bediensteten des Verwalters stammte. Obgleich er nun mehrere hundert Kilometer entfernt lebte, konnte man ihn aufspüren und siehe da: beide Daumenabdrücke waren identisch.

Henry wurde 1901 nach England zurückbeordert und erhielt die Aufgabe, bei Scotland Yard eine Abteilung für Daktyloskopie aufzubauen. Einer seiner ersten Mitarbeiter wurde Charles Collins, dem das neue Amt so viel bedeutete, dass er hierzu eigens Fotografie studierte. Und schon bald konnte er einen ersten Erfolg erzielen.

Am 27. Juni 1902 wurde in einem Haus im Süden Londons eingebrochen. Schmutzige Finger hatten auf einem Fensterbrett ihre Spuren hinterlassen. Collins fotografierte einen Daumenabdruck und machte sich gemeinsam mit seinen Kollegen daran, diesen mit den archivierten Fingerabdrücken von ehemaligen Straftätern zu vergleichen. Die langwierige Suche wurde belohnt: Der Abdruck stammte von Harry Jackson, den man ein paar Tage später dingfest machen konnte.

Blieb das Problem, wie man das Gericht überzeugen konnte, Fingerabdrücke als Beweismittel zu akzeptieren. Im Rahmen eines – zugegebenermaßen – sehr unbedeutenden Falls entschied man sich für den erfahrenen Staatsanwalt Richard Muir. Er ließ sich von Collins ausführlich mit dem neuen System vertraut machen und erläuterte den Geschworenen, wie gut es sich bereits in Indien bewährt hatte. Dann demonstrierte Collins, wie man Fingerabdrücke identifiziert und präsentierte seine Fotografien. Die Geschworenen zeigten sich überaus beeindruckt und gelangten zu einem Schuldspruch; selbst der Verteidiger focht den Beweis nicht an. Fingerabdrücke waren ab nun an englischen Gerichten als Beweismittel zugelassen.

Zwischenzeitlich befördert, beschloss Henry im Mai 1903, sein System im größeren Maßstab zu erproben. Beim Epsom-Derby hatte die Polizei 60 Männer wegen verschiedener Delikte festgenommen; 27 von ihnen erwiesen sich als vorbestraft. Ihre Akten lagen bei der gerichtlichen Anhörung am Morgen darauf vor:

> Der erste Untersuchungshäftling gab sich als Green aus Gloucester aus, er sei angeblich ein unbescholtener Bürger ... Da aber sprang der Chefinspektor auf ... und bat das hohe Gericht, den Unterlagen und Fotos einen Blick zu schenken, die das Unschuldslamm als Brown aus Birmingham identifizierten, mit rund zehn Vorstrafen auf dem Konto.

Der erste Mordfall, bei dem Fingerabdrücke als Beweismittel akzeptiert wurden, ereignete sich im März 1905 im Süden von London. Der Ladenbesitzer Thomas Farrow war brutal erschlagen worden. Seine schwer verletzte Frau starb drei Tage später. Auf der Kasse, die sie unter ihrem Bett aufbewahrt hatte, fand man den Abdruck eines rechten Daumens. Fahnder stießen auf zwei ausgekochte Kleinganoven, die Brüder Alfred und Albert Stratton. Der Abdruck stammte von Alfred Stratton. Beide wurden schuldig gesprochen, wenngleich sich der Richter nicht ganz überzeugen ließ.

## DAKTYLOSKOPIE IN DEN VEREINIGTEN STAATEN

John Ferrier war einer der Londoner Polizisten, die 1904 zur Bewachung des britischen Pavillons auf der Weltausstellung von St. Louis abgestellt wurden. Vor Ort hielt er auch einige Vorträge über das Henry-System und bereits 1911 konnte ein Täter in den USA erstmals anhand seiner Fingerabdrücke überführt werden.

Zuvor hatte das US-Justizministerium beschlossen, für die Einrichtung eines Erfassungssystems im texanischen Leavenworth-Gefängnis eine Summe „nicht über 60 $" zu gewähren. Sing Sing und andere Gefängnisse im Bundesstaat New York verwendeten 1905 erstmalig die Daktyloskopie, im Jahr darauf auch die

*J. Edgar Hoover, von 1924 bis 1972 Leiter des Federal Bureau of Investigation (FBI).*

Polizei von St. Louis und das Militär. Bald wurde klar, dass diese einzelnen Archive irgendwie koordiniert werden mussten. Unglücklicherweise übertrug das Justizministerium diese Aufgabe an das Gefängnis von Leavenworth, wo sich rasch herausstellte, dass einzelne Häftlinge Korrrekturen zu ihrem eigenen Vorteil vornahmen.

Seit 1896 besaß die International Association of Chiefs of Police (IACP) ein nationales Identifizierungsbüro, zunächst in Chicago und später in Washington, D.C. Die IACP setzte sich stark für eine Zentralisierung ein. Innerhalb des Justizministeriums entstand ein Vorläufer des FBI, doch erst ab 1924, nachdem J. Edgar Hoover zum Direktor ernannt worden war, sollte eine Katalogisierung der rund 800 000 Einzeldaten erfolgen, die sich ohne

*Der so genannte Magna-Brush ermöglicht das „Entwickeln" latenter Fingerabdrücke mittels Magnetpulver und ist bei Oberflächen wie Polystyrol unverzichtbar.*

Systematik angesammelt hatten. Hoover erkannte rasch, wie wichtig es war, auch die Fingerabdrücke unbescholtener Bürger zu besitzen, um Vermisste oder Katastrophenopfer identifizieren und Unschuldige vom Verdacht freisprechen zu können. Seine spätere Paranoia führte zweifellos zu einem Missbrauch dieser Daten, doch niemand konnte ihren praktischen Wert leugnen. Das FBI besitzt derzeit mehr als 200 Millionen Fingerabdrücke von über 68 Millionen Menschen.

### LATENTE ABDRÜCKE

Die ersten Identifizierungserfolge hatte man mit sichtbaren Abdrücken erzielt, etwa mit blutgetränkten oder gegen eine weiche Unterlage gedrückten Fingern. Rasch jedoch entdeckte man, dass sich auf nahezu jeder glatten Oberfläche auch unsichtbare – „latente" – Abdrücke nachweisen lassen.

Latente Abdrücke entstehen durch geringste Schweißspuren von den Fingerkuppen oder nach unbewusstem Kontakt mit dem Gesicht oder einem anderen Körperteil. Zwischen vier und 250 Mikrogramm wiegend, bestehen sie zu 99 Prozent aus Wasser, der Rest ist ein kompliziertes Gemisch aus Substanzen, das sich sogar bei ein und derselben Person stündlich verändert. Die Dauerhaftigkeit eines solchen Abdrucks hängt von verschiedenen Faktoren ab, doch es wurden auch schon auf Gegenständen aus antiken Gräbern latente Fingerabdrücke gefunden.

Latente Abdrücke lassen sich auf diverse Weisen „entwickeln". Meist versieht man sie mit einem feinsten Pulver, entweder per Kamelhaarpinsel oder mittels Zerstäuber. Anfangs verwendete man eine Mischung aus Quecksilber und fein gemahlener Kreide.

Abdrücke auf Glas, silber-glänzenden oder dunklen Oberflächen werden mit hellgrauem Pulver bestäubt, solche auf hellen, abweisenden Flächen hingegen mit schwarzem Pulver. Für den „Magna-Brush" benötigt man Magnetpulver: einige winzige Partikel bleiben am Abdruck haften, das überschüssiges Pulver lässt sich per Magnet entfernen. Auch farbige und fluoreszierende Pulver kommen zum Einsatz. Jahrelang mussten die so entwickelten Abdrücke anschließend fotografiert werden, doch seit einiger Zeit werden sie mittels einer durchsichtigen Klebefolie abgezogen und auf eine Spurenkarte aus weißem Karton geklebt.

Abdrücke auf porösen Oberflächen wie Pappe oder Holz müssen auf andere Weise sichtbar gemacht werden. Früher wurde Silbernitrat verwendet, das mit dem im Schweiß enthaltenen Salz reagiert oder Joddämpfe, die mit dem Fett reagieren – bis man 1954 entdeckte, dass die im Schweiß enthaltenen Aminosäuren ausreichen, um mit einer Substanz namens Ninhydrin zu reagieren. Mit einer verdünnten Lösung besprüht und dann bei 80 °C getrocknet, zeigen sich rötliche latente Abdrücke. Ähnliche Techniken setzen andere Farbstoffe ein, die mit Eiweißen reagieren.

*Im Inneren eines Neoprenhandschuhs mittels Magna-Brush sichtbar gemachte Fingerabdrücke.*

*Lange Zeit bedeutete die Identifizierung sichergestellter Fingerabdrücke eine mühsame Archivarbeit wie hier bei New Scotland Yard in London.*

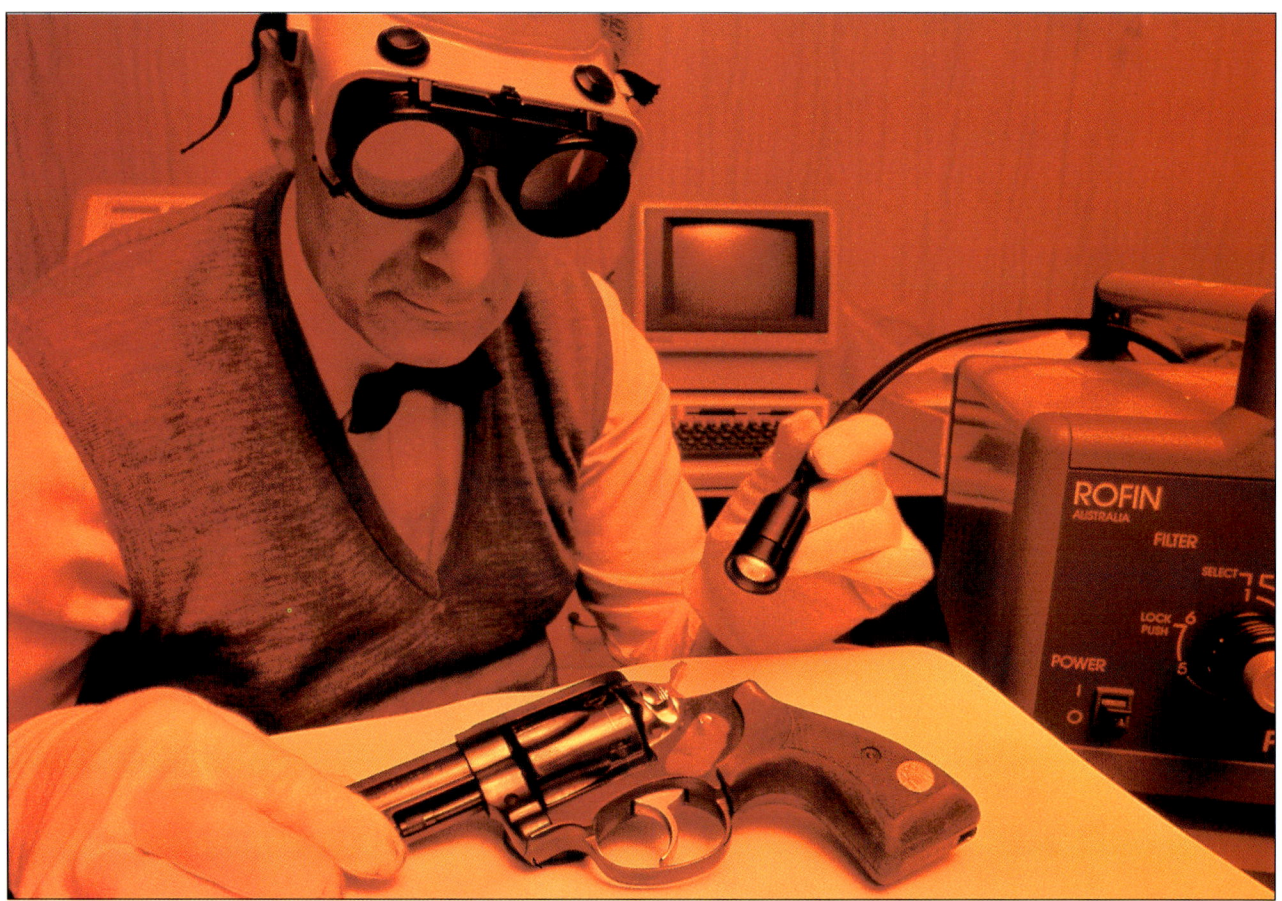

*Kriminaltechniker bei der lasergestützten Suche nach Fingerabdrücken auf einem am Tatort gefundenen Revolver. Die roten Brillengläser sollen störendes Fremdlicht ausfiltern.*

Abdrücke auf der menschlichen Haut sind in Vergewaltigungsfällen ein besonders wertvolles Beweismittel und können mit einem ultrahochglänzenden Papier gewonnen oder durch spezielle Röntgenverfahren sichtbar gemacht werden. Sie sind leider nur selten länger als zwei Stunden haltbar.

Die Suche nach latenten Abdrücken kann sehr zeitaufwändig sein, da der gesamte Tatort einzubeziehen ist. Glücklicherweise hat man entdeckt, dass die Dämpfe von „Sekundenkleber" (Cyanacrylat) Abdrücke auf dunkleren Oberflächen weiß hervortreten lassen. Besonders nützlich ist das bei der Untersuchung von umschlossenen Räumen wie etwa einem Schrank oder einem Fahrzeuginnenraum. Anschließend lassen sich die Abdrücke bestäuben, fotografieren oder abziehen.

Forscher in einem kanadischen Labor entdeckten zufällig, dass latente Abdrücke auch per Laser sichtbar gemacht werden können. Anders als Pulver und Chemikalien lassen Laserstrahlen den Spurenträger unbeschädigt und sind zudem vor allem bei älteren Spuren sehr effizient. Das US-Justizministerium stellte 1975 einen Auslieferungsantrag gegen Valerian Trifa,

## MORDAKTE:

# Peter Griffiths

**Mehr als 46 000 Fingerabdrücke mussten durchforstet werden, bis es gelang, den brutalen Mörder eines kleinen Mädchens zu identifizieren.**

Am 14. Mai 1948 um Mitternacht schlummerte die dreijährige June Devaney noch in ihrem Bettchen in der Kinderabteilung eines Krankenhauses im nordenglischen Blackburn. Um 1.20 Uhr entdeckte die Nachtschwester, dass das Bett leer war. Auf dem Boden stand eine große Glasflasche. Die Schwester schlug Alarm, doch da die sofortige Durchsuchung des Hospitals und der näheren Umgebung ergebnislos verlief, rief man um 1.55 Uhr die Polizei. Um 3.17 Uhr entdeckte man Junes Leichnam mit tödlichen Kopfverletzungen unweit der Außenmauer. Sie war brutal vergewaltigt worden. Die linke Gesäßhälfte wies eine tiefe Bisswunde auf.

Auf der fremden Glasflasche konnten diverse Fingerabdrücke sichergestellt werden – vom linken Daumen, vier Fingern und der Fläche der linken Hand, zwei Fingern der rechten Hand sowie drei Teilabdrücke. Aufgrund der großen Spannweite und der deutlichen und feinen Leistenmuster stammten die Abdrücke höchstwahrscheinlich von einem kräftigen jungen Mann, der jedoch keine schwere körperliche Arbeit verrichtete.

Da sich eine Durchsuchung aller landesweit erfassten Fingerabdrücke sehr langwierig gestalten konnte und nicht unbedingt zum Erfolg führen musste, beschloss die Polizei, von jeder männlichen Person über 16 Jahre, die sich am 14. oder 15. Mai in Blackburn aufgehalten hatte, Fingerabdrücke zu nehmen. Der Bürgermeister von Blackburn ging mit gutem Beispiel voran, täglich wurden 500 der fast 50 000 Personen erfasst.

Nach zwei Monaten voller Überstunden wurde die Operation am 18. Juli vorübergehend eingestellt, um mehr als 40 000 Karteikarten zu prüfen, doch ohne Erfolg. Am 9. August ging man daher weiter von Haus zu Haus und nahm zwei Tage später die Fingerabdrücke des ehemaligen Wachsoldaten Peter Griffiths. Am Nachmittag des folgenden Tages hatten sich alle Mühen der letzten Monate gelohnt: Nummer 46 253 war der Täter!

Griffiths gestand und endete noch im gleichen Jahr am Galgen.

den ehemaligen Erzbischof der Rumänisch-Orthodoxen Kirche. Man warf ihm vor, seine ehemalige Mitgliedschaft in der Eisernen Garde, einer faschistischen Bewegung Rumäniens, verschwiegen zu haben. Trifa stritt dies ab, doch 1982 fand man in Deutschland eine Postkarte, die er einem hochrangigen Nazi geschrieben hatte. Zerstörende Untersuchungsverfahren wurden dem FBI nicht erlaubt, doch der Laser förderte Trifas Daumenabdruck auf der Postkarte zu Tage und er wurde 1984 ausgeliefert.

Dank moderner Digitaltechnik lassen sich auch solche Abdrücke auswerten, die sonst zu undeutlich wären. Früher war ein geeigneter Computer für die meisten Polizeidienststellen unerschwinglich, doch dank des PCs hat dieses Verfahren mittlerweile in den kriminaltechnischen Labors Einzug gehalten.

### ARCHIVIERUNG UND ABGLEICH

Die Abnahme von Fingerabdrücken erfolgt meist in zwei Durchgängen. Zunächst werden sämtliche Finger eingeschwärzt und vollständig von Rand zu Rand in dem entsprechenden Feld einer Karteikarte abgerollt, um die rund um die Fingerbeere reichenden Muster einzufangen. In einem zweiten Durchgang werden die zehn Finger einfach aufgedrückt. Hiermit soll in erster Linie sichergestellt werden, dass die gleichen Abdrücke in der korrekten Reihenfolge gewonnen werden, denn schon mancher Täter hat „mitgewirkt", indem er die Finger in der falschen Reihenfolge präsentierte oder gar die gleiche Hand zweimal registrieren ließ.

Valerian Trifa, ehemaliger Erzbischof der Rumänisch-Orthodoxen Kirche, verschwieg fast 40 Jahre lang seine frühere Mitgliedschaft in der pro-nationalsozialistischen Eisernen Garde. Das US-Verteidigungsministerium konnte 1984 seine Auslieferung bewirken – aufgrund seines Fingerabdrucks auf einer an einen hochrangigen Nazi gerichteten Postkarte.

Wenn am Tatort Fingerabdrücke gefunden werden, müssen von sämtlichen Personen, die Zugang hatten, also auch von den Ermittlern, Fingerabdrücke genommen werden, um diese eliminieren zu können.

Es wäre jedoch unpraktisch, ein riesiges Archiv nach den passenden zehn Abdrücken zu durchforsten. Auch wenn nur ein Abdruck am Tatort sichergestellt wurde, ist es nahezu unmöglich, auf den gewöhnlichen Karteikarten ein entsprechendes Pendant zu finden. Detective Chief Inspector Harry Battley von Scotland Yard begann 1927 mit der Entwicklung eines umfassenderen Ablagesystems. Er entwarf ein spezielles Vergrößerungsglas, in das sieben konzentrische Kreise graviert waren. Die Kreise mit einem Radius von drei bis 15 Millimetern waren durch die Buchstaben A bis G gekennzeichnet. Indem man das Glas über einem Fixpunkt ausrichtete – meist dem Zentrum oder „Kern" des Musters –, ließ sich die Größe des Deltas durch den Kreis, in dem es erschien, leicht bestimmen.

Für jeden Finger wurde eine eigene Sammlung angelegt. Jede dieser zehn Sammlungen unterteilte man nun in neun Klassen: Bogen, Zeltbogen, Radialschleife, Ulnarschleife, Wirbel, Doppelschleife, Taschenschleife (mit einem winzigen Wirbel in der Mitte), zusammengesetzt und akzidentiell (ähnlich einer Doppelschleife, wobei eine Schleife allerdings eine winzige Tasche umschließt). Innerhalb dieser Unterteilungen wurde jeder Abdruck dann anhand des jeweiligen Deltawerts abgelegt.

*Ältere Fingerabdrücke können inzwischen mit Hilfe eines relativ preiswerten Handscanners in den Computer eingespeist werden. Datenbanken mit Millionen von Fingerabdrücken lassen sich nun innerhalb von wenigen Minuten durchsuchen.*

In England sind mindestens 16 übereinstimmende Merkmale notwendig, um bei Finger- oder Handabdrücken einen Identitätsnachweis erbringen zu können, in Frankreich sogar 17 und in Schweden nur zehn. Die Wahrscheinlichkeit, dass zwei Personen den gleichen Fingerabdruck aufweisen, liegt bei eins zu zehn Billionen. (Seit Ende 1992 operiert das BKA mit dem Automatisierten Fingerabdruck-Identifizierungs-System, kurz AFIS, das die Eingabezeit von bislang 90 Minuten pro Person auf drei Minuten reduziert und mit einer Trefferwahrscheinlichkeit von 99 Prozent aufwarten kann.)

Im 20. Jahrhundert wuchs die Zahl der archivierten Fingerabdrücke derart an, dass der manuelle Abgleich zu einer immensen Aufgabe wurde. Aus diesem Grund verzichtete man bei relativ unbedeutenden Delikten bereits auf die Sicherstellung von Fingerabdrücken. Selbst in schwereren Fällen galt die Suche nach Fingerabdrücken kaum als hilfreich und wurde eher aus PR-Gründen durchgeführt, um die Öffentlichkeit zu beschwichtigen. Und falls sich herausstellte, dass die Abdrücke von einer noch nicht registrierten Person stammten, war der ganze Aufwand vergebens gewesen. Bei manchen Kapitalverbrechen hat es sich als nützlicher erwiesen, den umgekehrten Weg zu gehen und von allen Bewohnern eines Bezirks Fingerabdrücke zu gewinnen, wenn anzunehmen war, dass der Täter dort lebte.

# MORDAKTE:
# Richard Ramirez

**Ein kalifornischer Experte hielt es „fast für ein Wunder", als dank der erst kurz zuvor eingeführten Computerisierung der „Night Stalker", ein mehrfacher Vergewaltiger und Mörder, identifiziert werden konnte.**

*Richard Ramirez, der „Night Stalker" von Los Angeles, dessen Fingerabdrücke fast wie durch ein „Wunder" vom Computer ausgespuckt wurden.*

Zwischen Juni 1984 und August 1985 lebten die Bewohner der Vororte von Los Angeles in der Furcht vor einem Serienmörder, dem „Night Stalker". Oft drang er in den frühen Morgenstunden in ein Haus ein, tötete jeden angetroffenen Mann wahllos mit einem Kopfschuss und vergewaltigte dessen Frau. Teilweise entführte er auch sein weibliches Opfer. Zwei Überlebende gaben folgende dürftige Beschreibung: hager, dunkle Locken, starrer Blick, schlechte Zähne und starker Körpergeruch.

In der Nacht des 5. August 1985 attackierte der Unhold Christian und Virginia Peterson. Beide überlebten schwer verletzt und konnten eine gute Täterbeschreibung geben. In Zeitungen und im Fernsehen erschien tags darauf eine Phantomzeichnung.

Am 17. August brach der Täter bei William Carns ein, schoss ihm dreimal in den Kopf (Carns überlebte mit dauerhaftem Hirnschaden) und vergewaltigte seine Verlobte zweimal. Er sagte: „Du weißt, wer ich bin, oder? Ich bin der, über den man schreibt." Dem stark traumatisierten Opfer gelang es noch zu beobachten, wie sich sein Peiniger in einem ramponierten orangefarbenen Toyota aus dem Staub machte.

Wie sich herausstellte, war der Wagen gestohlen. Man fand ihn verlassen auf einem Parkplatz stehend. Mit Hilfe eines Lasers konnte ein verwertbarer Fingerabdruck gewonnen werden.

Nur wenige Tage zuvor hatte man in den Zentralcomputer in Sacramento die verfügbaren Fingerabdrücke aller nach dem 1. Januar 1960 geborenen Delinquenten eingespeist. Es war nun eine Sache von Minuten, um festzustellen, dass der Abdruck von dem wegen Autodiebstahls zweifach vorbestraften, 25-jährigen Richard Ramirez stammte, der am 28. Februar 1960 geboren war.

Fotos und eine Beschreibung des Gesuchten wurden sofort veröffentlicht. Ramirez entging das, weil er sich in El Paso befand. Als er nach Los Angeles zurückkehrte, prangte dort sein Konterfei auf sämtlichen Titelseiten. Als er einen Spirituosenladen betrat, erkannte man ihn sofort. Von einer wütenden Menge verfolgt, rettete er sich in einen Streifenwagen.

Am 20. September 1989 wurde Ramirez wegen 13-fachen Mordes und 30 weiterer Schwerverbrechen zum Tode verurteilt.

FALL GELÖST

Das Durchsuchen der Bestände wurde inzwischen durch die Einführung von Datenbanken immens erleichtert. Sind die für eine Klassifizierung des Abdrucks maßgeblichen Details erst einmal vermessen, dauert ein Abgleich auch bei einer Million von Einträgen umfassenden Datenbank nur wenige Minuten. Die langwierige Eingabe der Daten kann inzwischen durch Scanner beschleunigt werden, die auch eine digitale Kopie des Abdrucks ermöglichen.

Neue Fingerabdrücke lassen sich gleich per Scanner aufnehmen und auf einer Standardkarte ausdrucken. Ein ähnliches Prinzip nutzen die zunehmend weiter verbreiteten Sicherheitssysteme, die einen räumlichen Zugang erst nach Erkennen des Daumen- oder Zeigefingerabdrucks gestatten.

Probleme gibt es noch aufgrund der oftmals unterschiedlichen Computermodelle oder Software, die einen Austausch zwischen zwei Datenbanken unmöglich machen. Die Einrichtung nationaler und internationaler Datenbanken ist anvisiert. FBI und Interpol haben in dieser Hinsicht bereits einiges unternommen. In Großbritannien wurde 2001 eine nationale Datenbank fertiggestellt.

Das National Crime Information Centre des FBI erhält täglich mehr als 30000 Anfragen und ist in der Lage, den gefundenen Abdruck elektronisch zu übermitteln. Da die Polizeiwagen zunehmend mit mobilen Computern

*Die fünf Millionen Einzeldaten der British National Fingerprint Gallery wurden inzwischen digitalisiert. Der mühsame Handabgleich gehört glücklicherweise der Vergangenheit an.*

*Mancher Kriminelle hegt die Hoffnung, durch Tragen von OP-Handschuhen keine Fingerabdrücke zu hinterlassen. Oft aber werden die Handschuhe in Tatortnähe weggeworfen. Wie das Foto auf Seite 119 zeigt, können sie ein interessantes „Innenleben" bergen.*

ausgestattet werden, kann der Abgleich zum Teil gleich vor Ort erfolgen.

### BEMERKENSWERTE ERFOLGE

Fingerabdrücke können gänzlich unerwartet zu Tage treten. In einem Fall in England wurde eine Frau von einem Unbekannten überfallen. Sie konnte den Angreifer abwehren, musste aber ins Krankenhaus eingeliefert werden. Der untersuchende Arzt bemerkte ein Hautstück, das sich zwischen den unteren Schneidezähnen verkeilt hatte. Die Frau erinnerte sich, dem Angreifer in die Finger gebissen zu haben.

Einige Stunden später konnte die Polizei einen Mann aufgreifen, der einen verletzten Finger aufwies und behauptete, er habe einen Arbeitsunfall ge-

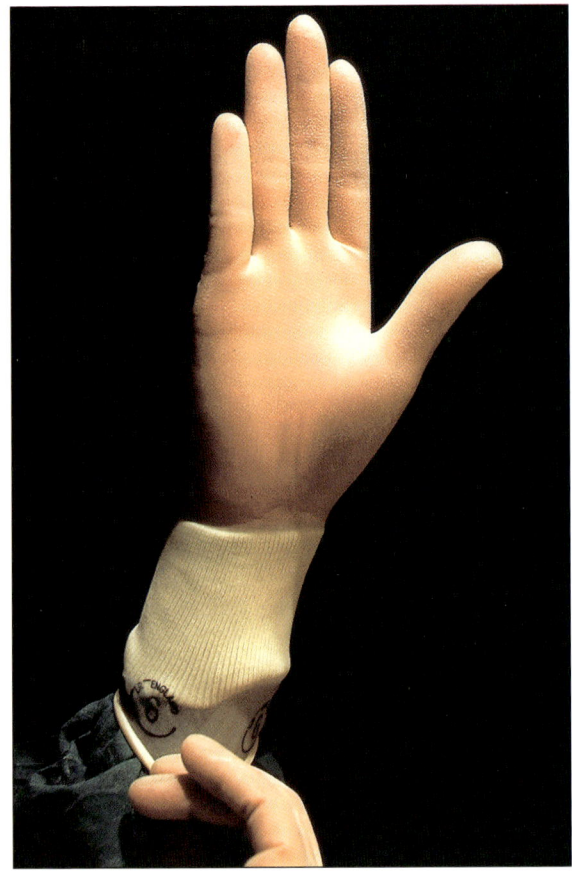

habt. Der Abdruck seines linken Mittelfingers zeigte, dass in der Mitte der Fingerkuppe ein Stück Haut fehlte. Der Fingerabdruckexperte konnte nachweisen, dass das sichergestellte Hautstück genau passte.

In einem anderen Fall trug ein Mann OP-Handschuhe, als er ein Postamt im englischen Manchester überfiel – in dem Glauben, keine verwertbaren Spuren zurückzulassen, aber beim Fortgehen streifte er die Handschuhe gedankenlos ab. Die gewendeten Handschuhe enthielten gute Abdrücke sämtlicher Finger!

In den USA fand man einmal die in einem Fluss treibende Leiche einer Frau, die vor ihrer Ermordung gefoltert und vergewaltigt worden war. Im FBI-Labor bemerkte man ein ungewöhnliches Muster auf ihrer Strumpfhose. Bei näherer Untersuchung stellte sich heraus, dass sich ein Fingerabdruck irgendwie in den Stoff eingebrannt hatte. Wie sich ergab, war die Frau mit einem glühenden Messer gefoltert worden. Offenbar hatte der Mörder die Strumpfhose um das Messer gewickelt, um seine Hand zu schützen. Der Stoff war geschmolzen und hatte seinen Fingerabdruck aufgenommen. Dieser Beweis wurde ihm schließlich zum Verhängnis.

## MORDAKTE:
# Bertie Manton

**Wer war die Ermordete? In ihrem angenommenen Zuhause fand sich kein Fingerabdruck von ihr – bis eine Staubschicht auf der letzten Flasche in der hintersten Ecke des Kellers ihr Geheimnis preisgab.**

Am 19. November 1943 stießen zwei Kanalarbeiter im südenglischen Luton auf ein halb untergetauchtes Bündel mit der nackten Leiche einer Frau. Die Autopsie ergab, dass sie durch einen Schlag mit einem stumpfen Gegenstand umgekommen, 30–35 Jahre alt und schwanger war. Ihr Kiefer war zahnlos, doch von einem Gebiss fehlte jede Spur. Blieben allein ihre Fingerabdrücke, die sich allerdings leider in keinem Archiv wiederfanden.

Die Polizei befragte zahlreiche Anwohner, die Frau war jedoch aufgrund der massiven Kopfverletzung auf den Fotos kaum erkennbar. In der Regent Street Nr. 14 versicherten die beiden Söhne eines Bertie Manton der Polizei, dass dieses Foto nicht ihre Mutter zeige, die angeblich noch lebte.

Monate gingen dahin, während man Kleidungsstücke zusammentrug, die da und dort auf dem Müll entdeckt wurden. Am 21. Februar 1944 fand man ein Schulterpolster aus einem schwarzen Damenmantel; das Färberzeichen hatte die Nummer V12247. Eine Färberei in Luton bestätigte, dass man am 15. März 1943 den Auftrag angenommen hatte, einen Damenmantel schwarz zu färben. Die Frau war Irene Manton, wohnhaft Regent Street Nr. 14.

Die Frau war offenbar seit dem 18. November 1943 verschwunden. Ihr Mann Bertie sagte aus, die Fotos zeigten nicht seine Frau, die nach einem Streit ausgezogen sei und nun in London lebe.

Frederick Cherrill, der führende Fingerabdruck-Experte von Scotland Yard, untersuchte das Haus. In einem Keller stieß er auf ein Regal voller leerer Flaschen und Einmachgläser. Die Wände starrten vor Schmutz, nicht aber die Flaschen.

Flasche auf Flasche wurde nun sorgfältig untersucht. Nichts. Doch dann, „in die Tiefen der hintersten Ecke spähend, stieß ich auf die letzte Flasche. Am Halsansatz trug sie eine Staubschicht. Und tatsächlich: Ich fand einen Abdruck, der zum linken Daumen der Toten passte."

Bertie Manton gestand und wurde zu lebenslänglicher Haft verurteilt.

Da sie die Gefahr der Überführung anhand von Fingerabdrücken erkannten, haben manche Kriminelle recht schmerzhafte Prozeduren auf sich genommen. Ein gewisser Roscoe James Pitts (alias Robert Philipps) ließ sich 1941 die Haut von den Fingerkuppen wegoperieren und die Finger bis zum Abheilen auf der Brust festnähen. An den Fingerspitzen gab es nun kein Hautleistenmuster mehr. Nach seiner erneuten Festnahme fanden sich jedoch auf seiner alten Karteikarte und an den frischen Abdrücken Teile der

## MORDAKTE:
# James Smith

**Einziges Beweismittel war ein bereits in Verwesung begriffener Arm mitsamt Hand. Nach langwieriger Vorarbeit konnten die Hautpartikel so zusammengefügt werden, dass sich Fingerabdrücke nehmen ließen, die eine Identifizierung des Opfers ermöglichten.**

Am Nachmittag des 25. April 1935 strömten die Urlauber zu einem Aquarium in einem Vorort von Sydney, um einen Tigerhai zu bestaunen, den Fischer acht Tage zuvor lebendig gefangen hatten. Plötzlich aber begann die Kreatur, in ihrem Tank wild um sich zu schlagen und würgte einen tätowierten menschlichen Arm hervor. Zufällig war der schottische Pathologe Sir Sydney Smith damals in der Stadt. Man bat ihn, den Arm zu untersuchen. „Die Gliedmaße war am Schultergelenk durch einen sauberen Schnitt durchtrennt worden. Nachdem das Knochenende aus der Gelenkpfanne entfernt war, wurden die Gewebereste abgehackt." Der Zustand von Blut und Gewebe sprach dafür, dass die Amputation erst einige Stunden nach dem Tod erfolgt war und der Arm vermutlich ins Meer geworfen wurde. Der Hai hatte sich also lediglich bedient.

Die Fingerhaut wurde nun vorsichtig nach und nach entfernt und in wochenlanger Kleinarbeit wieder zusammengesetzt, um Abdrücke gewinnen zu können.

Die Abdrücke waren schwach, doch ausreichend, um das Opfer als James Smith, einen mutmaßlichen Drogenschmuggler, zu identifizieren. Der Rest der Leiche wurde nie gefunden. Auch die Verdächtigen konnten nicht überführt werden, weil ein oberster Richter entschieden hatte, dass „eine Gliedmaße keinen Leichnam darstellt".

AKTE GESCHLOSSEN

Hautmuster unterhalb des ersten Gelenks, was für eine Identifizierung vollkommen ausreichte.

Die Polizei von Miami nahm 1990 in einem Drogenfall einen Verdächtigen fest, dessen Fingerkuppen stark vernarbt waren. Er hatte sich die Haut von den Fingerspitzen geschält, sie in kleine Stückchen zerschnitten und auf andere Finger transplantiert, so dass er wie ein lebendes Puzzle wirkte. Ein FBI-Experte benötigte Wochen, um das Problem zu lösen. Er schnitt einige Vergrößerungen entzwei und konnte die Linienmuster schließlich zusammenfügen, anschließend entsprachen sie denen eines Mannes, der bereits in einer anderen Drogensache gesucht wurde.

Mit einem überaus unangenehmen Fall hatte Tony Fletcher, der Leiter des Fingerprint Bureau in Manchester, zu tun. Ein Einbrecher hatte zahlreiche wertvolle Stücke entwendet und eine Spur der Verwüstung sowie Handschuhabdrücke hinterlassen. Überdies hatte er sich, was nicht selten geschieht, auf dem Küchenboden mit einem großen Haufen verewigt, mitsamt einem Stück „Toilettenpapier". Hierzu Fletcher: „Ich entfernte das Papier vorsichtig und unterzog es im Labor einigen chemischen Tests. Auf dem Papier zeigte sich der perfekte Abdruck eines rechten Mittelfingers."

Die Identifizierung von Leichen anhand der Fingerabdrücke ist nicht immer einfach. Stark geschrumpfte oder faltige Haut muss zunächst durch Injizieren einer speziellen Chemikalie in ihre ursprüngliche Form zurückverwandelt werden. Bei Leichen, die länger im Wasser gelegen haben, kann die oberste Hautschicht (Epidermis) derart aufgeweicht sein, dass die Linien nicht mehr sichtbar sind, oder sie wurde durch Abrieb sogar teilweise entfernt. Wenn die Epidermis durch Feuer beschädigt wurde, kann man sie vorsichtig abnehmen, um von der Lederhaut (Dermis) Abdrücke zu gewinnen.

Falls die Muster intakt sind, die Haut für einen Abdruck aber zu weich ist, kann man sie auf ähnliche Weise entfernen und wie einen Handschuh über den eigenen Finger stülpen. Oder man wendet sie und nimmt einen Negativabdruck vor.

In zahlreichen jüngeren Mordfällen bemühten sich die Täter, alle eventuell berührten Gegenstände oder Oberflächen sauberzuwischen. Die gründliche Suche fördert jedoch meist zumindest einen Abdruck zu Tage, der übersehen wurde (siehe Seite 127, Bertie Manton).

### HANDABDRÜCKE

Nachdem Battley das Single Fingerprint System 1927 erfolgreich bei Scotland Yard eingeführt hatte, wandte er sich gemeinsam mit seinem Assistenten Frederick Cherrill den Handabdrücken zu. Diese Abdrücke waren in der Tat ebenso markant wie die der Finger, wurden jedoch anfangs nicht gesondert erfasst und waren daher auch nicht separat identifizierbar.

Den Nutzen der Handabdrücke konnte Cherrill schon bald unter Beweis stellen. Der Einbrecher John Egan war 1931 im Nordwesten Londons sehr aktiv. Einmal hinterließ er den Abdruck seines Handballens auf einer gläsernen Tischplatte und eine ausreichende Zahl fragmentarischer Fingerabdrücke, um ihn zu identifizieren. Nach der Festnahme konnte Cherrill ihn von der Beweiskraft des Handabdrucks überzeugen, so dass er selbst auf „schuldig" plädierte.

Da er in diesem Fall jedoch nicht als Sachverständiger berufen wurde, musste Cherrill noch einige Jahre auf seinen großen Auftritt warten – bis nämlich 1942 ein älterer Pfandleiher namens Leonard Moules überfallen, mit einem Revolverknauf erschlagen und ausgeraubt wurde. Innen an der Safetür fand Cherrill einen ihm unbekannten Handabdruck. Der Verdacht der Polizei fiel auf einen gewissen George Silverosa, dessen Handabdruck tatsächlich passte. Er gestand sein Mitwirken, schob jedoch den Mord auf seinen Komplizen Sam Dashwood. Im Prozess verweigerten beide Angeklagte die Aussage. Dennoch wurden sie zum Tod durch den Strang verurteilt. Erstmals war damit ein Handabdruck durch ein englisches Gericht als Beweismittel anerkannt worden.

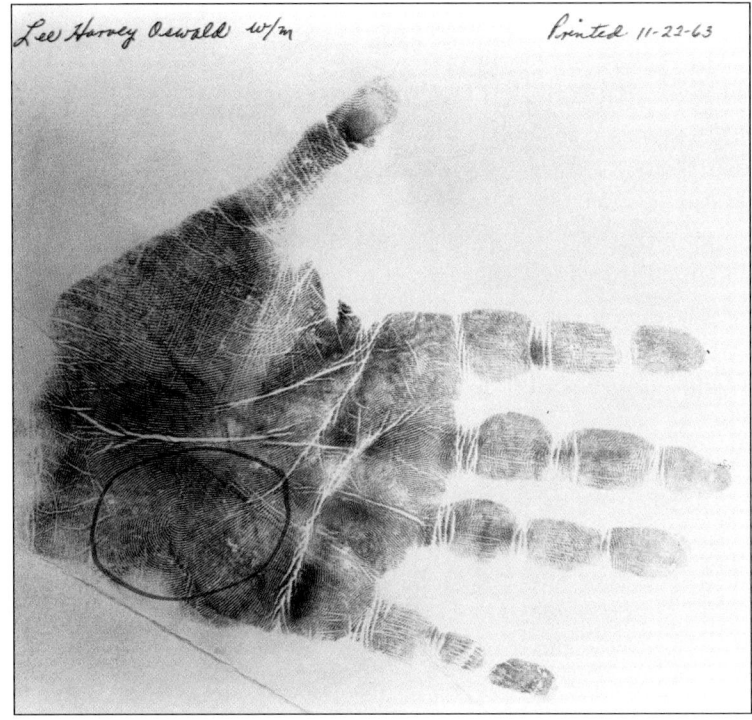

*Lee Harvey Oswald w/m*

*Printed 11-23-63*

## HANDSCHUHABDRÜCKE

Handschuhe bieten dem Verbrecher nicht immer hundertprozentige Sicherheit. Wir haben bereits einen Fall erwähnt, bei dem im Inneren von OP-Handschuhen Fingerabdrücke nachweisbar waren. In einem anderen Fall kam ein Einbrecher mit brandneuen Gummihandschuhen zum Tatort, riss das Packpapier auf und ließ darauf eine Reihe perfekter Fingerabdrücke zurück.

Dies ist ein wahrer Segen für jeden Ermittler. Gerald Lambourne, der viele Jahre lang bei Scotland Yard als Experte für Fingerabdrücke tätig war, befasste sich zuletzt auch mit Handschuhabdrücken. Seine Erkenntnisse fasste er 1984 zusammen:

*Inzwischen werden nicht nur Fingerabdrücke, sondern auch Abdrücke der ganzen Hand archiviert und klassifiziert, da sie ebenfalls markante Identifizierungsmerkmale besitzen. Der Handabdruck oben. stammt von Lee Harvey Oswald, dem (mutmaßlichen) Mörder des US-Präsidenten Kennedy.*

Durch häufiges Berühren von Gegenständen wie Türklinken, Geländern, Ladentüren und Haltestangen in Bussen und Zügen, auf denen sich größere Mengen Schweiß abgelagert haben, wird ein Handschuh bald mit Schmutz und Fett durchtränkt. Bereits beim An- oder Ausziehen eines Handschuhs lagert sich Schweiß ab ... Wie beim Fingerabdruck lässt sich die Fettablagerung eines Handschuhs durch Bestäuben mit einem speziellen Pulver sichtbar machen. Die zurückgelassene Fettschicht ist von Natur aus nicht so kräftig und dicht wie ein Fingerabdruck, doch sie lässt sich aufspüren und sicherstellen, kann in bestimmten Fällen als Identifizierungsmittel ebenso zuverlässig sein wie ein Fingerabdruck, und wird auch vor Gericht als Beweismittel zugelassen.

Wie Lambourne leicht erkannte, konnte es schwierig sein, die Individualität eines hunderttausendfach produzierten Handschuhs zu beweisen. Dieser Einwand betraf vor allem jene Haushaltshandschuhe aus Gummi, die an den Spitzen eine Riffelung besitzen. Nachdem er Hunderte dieser Handschuhe untersucht hatte, stellte er fest, dass bei der Fertigung Folgendes geschehen konnte:

Leichte und ungleichmäßige Latex-Anhaftungen können das Muster entstellen. In der gemusterten Zone können Luftblasen auftreten ... oder ein Stück

## MORDAKTE:

# Michael Queripel

**In diesem Epoche machenden Fall nahm die Londoner Polizei fast 9000 Handabdrücke, bevor sie einen brutalen Mörder identifizieren konnte.**

In der Nacht des 29. April 1955 meldete Alfred Currell seine Frau Elizabeth als vermisst, nachdem sie im nördlich von London gelegenen Potter's Bar nicht mit ihrem Hund vom Gassigehen auf einem Golfplatz zurückgekehrt war.

Im Morgengrauen des nächsten Tages fand man unweit des 17. Lochs die übel zugerichtete Leiche der Vermissten, die mit einem schweren Golfschläger erschlagen worden war. Der Verdacht auf eine versuchte Vergewaltigung konnte gerichtsmedizinisch nicht bestätigt werden. Auf dem Schläger fand sich der blutige Teilabdruck einer Hand.

Keine der seinerzeit bei Scotland Yard archivierten 6000 Handabdrücke passte. Nur eine groß angelegte Operation konnte Abhilfe schaffen.

Einzelne Teams gingen ab Ende Juni von Haus zu Haus, um von allen männlichen Personen, die in der Region lebten oder arbeiteten, Handabdrücke zu gewinnen. Die untersuchenden Teams wechselten sich wochenweise ab, um einer Ermüdung der Augen vorzubeugen. Bald lagen zahllose Abdrücke vor, Mitte August waren es knapp 9000. Am 19. August war es dann soweit: Treffer bei Nummer 4605! Der mehrere Wochen alte Abdruck stammte von dem 18-jährigen Michael Queripel.

Queripel behauptete zunächst, bei einem Spaziergang zufällig auf die Leiche gestoßen zu sein. Später jedoch gestand er, wurde schuldig gesprochen und entging der Todesstrafe um Haaresbreite, denn er war erst wenige Tage nach dem Mord volljährig geworden.

**FALL GELÖST**

Latex vom letzten Handschuh kann einen Teil des Musters kontaminieren. All diese Faktoren lassen sich an einem Handschuhabdruck nachweisen.

Lambourne war 1971 so weit, einen Handschuhabdruck eindeutig identifizieren zu können. Am 29. Januar läuteten die Alarmglocken auf einem Anwesen im Londoner Stadtteil Pimlico. Die Polizei konnte einen Mann stellen, der über eine Mauer flüchten wollte. Ein Fenster war eingeschlagen worden, auf den Scherben fand man einen Handschuhabdruck.

Lambourne stellte fest, dass es sich um den Abdruck eines linken Samtlederhandschuhs handelte, dessen Oberfläche beschädigt war. Er ließ sich die Handschuhe des Festgenommenen bringen: Sie waren in der Tat samtledern und der linke Handschuh war an der passenden Stelle beschädigt. Obwohl der Mann seine Schuld eingestand, durfte Lambourne noch vor Gericht aussagen. Sein Beweismittel wurde akzeptiert und wieder einmal hatte er in England einen Präzedenzfall geschaffen. Dies gelang ihm später ebenfalls mit Handschuhen aus PVC, Gummi und Baumwolle. Seine Erkenntnisse fanden auch international Beachtung.

### FUSSABDRÜCKE

Abdrücke der nackten Füße findet man eher selten am Tatort, doch es ist schon vorgekommen, dass ein Einbrecher sich Schuhe und Socken auszog und sich die Socken über die Hände streifte, um keine Fingerabdrücke zu hinterlassen – nicht wissend, dass latente Fußabdrücke ebenso gut identifizierbar sind. In manchen Ländern werden auch Ohrabdrücke gesammelt, etwa von einem Einbrecher, der zuvor am Fenster gelauscht hat.

Der latente Abdruck eines nackten Fußes kann eine eindeutige Identifizierung ermöglichen. Kaum weniger bedeutend sind die Abdrücke von Schuhen oder Stiefeln. Fußabdrücke auf einem staubigen Boden können fotografiert werden. So genannte Fußeindrücke etwa in Lehm oder Sand kann man mit Gips oder Silicon ausgießen und sicherstellen.

Im Bundesstaat New York ereignete sich ab 1945 eine Einbruchserie. In den ersten beiden Fällen ließ der Täter Fingerabdrücke zurück, die man indes nicht zuordnen konnte. Ein Jahr später fand man im Garten eines Hauses den Eindruck eines ungewöhnlichen Überschuhs, den man mit Gips ausgoss. Im August 1947 entdeckte man den Abdruck eines Turnschuhs und ein paar Tage darauf einen identischen Abdruck sowie Fingerabdrücke, die mit denen von 1945 übereinstimmten.

Der Durchbruch kam im November 1947. Nach einem Tankstellenraub erhielt die Polizei das Kennzeichen eines in der Nähe geparkten Autos, dessen Halter seinen Onkel als Haupttäter ausgab. Im Haus des Onkels fanden sich die gesuchten Überschuhe und Turnschuhe sowie

*Schuhe und Stiefel können am Tatort wichtige Spuren hinterlassen. In diesem Fall wurden die Eindrücke durch später einsetzenden strengen Frost erhalten.*

## MORDAKTE:
# Ein Briefträger in Kairo

**Schon geringe Spuren im Sand können dem erfahrenen Fährtenleser bereits vieles mitteilen. Im Ägypten der 1920er-Jahre trugen Beduinen zur Aufklärung eines Mordes bei.**

Während der schottische Pathologe Sir Sydney Smith in den 1920er-Jahren als gerichtsmedizinischer Berater der ägyptischen Regierung fungierte, fand man in der Wüste am Stadtrand von Kairo die Leiche eines Postboten. Obwohl sich im Sand keine erkennbaren Spuren zeigten, beschloss man, einige im Fährtenlesen geübte Beduinen hinzuzuziehen. „Sie konnten leicht die Spuren von verschiedenen, ihnen bekannten Personen unterscheiden", schrieb Smith, „und angeben, ob der Betreffende ging oder lief, eine Last trug oder nicht und so fort."

Tatsächlich stießen die Beduinen auf eine Sandalenspur, die von einer Stelle, wo der Täter gekniet hatte, knapp 40 Meter wegführte. In der Nähe fand man eine leere Patronenhülse. Nachdem er sein Opfer erschossen hatte, hat der Täter sich die Sandalen ausgezogen und war barfuß zur Straße gelaufen. Sie folgten den Spuren bis zu einigen Abdrücken von Autoreifen und vier Stiefelpaaren und weiter bis zu einem Camp von sechs Mitgliedern des Camel Corps.

Am nächsten Tag mussten die sechs (und einige weitere) Männer barfuß über eine präparierte Sandfläche laufen. Das wurde mehrfach wiederholt und jedesmal identifizierten die Beduinen denselben Mann. Doch noch reichte es nicht für eine Anklage. Smith konnte aber nachweisen, dass die Kugel aus dem Gewehr des Verdächtigen stammte. Der Briefträger hatte offenbar eine Affäre mit der Schwester des Soldaten, der ihn daraufhin ermordete, um die Familienehre wiederherzustellen.

FALL GELÖST

die passenden Fingerabdrücke. Beide Männer gestanden am Ende mehr als 50 Einbruchdiebstähle.

Es kann auch geschehen, dass der Einbrecher eine Tür eintritt und dabei einen deutlichen Abdruck hinterlässt – vor allem, wenn er einen Schuh mit Gummisohle trägt. Beim Abtransport eines schweren Objekts wie etwa einem Safe werden die Beine bisweilen als Hebel eingesetzt. All dies hinterlässt Spuren, die fotografisch sichergestellt werden können.

Der im Folgenden beschriebene Fall ereignete sich in Ohio. Ein Wagen hatte ein Brückengeländer durchbrochen und war in die Tiefe gestürzt. Eine Fahrzeuginsassin kam dabei um. Auf dem Rücksitz fand man einen Bewusstlosen, der sich später beharrlich weigerte, den Namen des Fahrers zu nennen. Seine Schuhe sowie das Brems- und Gaspedal wurden im Labor untersucht. Auf der linken Seite des rechten Schuhs fanden sich 18 Schrammen, die genau mit den 18 Kerben auf dem Bremspedal übereinstimmten. Auch war das Leder derart aufgeschlitzt, dass es genau zu einem Stück

Draht passte, das neben dem Pedal herausragte. Der Mann wurde später wegen Mordes verurteilt.

### REIFENABDRÜCKE

Die Reifen eines geparkten oder fahrenden Autos können Ab- oder Eindrücke hinterlassen, die ebenso bedeutsam sind wie die von Schuhen. Am Tatort finden sich womöglich verschiedenartige Reifenabdrücke. Als Träger können Erde, Lehm, Sand oder Schnee in Frage kommen. Die Abdrücke können beispielsweise aus einer Blut- oder Öllache stammen oder sich bei Unfallopfern als Bluterguss in Form des Reifenprofils zeigen.

Reifenabdrücke eines fahrenden Autos oder Zweirads sind nur bei eingeschlagenem Lenkrad hinreichend deutlich. Bei einer geradlinigen Bewegung hingegen führt die Überlagerung von vorderem und hinterem Reifenabdruck zu einer konfusen Spur, die sich schwer analysieren lässt und vor Gericht höchstwahrscheinlich nicht als Beweismittel anerkannt wird.

Abdrücke durch Blut, Farbe oder Lehm sowie auf der Haut lassen sich fotografieren und leicht anhand entsprechender Vergleichsspuren analysieren. Lehmspuren ermöglichen in manchen Fällen sogar die Bestimmung der Profiltiefe. Dies kann indes nur direkt am Tatort erfolgen, da sich derartige Spuren nur selten in ausreichender Qualität sichern lassen.

Tiefe Reifenspuren können ein sehr präzises Bild nicht nur des Profils, sondern auch des Reifenzustands vermitteln. Aufgrund ihres dreidimensionalen Charakters lassen sich fotografisch nicht alle Details abbilden. Bei feuchtem Erdreich oder Lehmboden kann stattdessen ein Gips- oder Siliconabguss erfolgen. Bei trockenem Boden oder Sand fertigt man einen Erstabguss mit Hilfe einer Schellack-Lösung oder eines ähnlichen plastischen Materials. Spuren im Schnee sind selten scharf und können bei tieferen Temperaturen mit Schwefelblüte gesichert werden.

Moderne Autoreifen sind komplexe Gebilde, doch das wichtigste Identifizierungsmerkmal ist und bleibt das Profil. Jeder Hersteller arbeitet mit charakteristischen Mustern, die allesamt die bestmögliche Haftung und Wasserverdrängung gewährleisten sollen. Da zudem je nach Fahrzeug verschiedene Profile angeboten werden, besitzt die Kriminalpolizei ein umfassendes Prospektarchiv, um nicht den Überblick zu verlieren.

Am frühen Morgen des 31. März 1990 entdeckte die britische Polizei in Brixton den Leichnam von Jini Cooppen. Die Frau war stranguliert worden, doch es gab keine Anzeichen für einen Kampf, wohl aber einige Hinweise darauf, dass sie anderswo getötet worden war – weshalb sich die Polizei vor allem für die unweit der Leiche gefundenen Reifenspuren interessierte.

Der Verdacht konzentrierte sich auf Vijay Cooppen, den Ehemann des Opfers. Wie sich herausstellte, stammten die Reifenspuren von einem Wa-

gen, der vorne mit einem Dunlop- und einem Goodyear-Reifen bestückt war. Cooppens Volvo hatte drei Dunlop-Reifen und einen neuen, erst am Morgen des 30. März montierten Goodyear. Die beiden Vorderreifen passten genau zu den Abdrücken, doch dies reichte nicht, um nachzuweisen, dass sie identisch waren. Die Polizei beschloss daher, die Herkunft des Goodyear-Reifens genau zurückzuverfolgen.

Wie sich zeigte, gab es für einen Reifen dieses Typs und der gleichen Maße lediglich zwölf Pressformen; nur zwei von ihnen konnten das entsprechende Muster ergeben haben. Überdies wurden diese Reifen mehrheitlich nach Holland exportiert und nur ein kleiner Prozentsatz ging an britische Händler.

Die Wahrscheinlichkeit, dass es am 30. März in London noch einen zweiten Volvo mit einem Dunlop- und diesem speziellen Goodyear-Reifen gab, war verschwindend gering. Das I-Tüpfelchen bildete schließlich die Aussage von Cooppens fünfjährigem Sohn, sein Vater sei in der fraglichen Nacht zwischen Mitternacht und fünf Uhr morgens außer Haus gewesen.

Vom Abdruck (zweidimensional) und noch mehr vom Eindruck (dreidimensional) eines Reifens kann der Experte einiges über dessen Alter und auch über das entsprechende Fahrzeug ablesen. Anhand der Breite des Abdrucks lässt sich auch die Beladung des Wagens abschätzen. Eine ungleichmäßige Federung verursacht eine einseitige Abnutzung des Profils, die auch auf eine nicht richtig eingestellte Spur hindeuten kann. Schließlich gilt es noch, nach konkreten Schäden Ausschau zu halten, die mit den Reifen eines verdächtigen Fahrzeugs verglichen werden können.

*Die Kriminalpolizei führt eine regelrechte „Bibliothek" über die Reifenprofile der einzelnen Hersteller. Aus den Reifeneindrücken kann man die Abnutzung des Reifens, die Beladung des Fahrzeugs und sogar Details über die Aufhängung und Spur ablesen.*

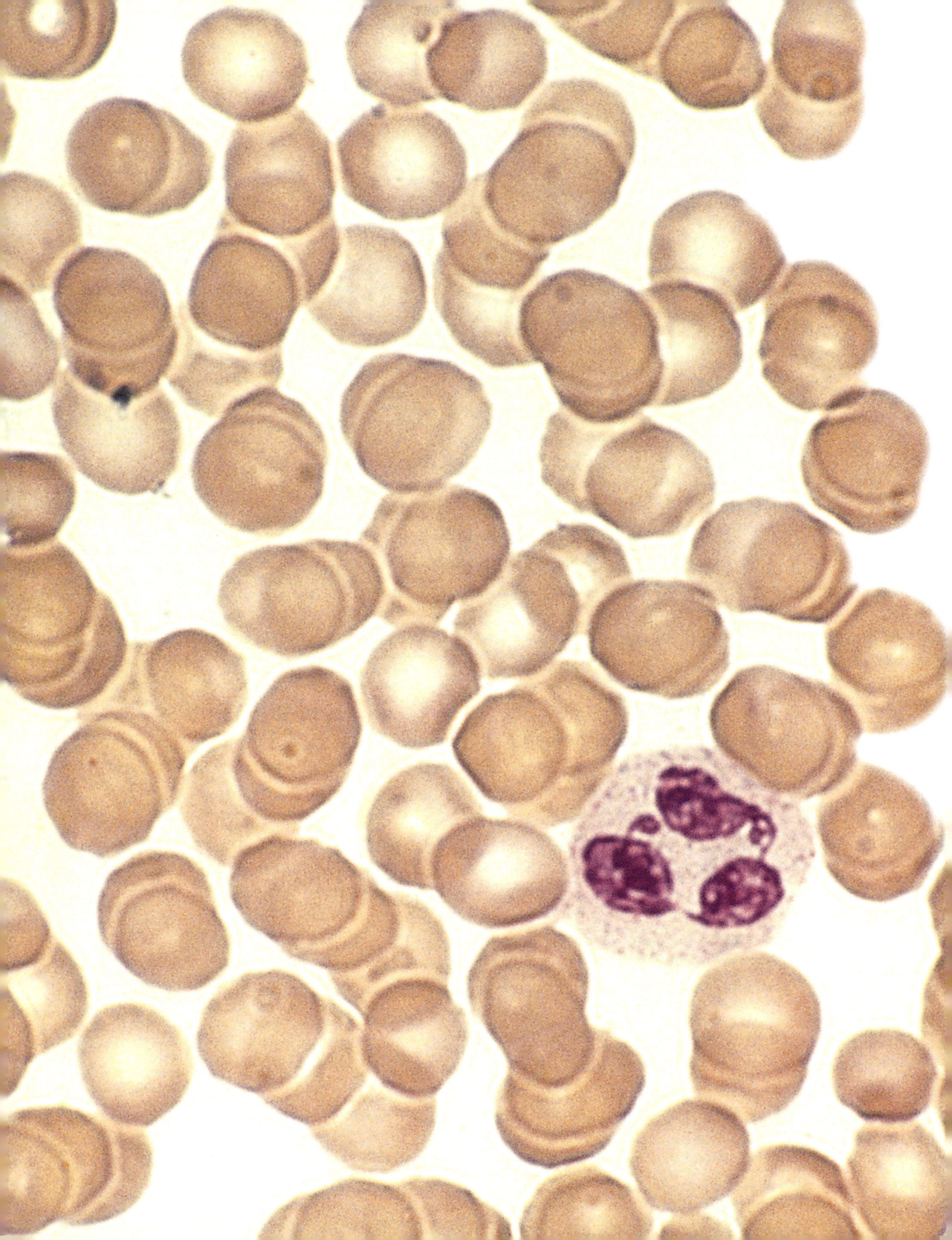

# Informationen im Blut

Der Körper eines Erwachsenen enthält durchschnittlich rund sechs Liter Blut. Bereits in grauer Vorzeit erkannte man die Verbindung zwischen Blut und Leben, doch erst 1616 entdeckte der englische Arzt und Anatom William Harvey den großen Blutkreislauf. Schon bald fragten sich die Ärzte, ob bei geschwächten oder im Sterben liegenden Menschen vielleicht eine Aufstockung des Blutvorrats möglich sei. Mit Ausnahme sehr weniger extremer Glücksfälle waren diese Transfusionsexperimente zum Scheitern verurteilt. Den Grund dafür fand Ende des 19. Jahrhunderts der österreichische Bakteriologe Karl Landsteiner.

Die roten Blutkörperchen tragen so genannte Antigene. Diese wirken dabei mit, Antikörper zu produzieren, Infektionen und Krankheiten abzuwehren. Landsteiner fand heraus, dass man das menschliche Blut abhängig vom Vorhandensein oder Fehlen zweier spezifischer Antigene in vier Hauptgruppen unterteilen kann:

- Gruppe A: Antigen A vorhanden, Antigen B fehlt.
- Gruppe B: Antigen B vorhanden, Antigen A fehlt.
- Gruppe 0: Antigene A und B fehlen.
- Gruppe AB: Antigene A und B vorhanden.

Das Blut jedes Menschen (und Primaten) gehört zu einer dieser Gruppen. Die Blutgruppenzugehörigkeit wird durch Vererbung bestimmt. Die Verteilung ist je nach Population verschieden. In Mitteleuropa sind die Blutgrup-

*Der englische Arzt William Harvey entdeckte 1616 den großen Blutkreislauf.*

pen wie folgt verteilt: A: 42%; B: 13%; AB: 7%; 0: 38%. Eine Bluttransfusion ist nur möglich, wenn Spender und Empfänger die gleiche Blutgruppe besitzen. Mischt man das Blut zweier verschiedener Gruppen, so verklumpen (agglutinieren) die roten Blutkörperchen, was sich unter dem Mikroskop gut beobachten lässt. Jede Blutgruppe ist nämlich mit einem bestimmten Antikörper assoziiert und unverträgliche Antikörper führen zur Agglutination.

### BLUTGRUPPENBESTIMMUNG

Die Fähigkeit, die Blutgruppe bestimmen zu können, ist für die Kriminalistik eindeutig von hohem praktischen Nutzen. Wenn man etwa auf der Kleidung eines Verdächtigen, der die Blutgruppe 0 hat, Blut der Gruppe A – die auch das Opfer besitzt – findet, besteht der starke Verdacht (aber auch nicht mehr!), dass es vom Opfer selbst stammt. Es gibt zusätzlich noch andere Gruppensysteme, die eine weit höhere Wahrscheinlichkeitsberechnung ermöglichen.

Hier ein Beispiel: Wenn Blut der Gruppe 0 bei 47 Prozent der Bevölkerung vorkommt, so findet man bei 36 Prozent dieser Personen die Substanz Haptoglobin-2 und wiederum bei fünf Prozent von diesen das Enzym PGM-2. Die Wahrscheinlichkeit, dass eine Person alle drei Merkmale in sich vereint, beträgt demnach 47 x 36 x 5 auf 1 000 000 = 8460, also etwa acht von 1000.

Karl Landsteiner trennte die Blutkörperchen durch Zentrifugieren von der Flüssigkeit (dem Serum). Dann fügte er die roten Blutkörperchen verschiedener Personen hinzu und stellte fest, dass zwei völlig verschiedenartige Dinge geschahen: Entweder akzeptierte das Serum die Zellen oder es stieß sie ab, indem es sie verklumpen ließ. Hieraus entwickelte sich eine inzwischen weit verbreitete Analysetechnik, die Serologie.

Später konnten weitere Gruppen identifiziert werden. Indem Landsteiner bestimmten Tieren menschliches Blut injizierte, fand er 1927 zwei weitere Antigentypen (M, MN und N sowie die P-Gruppe). In den USA mit Rhesusaffen arbeitend, entdeckten Landsteiner und A. S. Wiener 1940 den Rhesusfaktor. Später fanden andere Forscher insgesamt gut ein Dutzend weiterer Gruppensysteme.

In jüngerer Vergangenheit konzentriert sich die Forschung eher auf die mit den großen Blutgruppen assoziierten, für spezielle Körperfunktionen zuständigen Enzyme und Proteine.

KURZ INFO

Per Elektrophorese lassen sich spezifische Enzyme und Proteine in einer Blutprobe nachweisen. Hierzu wird ein blutdurchtränkter Baumwollfaden in eine dünne Gelschicht auf einer Glasplatte gepresst. Durch die Platte schickt man nun einen schwachen Gleichstrom. Die einzelnen Bestandteile wandern durch die Gelschicht, wobei die zurückgelegte Distanz von der Molekülgröße abhängt. Nach einer bestimmten Zeit trennen sich die Komponenten und lassen sich durch Anfärben sichtbar machen. Das entstehende Bandenmuster hat eine gewisse Ähnlichkeit mit den Barcodes, wie man sie vom Einkaufen kennt. Bei der DNA-Analyse verwendet man eine ähnliche Technik (siehe „Der genetische Fingerabdruck").

Auch wenn die Blutgruppenbestimmung zunehmend durch die DNA-Analyse verdrängt wird, greift man immer noch gern auf sie zurück. So kann ein schlichter AB0-Test ausreichen, um einen oder mehrere Verdächtige bei einem Kapitalverbrechen auszuschließen – oder eine fragliche Vaterschaft zu klären.

Im Jahr 1925 machte man eine weitere bedeutende Entdeckung: Etwa 80 Prozent der Menschen sind „Ausscheider" – ihr Speichel, Samen, Urin, Schweiß und andere Gewebeflüssigkeiten enthalten die gleichen Substanzen wie ihr Blut. Daher ist man nicht unbedingt auf Blut angewiesen, um einen Täter identifizieren zu können.

Zwei britische Forscher fanden 1949 heraus, dass sich männliche und weibliche Körperzellen unterscheiden lassen. Die Kerne der weiblichen Zellen enthalten den so genannten Barr-Körper, der beispielsweise in der Mundschleimhaut nachweisbar ist.

Wenn am Tatort oder beim Tatverdächtigen Flecke gefunden werden, lautet die erste Frage: Handelt es sich hier um Blut oder nicht? Oft verwendet man zur Klärung dieses Problems den so genannten Kastle-Meyer-Test. Er basiert auf dem im Blut enthaltenen Enzym Peroxidase. Hierzu wird etwas von der verdächtigen Substanz extrahiert und mit einer Mischung aus Phenolphthalein und Wasserstoffperoxid versetzt. Eine rosa Verfärbung zeigt das Vorhandensein von Peroxidase an. Die Testsubstanz Benzidin wird aufgrund ihrer stark krebserregenden Eigenschaften heute nicht mehr verwendet.

*Der österreichische Bakteriologe Karl Landsteiner fand heraus, dass sich menschliches Blut in vier Gruppen klassifizieren lässt und begründete die moderne Serologie. Gemeinsam mit A. S. Wiener entdeckte er später in den USA auch den Rhesusfaktor.*

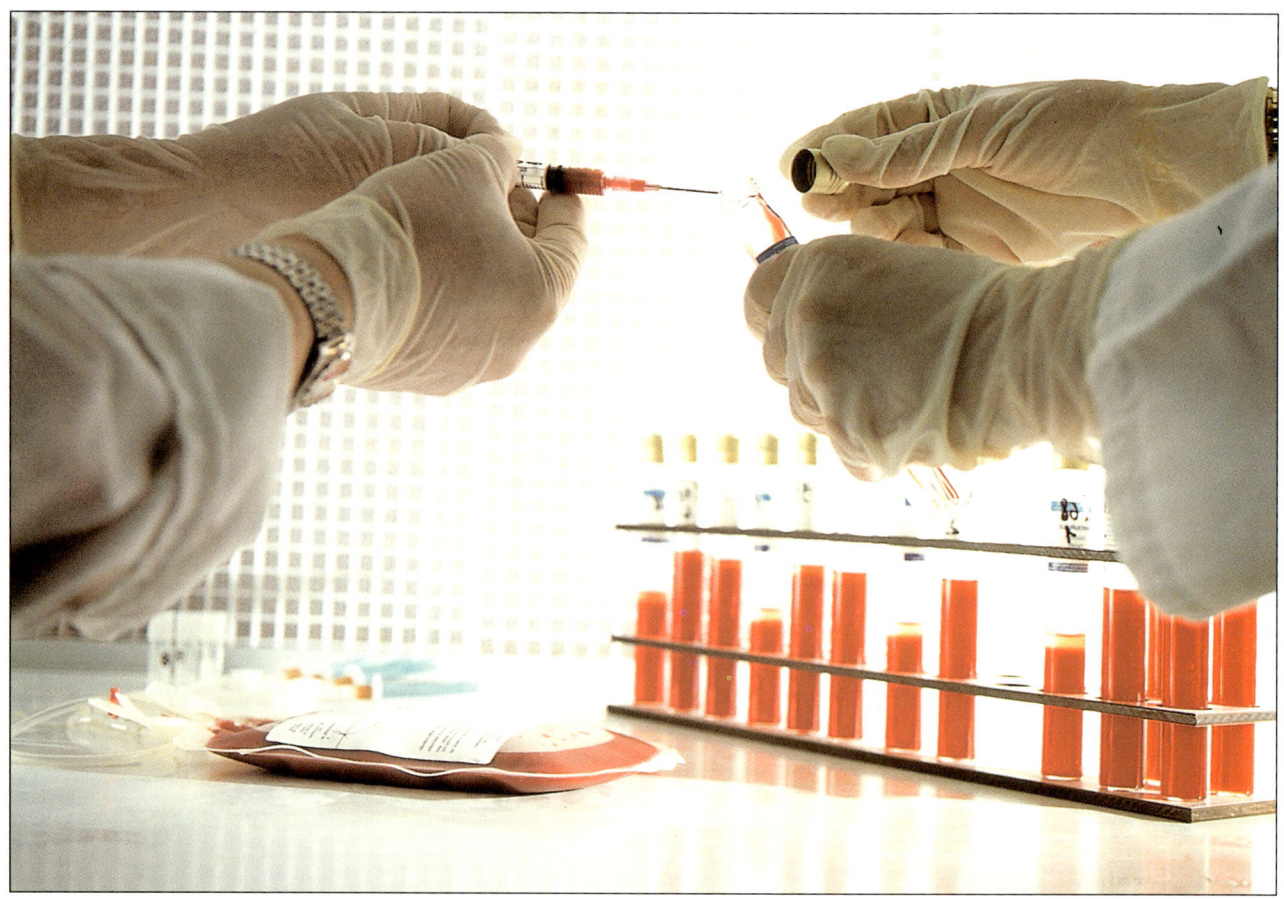

*Die Serologie ist in der Lage, menschliches und tierisches Blut zu unterscheiden, das Geschlecht zu bestimmen und mit Hilfe einer ganzen Testserie die Wahrscheinlichkeit der Herkunft einer Blutprobe auf wenige Menschen pro 1000 einzugrenzen.*

Die nächste Frage lautet nun: Handelt es sich um menschliches oder tierisches Blut? Der deutsche Bakteriologe Paul Uhlenhuth machte 1901 eine wichtige Entdeckung: Wenn er einem Kaninchen Hühnereiweiß injizierte und dann das Serum des Kaninchens mit Hühnereiweiß mischte, trennten sich die Eiproteine von der klaren Flüssigkeit und bildeten ein trübes Präzipitat (Niederschlag) – Präzipitin. Das Kaninchenblut hatte Antikörper gegen das Eiprotein hergestellt und eine Reaktion ausgelöst, die der Agglutination der roten Blutkörperchen ähnelt. Nun war es kein Problem mehr, diverse artspezifische Seren zu entwickeln.

Heute führt man den Präzipitintest wie folgt durch: Man gibt das unbekannte Blut in eine Mulde eines mit Gel beschichteten Objektträgers und das spezifische Serum in eine unmittelbar benachbarte Mulde. Ein schwacher, durch das Gel geschickter Gleichstrom bewirkt, dass beide Proben aufeinander zuwandern und sich zwischen ihnen eine sichtbare Präzipitinlinie bildet. Auch mit getrocknetem Blut, das mehr als 15 Jahre alt war, wurden noch positive Ergebnisse erzielt – und schließlich sogar mit Gewebeproben von Mumien.

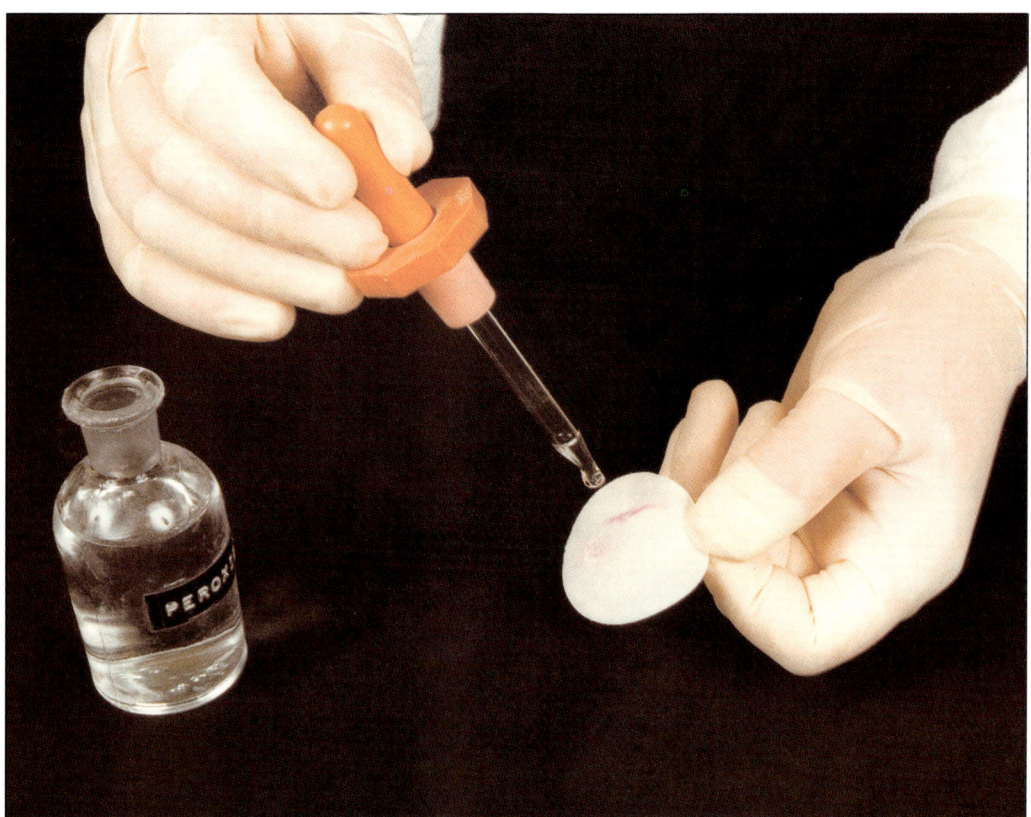

*Der Kastle-Meyer-Test dient dazu, Blut von ähnlich aussehenden Substanzen zu unterscheiden. Hier wurde ein Filterpapier mit einem Tropfen aus Wasserstoffperoxid und Phenolphthalein benetzt. Die rosa Verfärbung zeigt an, dass es sich tatsächlich um Blut handelt.*

Die Serologie ist inzwischen so weit automatisiert, dass sich eine ganze Reihe von Tests in wenigen Minuten durchführen lassen. Ein Wissenschaftler unterstrich, er könne nun sogar das Blut seiner beiden Zwillingstöchter auseinander halten, denn nur eine von ihnen war einmal an Windpocken erkrankt. Heute ist es möglich, zwischen menschlichem und tierischem Blut zu unterscheiden, das Geschlecht zu bestimmen und die Identität einer Blutprobe auf wenige Menschen pro 1000 einzugrenzen. Für sich genommen mag dies zwar nicht für eine Verurteilung ausreichen, doch es stellt ein schwer belastendes Indiz dar.

## BLUTSPUREN

Nach Gewalttaten finden sich am Tatort oftmals größere Blutmengen (nicht unbedingt nur des Opfers). Die Art ihrer Verteilung ist überaus aufschlussreich. Bereits in den 1930er-Jahren unterteilte der schottische Pathologe Professor John Glaister Blutspuren in sechs Typen.

• Tropfen findet man auf waagerechten Flächen. Abhängig von der Fallhöhe sind sie mehr oder weniger kreisförmig. Je größer die Höhe, desto sternförmiger fallen sie aus.

• Fallspritzer treten auf, wenn das Blut in einem spitzen Winkel auf die Ober-

## MORDAKTE:
# Graham Backhouse

**Er glaubte, dafür gesorgt zu haben, dass er nicht als Mordverdächtiger in Frage kam, doch am Tatort gefundene Blutspuren ergaben ein ganz anderes Bild.**

*Graham Backhouse mit seinen beiden Kindern.*

Graham Backhouse hängte seinen Friseurberuf an den Nagel, nachdem er die väterliche Farm im englischen Horton geerbt hatte. Doch die Erfolge blieben aus und er machte Schulden. Trotz zehnjähriger Ehe und zweier kleiner Kinder ein unverbesserlicher Schürzenjäger, brüskierte er zahlreiche Einwohner seines malerischen Heimatdorfs.

Im Frühjahr 1984 meldete Backhouse der Polizei, dass man ihm nach dem Leben trachte. Einer seiner Arbeiter fand bald darauf einen aufgespießten Schafskopf und einen Zettel mit der Drohung „you next" (dt.: Du bist als nächstes dran). Am Morgen des 9. April überließ Backhouse seiner Frau das Auto. Als sie die Zündung betätigte, ereignete sich eine Explosion, bei der sie schwere Verletzungen davontrug. Wie sich herausstellte, handelte es sich um eine Rohrbombe. Die behauptete Lebensgefahr war offenbar begründet, deshalb wurde rund um die Uhr ein Personenschutz eingerichtet.

Backhouse räumte ein, dass es einige Männer gab, deren Frauen er verführt hatte und die ihn zweifellos gerne tot sehen würden. Außerdem habe er sich mit seinem Nachbarn Colyn Bedale-Taylor über ein Wegerecht gestritten.

Neun Tage nach dem Bombenanschlag bat Blackhouse, die Beamten abzuziehen. Stattdessen installierte man eine direkt mit der nächsten Polizeiwache verbundene Alarmvorrichtung. Am Abend des 30. April gab es auch schon Alarm. Die Polizei fand einen blutüberströmten Backhouse mit tiefen Schnittwunden an Gesicht und Brust. Neben ihm lag eine Schrotflinte und am Fuß der Treppe die Leiche von Bedale-Taylor, dem man aus kürzester Entfernung in die Brust geschossen hatte und der ein Messer in der Hand hielt. Backhouse berichtete der Polizei, sein Nachbar habe ihn in der Küche mit dem Messer attackiert und er habe in Notwehr zu seiner Flinte gegriffen und ihn erschossen.

Die vorgefundenen Blutspuren ergaben einen ersten Hinweis darauf, dass hier etwas nicht stimmte. Es handelte sich um runde Tropfen, was dafür sprach, dass Backhouse sich allenfalls langsam bewegt hatte, während er blutete. Hätte es tatsächlich einen heftigen Kampf gegeben, so wäre das herumspritzende Blut in Form eines charakteristischen Ausrufungszeichens gelandet.

Obwohl die Leiche am anderen Ende des zur Küche führenden Gangs lag,

*Gegenüber, oben: Ein Ermittler präsentiert jene Drohbotschaften, die Backhouse angeblich erhalten hatte. Das „you next" stand auf einem Notizzettel. Ein auf den vorangehenden Zettel gekritzeltes Männchen hatte sich durchgedrückt. Im Büro von Backhouse fand man den Block – und sogar das Strichmännchen.*

gab es auf dem Weg keine Blutspur. Und Backhouse hatte sich die Wunden offenbar in der Küche selbst zugefügt.

Am 13. Mai 1984 wurde Backhouse festgenommen und des Mordes an seinem Nachbarn sowie des versuchten Mordes an seiner Frau angeklagt. Der Pathologe Dr. William Kennard sagte aus, dass „die Wunden zwar von einem Dritten zugefügt sein konnten, doch dann hätte Backhouse tatenlos zusehen müssen, wie ihn der Angreifer von der Schulter bis zur Hüfte mit Messerstichen traktierte".

Wie sich in dem Prozess herausstellte, stand Backhouse bei der Bank mit über 70000 £ im Soll. Im März 1984 hatte er die Lebensversicherung seiner Frau auf 100000 £ erhöht. Das Urteil: zweimal lebenslänglich.

**FALL GELÖST**

*Unten: Ermittler am Wrack des explodierten Autos.*

*Blick in das serologische Labor des FBI in Quantico bei Washington, D.C.*

fläche trifft – vor allem, wenn das Opfer von einer in Bewegung begriffenen Waffe getroffen wird. Der Blutfleck hat die Form eines Ausrufezeichens, dessen schlankes Ende die Bewegungsrichtung angibt.

• Strahlspritzer entstehen durch die Herzaktivität des noch lebenden Opfers. Wenn ein größeres Blutgefäß durchtrennt ist, kann das Blut stoßweise bis an Wände und Decke spritzen.

• Blutlachen bilden sich rund um den Körper des Opfers. Sie geben auch einen Hinweis auf aktive oder passive Ortsveränderungen.

• Schmierspuren in der Umgebung können von einem schwer verwundeten Opfer oder vom blutdurchtränkten Täter herrühren.

• Langspuren deuten darauf hin, dass eine blutige Leiche bewegt wurde. Wenn der Körper über den Boden geschleift wurde, ergibt sich eine lange Schmierspur. Wurde er indes getragen, findet man auf dem Weg zahlreiche Bluttropfen.

Die genaue Beobachtung der vorhandenen Blutspuren ist nachweislich von unschätzbarem Wert für die Untersuchung von Morden, aber auch von (angeblichen) Überfällen.

## MORDAKTE:
# Ludwig Tessnow

**Der auf der Walz befindliche Zimmermann wurde des schrecklichen Mordes an zwei Jungen verdächtigt. Dank eines neuen Analyseverfahrens gelang der Nachweis, dass es sich bei den Flecken auf seiner Kleidung tatsächlich um Blut handelte.**

Am 1. Juli 1900 wurden zwei Brüder auf der Insel Rügen vermisst. Am nächsten Morgen fand man ihre ausgeweideten und zerstückelten Leichen in einem nahen Wäldchen. Der Verdacht fiel auf den ortsfremden Zimmermann Ludwig Tessnow. Auf die dunklen Flecken auf Stiefeln und Kleidung angesprochen, behauptete er, es handle sich um Beize, doch der örtliche Ermittler erinnerte sich an einen drei Jahre zurückliegenden Zeitungsbericht über einen ähnlichen Fall in Osnabrück. Damals waren zwei Mädchen in vergleichbarer Weise zugerichtet worden und der Verdächtige hatte behauptet, die Flecke auf seiner Kleidung seien Beize. Sein Name war Ludwig Tessnow!

Ein Bauer hatte drei Wochen vor dem letzten Mord einen Mann beobachtet, der von seiner Weide flüchtete; wie sich herausstellte, hatte er zuvor sieben Schafe zerstückelt. Bei einer Gegenüberstellung konnte der Bauer Tessnow als Täter identifizieren, der indes weiterhin alles leugnete. Nun bat man Paul Uhlenhuth, dessen Forschungen eben erst veröffentlicht worden waren, um eine Analyse der fraglichen Flecke: Viele von ihnen bestanden aus menschlichem Blut, andere aus Schafsblut. Tessnow wurde 1904 hingerichtet.

FALL GELÖST

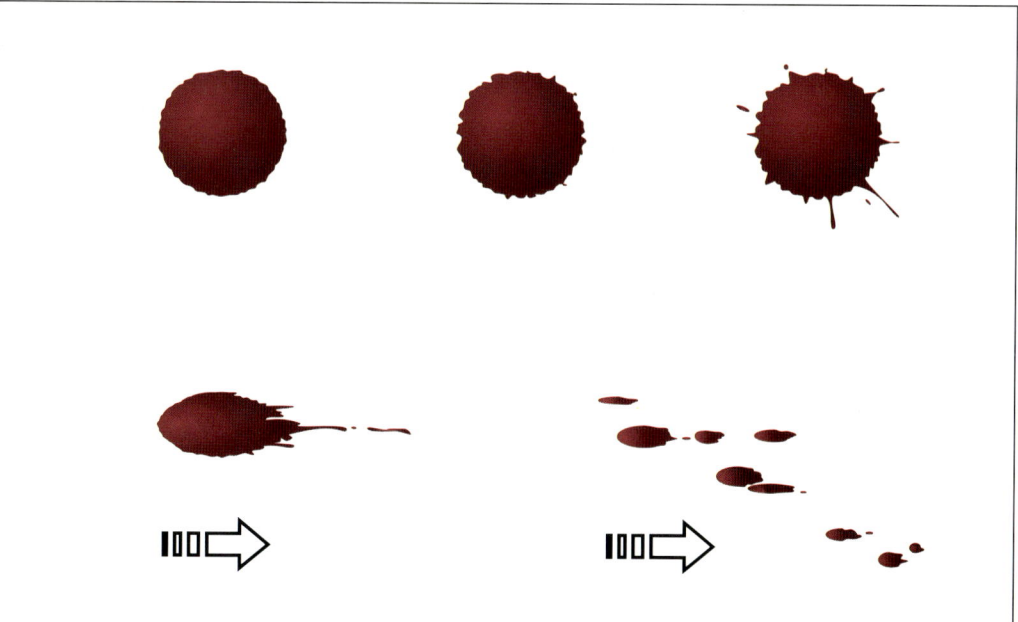

*Die Gestalt eines Blutflecks kann einiges über die jeweiligen Begleitumstände aussagen. Bei senkrechtem Auftreffen wird die Form eines Bluttropfens (oben) durch die Fallhöhe bestimmt, in diesem Beispiel 0,3, 0,9 und 1,8 Meter. Blutspritzer (unten) treffen in einem spitzen Winkel auf. Das charakteristische „Ausrufezeichen" gibt die Bewegungsrichtung an.*

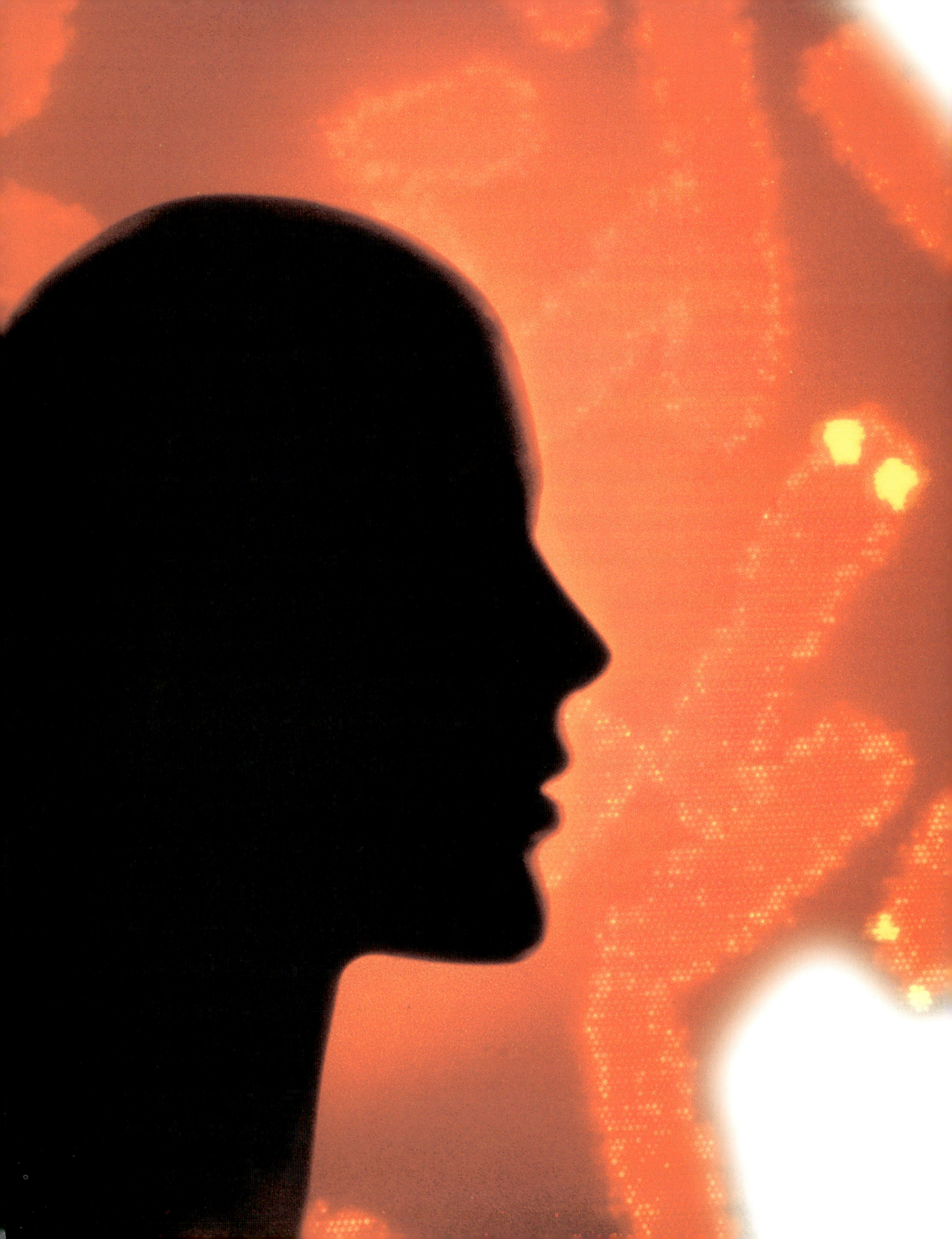

# Der genetische Fingerabdruck

Seit 1984 geht es mit der offenbar unangreifbarsten Technik zur Identifizierung eines Individuums stetig voran. Der so genannte genetische Fingerabdruck konnte seine Bedeutung nicht nur in der Kriminalistik, sondern auch in Fragen der Vaterschaft, Abstammung und sogar der Evolution prähistorischer Tiere unter Beweis stellen. Die Identifizierung durch Fingerlinien erfordert einen größeren, gut kenntlichen Abdruck, während die DNA-Analyse nur ein paar Körperzellen benötigt.

Das englische Kürzel DNA steht für Desoxyribonukleinsäure. Aus dieser Substanz besteht das genetische Material sämtlicher kernhaltiger Körperzellen – Gewebe, Knochenmark, Haarwurzeln, Zahnmark (im Volksmund: Nerv), Sperma und weiße Blutkörperchen sowie Zellschlacken in Speichel und Harn –, jedoch nicht der roten Blutkörperchen, da sie keinen Kern aufweisen. Um ein Grundverständnis zu erlangen, wollen wir uns, wenn auch in vereinfachter Form, ein wenig mit der Struktur und Funktion der DNA beschäftigen.

Das DNA-Molekül kann man sich als eine lange Strickleiter vorstellen, die zu einer straffen Doppelspirale verdrillt ist. Die beiden Seiten der Leiter bestehen aus abwechselnden Gruppen von Phosphat (P) und Desoxyribose (S). Die Leitersprossen werden aus Gruppen von zwei „Purinbasen" gebildet, die beidseits an ein Zuckermolekül gekoppelt sind. Es gibt vier Basen: Adenin (A), Thymin (T), Guanin (G) und Cytosin (C). Jede Sprosse enthält zwei dieser Basen, doch Adenin kann nur an Thymin und Guanin nur an Cytosin gekoppelt werden. Eine einzelne Sprosse kann daher aus S-A-T-S, S-T-A-S, S-G-C-S oder S-C-G-S bestehen. Menschliche DNA enthält etwa drei Milliarden solcher Sprossen.

Bei der Zellteilung trennt sich diese Leiter in zwei Hälften, die jeweils als Modell für die Bildung eines neuen DNA-Moleküls fungieren. Jedes dieser so genannten Nucleotiden besteht aus einer Abfolge von Phosphat, Zucker und einer Base. Ein Gen wiederum setzt sich aus einer Gruppe von Nucleotiden zusammen und liefert den Code für die Bildung spezieller Aminosäuren und Enzyme. Diese sind für einen jeweils besonderen Aspekt des Stoffwechsels zuständig und bestimmen erbliche körperliche Merkmale wie Augen- und Hautfarbe oder Blutgruppe. Da es mit Ausnahme eineiiger Zwillinge keine zwei Menschen gibt, die genetisch völlig identisch sind, unterscheiden sie sich in einer Vielzahl von Genen.

Das weltweite Humangenom-Projekt verfolgt die Zielsetzung, jedes Einzelne dieser Gene zu identifizieren.

Viele der vererbten Genpaare (Abfolge von Leitersprossen) sind identisch, denn schließlich werden die meisten Menschen mit je zwei Augen, Ohren, Beinen und Armen geboren. Diese Klassenmerkmale unterscheiden eine Spezies von der anderen. Wenn beide Elternteile das gleiche Gen beisteuern, entsteht die bekannte „Familienähnlichkeit". Wenn sich die elterlichen Gene unterscheiden, kann eines von ihnen „dominant" sein. Beispielsweise hat ein Kind, das zwei Gene für Blauäugigkeit erbt, blaue Augen. Erbt es jedoch ein Gen für blaue und eines für braune Augen, dann wird es braunäugig sein, da das Gen für Braunäugigkeit dominant ist.

Enzyme sind Katalysatoren. Sie fördern Tausende von komplexen chemischen Prozessen, die sich in jedem lebenden Körper vollziehen. Die so genannten Restriktionsenzyme werden von Bakterien gebildet, um fremde DNA anzugreifen und sich auf diese Weise gegen Viren zu schützen, deren DNA sie aufspalten.

*Restriktionsenzyme schneiden das DNA-Molekül in Frag-mente unterschiedli-cher Länge, die sich mit Hilfe des „Sou-thern-Blot"-Verfah-rens in zwei Einzel-stränge teilen lassen. In der Zeichnung wurde die DNA durch zwei unter-schiedliche Restrik-tionsenzyme an zwei Stellen durchtrennt.*

## MORDAKTE:

# Lisa Peng

**Eine Bisswunde am Arm des Opfers sprach für eine Vergewaltigung, doch Speichelspuren lieferten ausreichend DNA, um einen weiblichen Täter zu identifizieren.**

Am 18. August 1993 besuchte Jim Peng, ein in Kalifornien lebender Taiwaner, Jennifer Ji, die Mutter seines kleinen Sohnes Kevin. Er entdeckte ein Horrorszenario: Ji lag tot gegen das Sofa gelehnt in einer Lache aus getrocknetem Blut und sein Sohn erwürgt im Kinderbett. Peng übergab der Polizei einen Knopf, den er auf dem Boden gefunden hatte. Er stammte offenbar vom Kleid einer fremden Frau.

Auf den ersten Blick sprach alles für eine Vergewaltigung: Der Slip der mit wenigstens 18 Stichwunden übersäten Toten war heruntergezogen. Im Abstrich fand sich zwar kein Sperma, was allerdings eine versuchte Vergewaltigung nicht völlig ausschloss, die man aufgrund einer runden Bisswunde am linken Arm annahm.

Peng war offenbar unschuldig. Dann erfuhren die Ermittler, dass seine in Taiwan lebende Frau Lisa bei ihm zu Besuch war. Bei der Suche nach einem Kleid, dem ein Knopf fehlte, wurde nichts gefunden, außer zwei Taschen mit Frauenkleidung, Unterwäsche und Schuhen, die allesamt zerfetzt waren.

Jim Peng berichtete, im Vorjahr sei seine Frau unerwartet gekommen und habe gesehen, dass Ji bei ihm lebte. Voller Wut habe sie die Sachen ihrer Nebenbuhlerin zerstört. Angesichts dieses Hinweises auf ihren Jähzorn hielt man nun Lisa Peng für die Hauptverdächtige. Der Wachsabdruck ihrer Zähne stimmte mit der fotografierten Bisswunde überein, doch dies reichte noch nicht für eine Festnahme.

Die PCR-Analyse der Abstriche aus der Bisswunde hatten inzwischen einen Locus ergeben, wie man ihn bei 20 von 100 Personen findet. Lisa Peng war wieder in Taiwan und man hatte ihr vor dem Abflug keine Blutprobe entnommen. Einer der Ermittler erinnerte sich jedoch an den Wachsabdruck. Hoffentlich enthielt er ausreichende Speichelreste. Tatsächlich konnte man den gleichen Locus identifizieren, doch die Wahrscheinlichkeit von 20 zu 100 war immer noch unzureichend.

Ein zweiter PCR-Test identifizierte einen anderen Locus. Auch hier zeigte sich eine Übereinstimmung zwischen dem Speichel aus der Wunde und dem vom Wachsabdruck. Die Wahrscheinlichkeit betrug hier nur 1 zu 200. Kombiniert ergab sich somit eine Wahrscheinlichkeit von 1 zu 1000.

Der Speichel aus der Wunde enthielt genügend DNA, um den präziseren RFLP-Test durchführen zu können. Man erzählte Peng, dass allein eine Blutprobe seiner Frau den Verdacht von ihr nehmen könne. Nichts ahnend, kehrte sie nach Kalifornien zurück. Der erste Testdurchgang dauerte fast eine Woche, doch Lisa, die sich ihrer Sache sicher war, blieb in den USA. Am 7. Januar 1994 wurde Lisa Peng verhaftet und des zweifachen Mordes angeklagt.

FALL GELÖST

*Das Kartieren und Sequenzieren sämtlicher Gene der menschlichen DNA im Rahmen des Humangenom-Projekts steht kurz vor dem Abschluss. Das Foto zeigt einen Forscher von der Yale Medical School beim Studieren der Genstruktur menschlicher Chromosomen mit Hilfe eines Bildschirmmikroskops.*

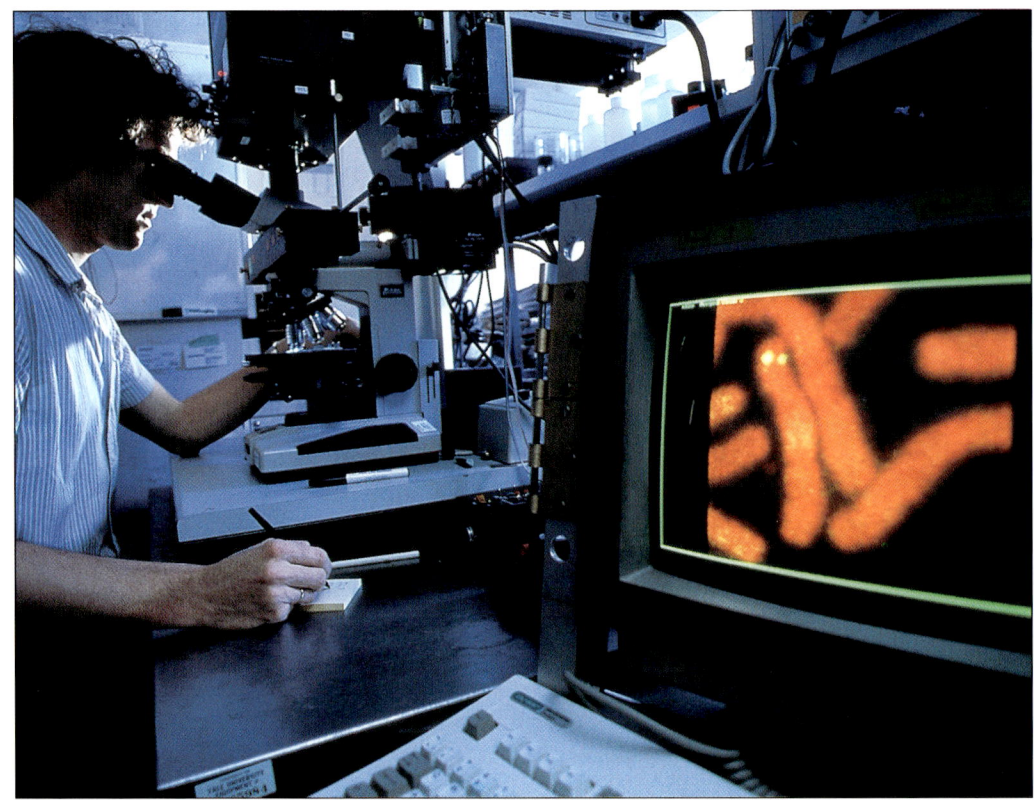

Da die Seiten der DNA-Leiter allein aus alternierenden Zucker- und Phosphatgruppen bestehen, kann man einen Abschnitt anhand der Basenpaare (Sprossen) identifizieren, ohne –S– und –P– zu berücksichtigen. Ein Teil der Sequenz könnte etwa sein:

T-A-T-G-G-C-C-C-C-T-A-T-T-A-C-G-C-G-T-T-T-A-G-G-C-C-T-T-C-G-A-T-T-A-T-A-C-C-G-G-G-A-T-A-A-T-G-C-G-C-A-A-A-T-C-C-G-G-A-A-G-C-T-A-A-.

Restriktionsenzyme werden nur bei einer speziellen Sequenz von Basenpaaren aktiv. Ein in der amerikanischen Kriminaltechnik häufig verwendetes Enzym wird durch das Bakterium *Haemophilus aegypticus* gebildet und als Hae III abgekürzt. Es durchtrennt die DNA nur dort, wo es folgende Sequenz findet:  -G-G-C-C- und -C-C-G-G-

Im Beispiel oben durchtrennt es den Abschnitt somit an zwei Stellen. Übrig bleibt folgendes Fragment:

-C-C-T-A-T-T-A-C-G-C-G-T-T-T-A-

-G-G-A-T-A-A-T-G-C-G-C-A-A-A-T-.

Das Restriktionsenzym Hae I wird nur aktiv, wenn es auf folgende Sequenz trifft: -A-G-G-C-A- und -T-C-C-G-T-.

Bisher wurden über 400 unterschiedliche Restriktionsenzyme isoliert.

## MORDAKTE:
# Dudley Friar

**Nasenschleim aus einem am Tatort sichergestellten Papiertaschentuch führte die New Yorker Polizei schließlich zur Festnahme eines mehrfachen Vergewaltigers und Mörders.**

Hartnäckige Ermittlungsarbeit ermöglichte die Identifizierung eines Mannes, der innerhalb von drei Wochen drei Frauen vergewaltigt und erwürgt hatte, doch erst eine DNA-Analyse brachte letzte Klarheit.

In einer Gasse im Zentrum von Manhattan entdeckte man am 7. Oktober 1990 die Leiche der 34-jährigen Modefotografin Louise Kaplan neben einigen Mülltonnen. Es gab deutliche Zeichen für eine Vergewaltigung: Kratzer an den Schenkeln und in der Schamregion sowie größere Spermamengen. Die Frau war erwürgt worden, es handelte sich bereits um das dritte Verbrechen dieser Art innerhalb von 23 Tagen in Manhattan.

In Kaplans Auto, das man 50 Meter entfernt fand, gab es Anzeichen für einen Kampf. Abdrücke auf der hinteren Sitzbank kündeten davon, dass dort kurz zuvor noch jemand gesessen und vielleicht auf sie gewartet hatte. Kaplan war in die Gasse geflüchtet und hatte sich dort noch heftig gewehrt.

Die DNA-Analysen der beiden vorangegangenen Vergewaltigungen deuteten auf denselben Täter. Aus unerfindlichen Gründen brachte die Analyse des bei Kaplan sichergestellten Spermas keine Erkenntnisse. Doch in dem am Tatort vorgefundenen Müll fand sich ein zerknülltes Papiertaschentuch mit Nasenschleim. Unter dem Mikroskop stieß man auf große Klumpen aus weißen Blutkörperchen: eine ideale Quelle für eine DNA-Analyse. Sie stimmten mit dem Sperma aus den beiden ersten Morden überein.

Eine gründliche Durchsuchung des Wagens förderte im hinteren Fußraum den deutlichen Staubabdruck einer ungewöhnlich gerippten Schuhsohle zu Tage, außerdem einige dunkelblaue Fasern in den Fugen der Sitzbank und ein merkwürdiges Nadelstichmuster in der Dachverkleidung.

Der Schuhsohlenmuster passte zu einem Abdruck, den man zwei Wochen zuvor in einem ausgeraubten Spirituosengeschäft sichergestellt hatte. Und einem Polizisten kam das Nadelmuster irgendwie bekannt vor; es war der Abdruck eines Mützenemblems, „ein protziges Ding, wie es manche Sicherheitsdienste verwenden". Die blauen Fasern konnten demnach von der Uniform eines Wachmannes stammen. Zwei Tage später wusste man, welche Fabrik den Stoff herstellte und dass er nur an drei New Yorker Firmen verkauft wurde.

Dank der in dem ausgeraubten Spirituosengeschäft installierten Überwachungskamera konnten drei Verdächtige festgenommen werden. DNA-Tests anhand ihrer Nasenschleimproben ergaben einen Treffer. Nach Aussage des Labors existieren in den gesamten USA nur sechs Männer mit genau dem gleichen DNA-Profil.

Der Täter war der 29-jährige, wegen kleiner Vergehen bereits seit 15 Jahren aktenkundige Dudley Friar. Nachts arbeitete er als Hotelwächter und nebenbei auch als Clown auf Kindergeburtstagen. Angesichts der erdrückenden Beweise gestand Friar und erhielt dreimal lebenslänglich.

FALL GELÖST

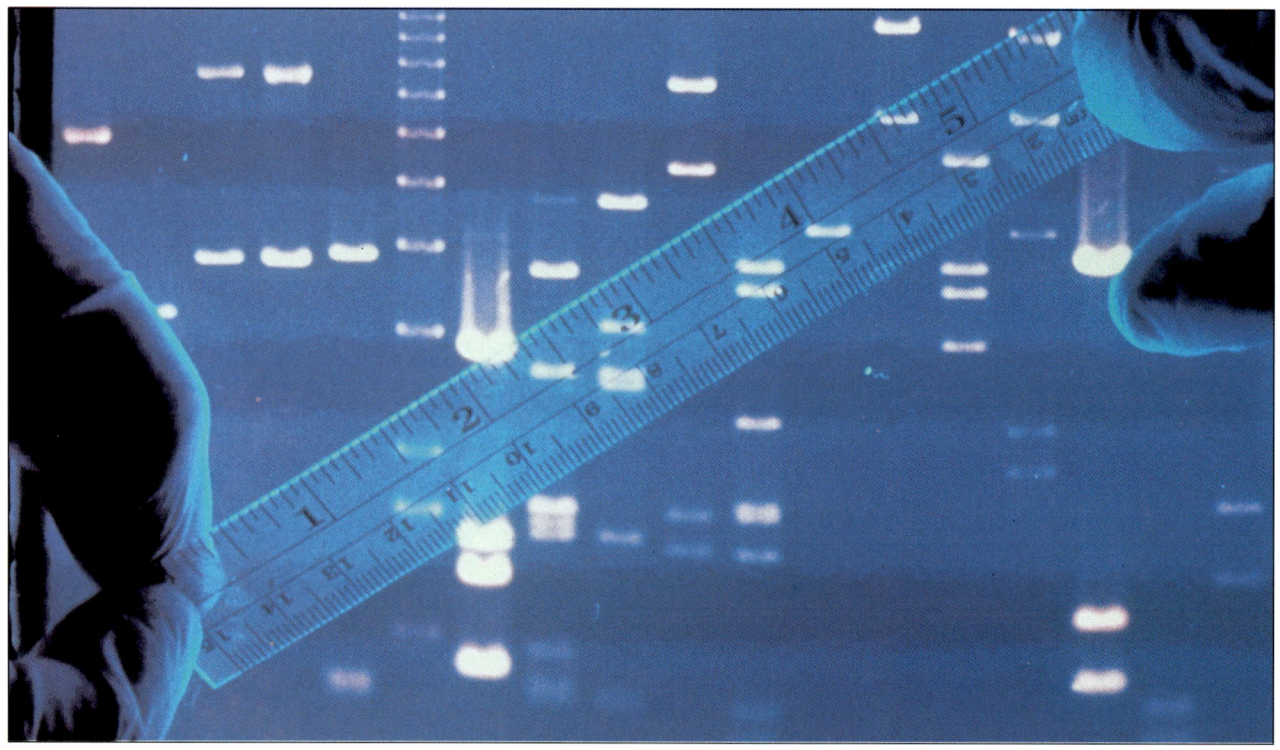

*Autoradiogramm mit den Ergebnissen der Analyse von DNA-Fragmenten durch Gel-Elektrophorese. Identische, mit einer radioaktiven Sonde hybridisierte Fragmente haben die gleiche Distanz zurückgelegt.*

*Seite 153: Die Mikroskopaufnahme zeigt einige einsträngige DNA-Fragmente. Die radioaktive Sonde hat ihre Komplementärbase lokalisiert.*

### ANALYSE VON DNA-FRAGMENTEN

Abhängig von der genetischen Struktur der jeweiligen DNA sind die einzelnen Leiterabschnitte unterschiedlich lang. Sie besitzen also nicht die gleiche Molekülgröße. Für die größenabhängige Auftrennung von Molekülen gibt es ein gängiges Analyseverfahren: die Elektrophorese. Benötigt wird lediglich eine dünn mit Gel beschichtete Glasplatte, durch die ein schwacher Gleichstrom geleitet wird. Die DNA-Probe wird am negativen Ende der Platte platziert und die Moleküle wandern je nach ihrer Größe mit einer bestimmten Geschwindigkeit durch das Gel. Da sie sich in einer geraden Linie vom Minus- zum Pluspol bewegen, lassen sich in einem Durchgang mehrere Proben vergleichen. Nach etwa 16 Stunden haben sich die Fragmente auf der Platte separiert.

Wie macht man nun die Position der einzelnen Fragmente sichtbar? Mit Hilfe eines 1975 von Edwin Southern entwickelten Verfahrens, des „Southern Blot". Hierzu wird das Gel in einer Lösung eingeweicht, die die doppelsträngigen Fragmente in Einzelstränge trennt, während sie gegen eine Kunststoffmembran gepresst werden, auf die man die Einzelstränge überträgt.

Die Nucleotidbasen des Strangs (A, T, C und G) werden nun mit einer oder mehreren „Sonden" behandelt. Eine Sonde ist ein kurzes Stück ein-

## MORDAKTE:

# Carla

**Die Vergewaltigung und Ermordung der 12-jährigen Schülerin führte in ganz Deutschland zu einem Aufschrei der Empörung. Einmal mehr lieferte die DNA-Analyse den entscheidenden forensischen Beweis.**

Unweit von Wilhermsdorf in Franken fand man im Januar 1998 die zwölfjährige Carla in einem Teich. Sie lebte noch, lag aber bereits im Koma und starb fünf Tage später an ihren schweren Verletzungen. Sie war offenbar das Opfer einer Sexualstraftat. Als sie versucht hatte, sich zu wehren, hatte der Täter sie bis zur Bewusstlosigkeit gewürgt und in den Teich geworfen.

Die Polizei veröffentlichte das Phantombild eines Mannes, der sich zur Tatzeit in der Nähe aufgehalten haben sollte. Die Spur führte zu einem 31-jährigen Fensterinstallateur, der den Mord abstritt, doch zunächst zugab, sich damals in der Umgebung aufgehalten zu haben.

Wichtigstes greifbares Beweismittel waren einige Zigarettenstummel, die man in dem Teich gefunden hatte. Wie sich herausstellte, stimmte die DNA aus den Speichelresten mit den von der Leiche gewonnenen Proben überein. Wie der vorsitzende Richter sagte, bestand kein Zweifel, dass der Angeklagte der Täter war. Im März 2000 starrte der Mann teilnahmslos zu Boden, während er zu lebenslänglich verurteilt wurde, mit der Empfehlung einer Mindesthaftzeit von 15 Jahren.

**FALL GELÖST**

---

strängiger DNA, das mit einem radioaktiven Atom markiert ist. Die Basen in der Sonde finden ihre komplementären Basen in den Fragmenten und heften sich an sie – sie „hybridisieren". Nach dem Waschen wird die Membran auf ein Blatt Röntgenfilm gelegt und die Radioaktivität der Sonde liefert ein Abbild – ein „Autoradiogramm" aus kurzen, dunklen Bändern, wobei jedes Band ein Fragment repräsentiert. Bänder gleicher Länge bedeuten, dass die Fragmente die gleiche Molekularstruktur besitzen.

Mischungen aus Fragmenten verschiedener Länge bezeichnet man als „Restriktionsfragment-Längenpolymorphismen" (RFLP) – das Standardverfahren zur Identifizierung von DNA. In den USA bevorzugt man Sonden, die nur ein Basenmuster („Locus") aufspüren, da sich die Ergebnisse leichter deuten lassen („DNA Typing").

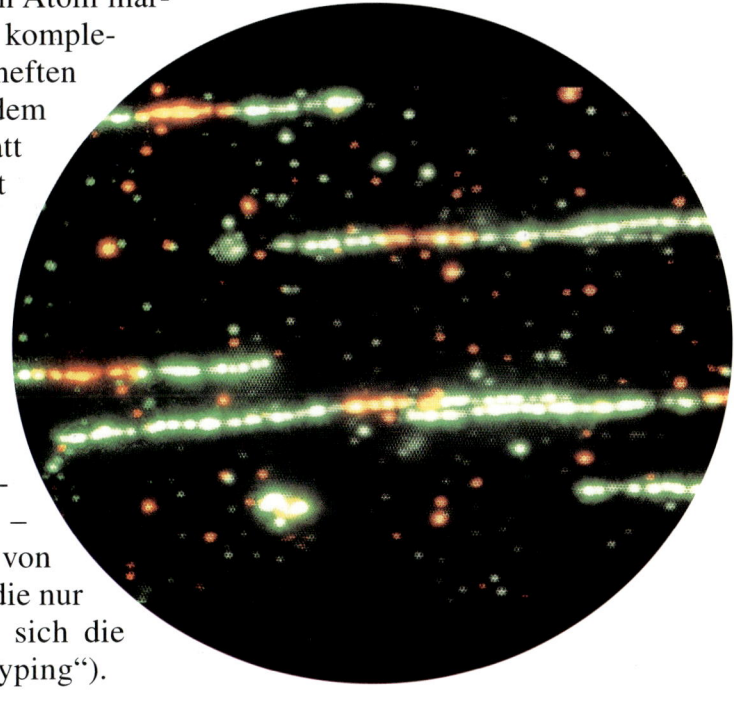

## MORDAKTE:

# Tommie Lee Andrews

**Trotz eines scheinbar sicheren Alibis brachte die erstmals in den USA zugelassene DNA-Analyse den schlüssigen Beweis, dass zahlreiche Vergewaltigungen auf das Konto des Angeklagten gingen.**

Der erste Täter, der in den USA anhand von DNA-Beweisen verurteilt wurde, war Tommie Lee Andrews aus Orlando, Florida. Allein zwischen Mai und Dezember 1986 wurden ihm 23 Vergewaltigungen mit vorgehaltenem Messer zugeschrieben. Am 22. Februar 1987 fand man Fingerabdrücke auf einer Windschutzscheibe und am 1. März konnte man Andrews nach einer Verfolgungsjagd dingfest machen. Es gab eine Menge stichhaltiger Beweise: Nancy Hodge, das erste Opfer, hatte ihn identifiziert, seine Fingerabdrücke stimmten mit den im Februar sichergestellten überein und seine Blutgruppe passte zu den Spermaspuren. Die Polizei wollte indes noch mehr. Der Vergewaltigung von Nancy Hodge beschuldigt, kam Andrews mit einem zunächst unwiderlegbaren Alibi: In der fraglichen Nacht sei er mit Freundin und Schwester zu Hause gewesen.

Der Staatsanwalt ordnete eine DNA-Analyse von Andrews' Blut und dem Sperma an. Treffer! Nach einer ersten Anhörung entschied der Richter, dieses Beweismittel für zulässig. Der Staatsanwalt aber verstieg sich zu übertriebenen Behauptungen über die Eindeutigkeit der Identifizierung, so dass kein Urteil zustande kam. In einem zweiten Verfahren wegen der Vergewaltigung vom 22. Februar wurden die Fingerabdrücke und DNA-Analyse zugelassen und Andrews zu 22 Jahren Haft verurteilt.

Bei der Wiederaufnahme des Hodge-Falles im Februar 1988 zeigte sich der Staatsanwalt diesmal gut vorbereitet. Sachverständige erläuterten die verwendeten Analyseverfahren. Andrews wurde schuldig gesprochen und zu insgesamt 115 Jahren Haft verurteilt.

FALL GELÖST

Eine weitere Variante der RFLP-Analyse ermittelt die Abfolge einer Reihe von identischen Basensequenzen – wie etwa -T-T-A-T-T-T-A-T-T-T-A-T- – entlang des Strangs. Aus dieser auch als „Minisatellit" bezeichneten VNTR-Analyse entwickelte der englische Wissenschaftler Alex Jeffreys 1984 den „genetischen Fingerabdruck". Dieses Verfahren ist langwieriger als die in den USA praktizierte Methode, da es mit Sonden arbeitet, die mehrere Loci erkennen können. Dafür ist es aber auch weitaus präziser und trägt dem Namen „genetischer Fingerabdruck" Rechnung, wenn man davon ausgeht, dass es tatsächlich keine zwei Menschen mit identischer DNA gibt.

Die RFLP-Methode sieht sich mit dem grundlegenden Problem konfrontiert, dass bisweilen nur geringste Probenmengen zur Verfügung stehen. Hier vermag die so genannte Polymerase-Kettenreaktion (PCR) Abhilfe zu schaffen. Sie bedient sich eines Enzyms, das den vorhandenen DNA-Strang kopiert; aus zwei Strängen entstehen vier und so fort. Durch die Kettenreaktion lassen sich in kurzer Zeit Millionen oder mehr Kopien gewinnen. Auf diese Weise kann zumindest theoretisch die DNA eines einzigen Zellkerns dupliziert werden. In den USA stehen vielen Polizeibehörden entsprechende PCR-Kits zur Verfügung, die auch von relativ unerfahrenen Technikern gehandhabt werden können. Leider hat dieser Test auch seine Grenzen: Da jedes Enzym nur auf einen einzigen Locus abzielt, kann das Verfahren nur zwischen vergleichsweise wenigen Personen unterscheiden.

### DAS INDIVIDUUM IDENTIFIZIEREN

Nehmen wir an, für die DNA-Analyse stünden zwei Proben zur Verfügung – eine vom Tatort (Sperma, weiße Blutkörperchen, ein Haar mit Wurzel) und eine von einer verdächtigen Person (oftmals vielleicht nur ein Abstrich mit losen Epithelzellen der Mundschleimhaut). Die Autoradiogramme stimmen überein. Beweist dies nun, dass der Verdächtige auch der Täter ist oder zumindest am Tatort anwesend war?

Derartigen Laborbefunden ist mit Vorsicht zu begegnen. Schon oft wurden übertriebene Behauptungen aufgestellt, was die Spezifizität bestimmter Tests betrifft. Vor allem die Staatsanwaltschaft ist gehalten, nicht ohne weiteres zu behaupten, dass die beiden fraglichen Proben hundertprozentig von derselben Person stammen. In den USA sind Beweismittel bereits wiederholt abgelehnt worden, nachdem sich herausgestellt hatte, dass der Staatsanwalt in den entsprechenden statistischen Verfahren nicht firm genug war.

Wenn man die RFLP-Analyse verwendet, muss sich die Wahrscheinlichkeit für die Übereinstimmung zweier Proben darauf gründen, wie oft jedes identifizierte Fragment in der Gesamtbevölkerung vorkommt. Nehmen wir an, es seien vier Fragmente identifiziert worden, mit einer Häufigkeit von jeweils 42, 32, 2 und 1 auf 100. Die Wahrscheinlichkeit, dass alle vier Fragmente gleichzeitig in einer Probe vorkommen, beträgt 42 x 32 x 2 x 1 = 2688 zu 100 Millionen oder annähernd 1 zu 37 200.

Verständlicherweise setzt dies eine detaillierte, oft erst im Entstehen begriffene Bevölkerungsstatistik voraus. Die Berechnungen können dadurch kompliziert werden, da sich die meisten Verbrechen in einer eng definierten Gemeinschaft ereignen. Sofern nicht die Häufigkeiten innerhalb der lokalen (also nicht der gesamten) Bevölkerung bekannt sind, wird die Behauptung, der Verdächtige sei per DNA-Analyse identifiziert, möglicherweise vom Gericht nicht akzeptiert.

*Falls sich bei der Blutgruppenbestimmung herausstellt, dass mehrere Blutgruppen vorliegen, wird das nicht vom Opfer stammende Blut einer DNA-Analyse unterzogen, um es mit der DNA einer verdächtigen Person genauer vergleichen zu können.*

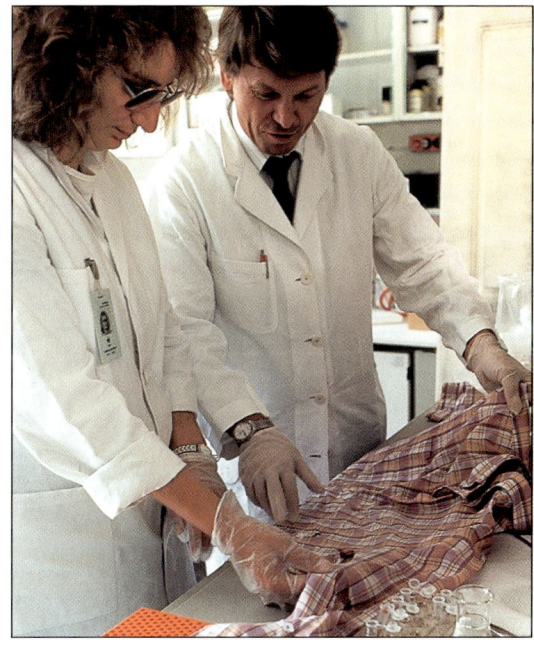

## MORDAKTE:
# Colin Pitchfork

**In einem der ersten englischen DNA-Fälle ergaben die Analysen, dass der zweier Morde bezichtigte Jugendliche unschuldig war. Erst eine groß angelegte Operation führte – wenn auch dank eines Zufalls – zur Identifizierung des wahren Täters.**

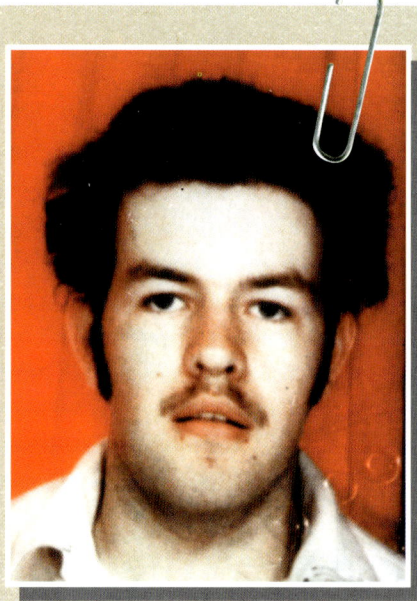

*Passfoto von Colin Pitchfork, einer der ersten Personen, die in Großbritannien auf der Grundlage einer DNA-Analyse im Gefängnis landeten.*

Die in England zuvor kaum eingesetzte DNA-Analyse bewies die Unschuld eines Geständigen und deutete auf einen zunächst unbekannten Täter.

Nachdem sie am Abend des 21. November 1983 einige Freunde in der Nachbarschaft besucht hatte, war die 15-jährige Lynda Mann nicht nach Hause zurückgekehrt. Auf dem Weg zur Arbeit bemerkte ein Krankenhauspförtner in der Morgendämmerung des folgenden Tages auf einer Wiese eine auf dem Rücken liegende Person: Lynda Mann war bereits tot, mit ihrem eigenen Schal erdrosselt. Jeans und Slip waren ausgezogen und lagen neben ihr. An den Fersen fanden sich erdige Schleifspuren.

Das Opfer war vergewaltigt worden. Spermaproben ergaben, dass der Täter ein Ausscheider der Blutgruppe A/PGM1+ war (siehe „Informationen im Blut") – was in Großbritannien auf rund zehn Prozent aller männlichen Erwachsenen zutrifft. Da die hohe Spermienzahl auf einen jüngeren Mann hindeutete, beschloss man, die Suche auf die Gruppe der 13- bis 34-Jährigen einzugrenzen. Trotz einer 150 Personen starken Mordkommission und Sichtung der Daten aller bekannten örtlichen Sexualstraftäter entdeckte man keinen

wirklich Verdächtigen, so dass man die Suche im August 1984 aufgab.

Fast zwei Jahre später, am Abend des 31. Juli 1986, kehrte die ebenfalls 15-jährige Dawn Ashworth nicht nach Hause zurück. Ihre Leiche fand man zwei Tage darauf im Gras versteckt, unweit desselben psychiatrischen Krankenhauses. Da auch sie vergewaltigt und erdrosselt worden war, ging die Polizei von einem Wiederholungstäter aus.

Bei den Ermittlungen im ersten Mordfall hatte die Polizei auch den damals 14-jährigen Richard Buckland vernommen. Jeder kannte ihn: groß für sein Alter und nicht sehr intelligent; außerdem hatte er sich wiederholt einen Spaß daraus gemacht, Mädchen und Frauen aus einem Versteck heraus zu erschrecken. Er schien jedoch nicht wirklich in Frage zu kommen. Im Sommer 1986 arbeitete er als Pförtner in dem Krankenhaus, er wurde am frühen Morgen des 8. August festgenommen und auf der örtlichen Polizeiwache verhört. Seine Aussagen steckten voller Widersprüche und nach zwei Tagen unterschrieb er ein Geständnis und wurde des Mordes an Dawn Ashworth angeklagt – wobei er betonte, nicht für den Tod von Lynda Mann verantwortlich zu sein. Der Prozess wurde für den 21. November anberaumt.

Da die Polizei weiterhin von einem Wiederholungstäter ausging, bat man Alex Jeffreys, eine DNA-Analyse anhand einer Blutprobe von Buckland und den bei den beiden Opfern sichergestellten Spermaproben durchzuführen. Das mehrere Wochen später vorliegende Ergebnis besagte, dass zweifellos ein und derselbe Mann für beide Vergewaltigungen verantwortlich war – bestimmt aber nicht Buckland, der somit der erste Mordverdächtige war, der durch eine DNA-Analyse entlastet wurde.

Die Polizei beschloss, sich die neue Technik zunutze zu machen und rief alle jüngeren Männer der Region zur freiwilligen Abgabe von Blut- und Speichelproben auf. Von Januar bis September 1987 wurden mehr als 5000 männliche Personen getestet, doch ohne Erfolg. Das Innenministerium drängte zunehmend auf einen Abschluss der Ermittlungen.

Nun kam Kommissar Zufall zu Hilfe. In einem Pub erwähnte ein Bäckereiangestellter eher beiläufig, einer seiner Kollegen, der 27-jährige Colin Pitchfork, habe ihn dafür bezahlt, in seinem Namen eine Blutprobe abzugeben. Der Polizeicomputer wies Pitchfork als überführten Exhibitionisten und ehemaligen Freigänger der psychiatrischen Klinik aus. Man hatte ihn bereits im ers-

ten Mordfall befragt, doch er hatte zum Tatzeitpunkt noch nicht in der Region gelebt. Am 19. September 1987 nahm die Polizei Pitchfork fest und schickte eine neue Blutprobe an Jeffreys. Die DNA aller drei Proben stimmte tatsächlich überein.

In dem Prozess, der nur einen Tag dauerte, wurde Colin Pitchfork zu zweimal lebenslänglich plus zehn Jahren für jede Vergewaltigung verurteilt.

*Professor Alex Jeffreys, der 1984 den genetischen Fingerabdruck entwickelte, mit einem typischen DNA-Scan.*

*Typische Proben, die einen genetischen Fingerabdruck liefern können, um einen Vergewaltiger zu überführen (von oben nach unten): mit Hilfe von Kamm und Watte sichergestellte Schamhaare, Blutprobe, zerrissener Damenslip mit Blut- und Spermaflecken, Stoffstück mit Spermafleck, Vaginalabstrich mit Spermaspuren.*

In den USA gibt es seit 1998 lokale, bundesstaatliche und nationale DNA-Datenbanken. Ein Gesetz von 1994 beschränkt die Daten indes auf die DNA von abgeurteilten Verbrechern. Der Zugriff ist nur den Strafverfolgungsbehörden gestattet und die juristische Nutzung der Daten setzt eine richterliche Verfügung voraus.

Sämtliche US-Bundesstaaten sammeln die DNA-Daten von Sexualstraftätern und von manchen Mördern und Räubern, nicht aber von Wirtschaftskriminellen. In einem dreijährigen, in 17 Bundesstaaten durchgeführten Experiment konnten nach Angaben des Justizministeriums 193 bereits erfasste Täter anhand von Tatort-DNA identifiziert werden.

In Großbritannien verwendet man in der Regel den von Jeffreys entwickelten „genetischen Fingerabdruck". Nach seinen eigenen Angaben beträgt die Wahrscheinlichkeit, dass zwei nicht verwandte Personen das gleiche Muster aufweisen, weniger als 1 zu $10^{30}$ – eine Zahl, die milliardenfach größer ist als die derzeitige Weltbevölkerung! Das zunächst bei strittiger Vaterschaft angewandte Verfahren wurde im November 1987 erstmals in einem Kriminalfall eingesetzt. Im Juni war jemand in ein Haus außerhalb von Bristol eingebrochen, hatte eine behinderte Frau vergewaltigt und ihren Schmuck gestohlen. Bei einer Gegenüberstellung identifizierte das Opfer einen Mann namens Robert Melias, den man wegen eines Einbruchs festgenommen hatte. Die DNA aus dem Sperma auf der Kleidung der Frau stimmte mit der von Melias' weißen Blutkörperchen überein. Weitere Erfolge ließen nicht lange auf sich warten.

DNA-Analyse und genetischer Fingerabdruck werden seitdem zunehmend in der Kriminaltechnik, aber auch in anderen Gebieten wie der Paläontologie eingesetzt. Ein amüsanter Fall ereignete sich im Frühjahr 1997 in England. Aus einer Höhle in Somerset hatten Archäologen den Schädel eines prähistorischen Mannes geborgen und wollten nun wissen, ob dessen DNA möglicherweise mit der von noch lebenden Personen verwandt war. Keine der von den Schulkindern der Region abgegebenen Blutproben passte – doch ihr Lehrer, der eigentlich nur der Vollständigkeit halber teilgenommen hatte, musste zu seiner großen Überraschung hören, dass der Nachfahre des Höhlenmenschen zweifellos er selbst war.

Die britische Polizei geht davon aus, dass man schon bald in der Lage sein wird, eine Täterbeschreibung zu veröffentlichen, die allein auf der genetischen Struktur der am Tatort sichergestellten DNA basiert.

## MORDAKTE:
# Jack Unterweger

**Der als resozialisiert entlassene Mörder wurde rückfällig. Seine blutige Spur führte von drei europäischen Ländern bis nach Los Angeles und wieder zurück.**

Manfred Hochmeister vom Berner Institut für Rechtsmedizin wurde 1994 mit der DNA-Analyse eines Haars beauftragt, das man im Zusammenhang mit dem Mord an einer tschechischen Prostituierten auf einem Autositz gefunden hatte. Da nur eine einzige Haarwurzel zur Verfügung stand, kam das PCR-Verfahren zum Einsatz. Zugleich war dies das erste Glied einer Beweiskette, die zur Ergreifung eines internationalen Serienmörders führen sollte.

Die tschechische Polizei fand heraus, dass ein gewisser Jack Unterweger den Wagen gefahren hatte. In Deutschland bereits wegen Mordes verurteilt, hatte er in der Haft mit dem Schreiben begonnen, mit einem Buch und mehreren Theaterstücken einige Bekanntheit erlangt und war nach seiner Entlassung als Journalist tätig.

Die österreichische Polizei untersuchte derweil mehrere Frauenmorde in der Umgebung von Wien. Bald stand fest, dass es sich stets um den gleichen Täter handeln musste, der offenbar auch in der Tschechoslowakei und der Schweiz zugeschlagen hatte. Unterweger hatte sich jeweils in der fraglichen Region aufgehalten.

Nachdem man nun das Haar entdeckt hatte, konnte eine Hausdurchsuchung erwirkt werden. In Unterwegers Wohnung fand die Polizei die Speisekarte eines Restaurants aus dem kalifornischen Malibu und Fotos, auf denen der Journalist mit einigen Polizistinnen aus Los Angeles posierte.

Aus Los Angeles erfuhr man, dass Unterweger sich dort den ganzen Juli 1991 aufgehalten hatte, in billigen Hotels abgestiegen war und für eine führende deutsche Zeitschrift angeblich an einem Artikel über Prostitution arbeitete. In dieser Zeit gab es drei Morde an Prostituierten, die mit ihrem BH erdrosselt wurden und jeweils zuletzt unweit des Hotels, in dem Unterweger gerade abgestiegen war, noch lebend gesehen worden waren.

Die österreichische Polizei zog nun die VICAP-Datenbak des FBI zu Rate (siehe „Vom Phantom zum Täter"). Unter den rund 4000 US-Fällen fanden sich lediglich vier Entsprechungen zu den europäischen Morden – drei der Opfer waren Prostituierte aus Los Angeles, die mit ihrem BH erdrosselt wurden.

Im Prozess stellte sich heraus, dass Unterweger, der für einen ganz ähnlichen Mord verurteilt worden war, innerhalb von kaum mehr als zwei Jahren nach seiner Entlassung elf Frauen in drei europäischen Staaten und den USA ermordet hatte. In neun Fällen schuldig gesprochen, fand man ihn nur wenige Stunden später erhängt in seiner Zelle.

*Jack Unterweger ermordete in rund zwei Jahren elf Frauen in drei europäischen Ländern und den Vereinigten Staaten.*

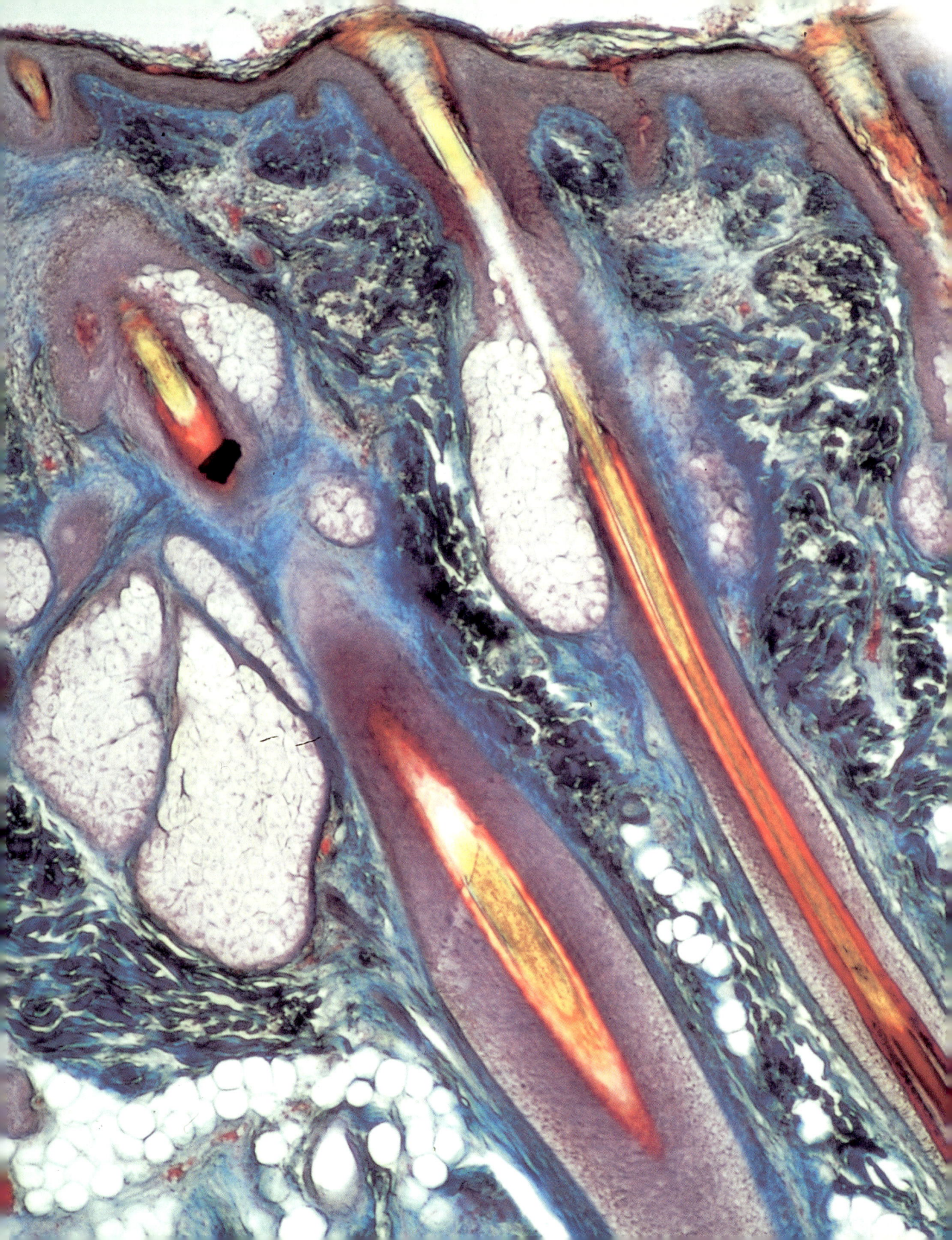

# Haare und Fasern

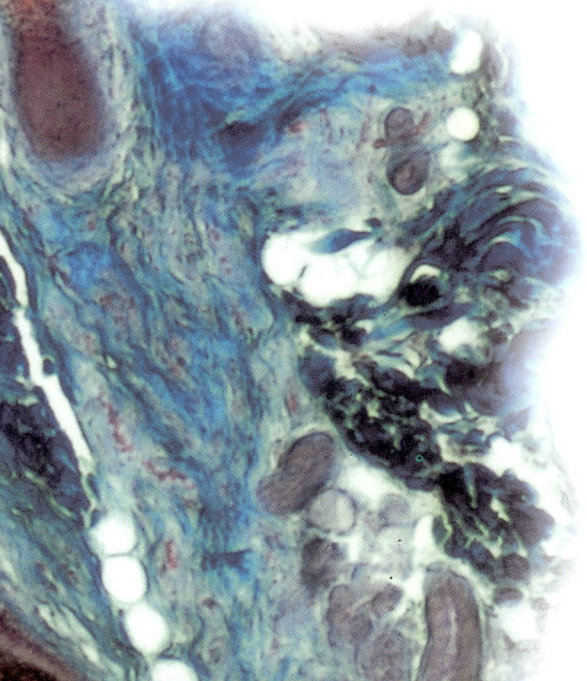

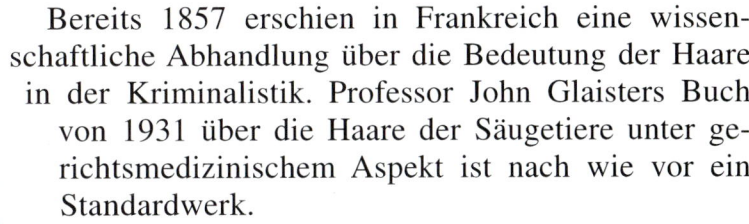

*Diese Mikroskopaufnahme zeigt drei typische Haarfollikel mitsamt den benachbarten Talgdrüsen. Links ist deutlich eine Haarwurzel zu sehen.*

Unter sämtlichen möglichen Kontaktspuren, die ein Täter am Tatort zurücklässt oder von dort mitnimmt, sind Haare und Fasern von besonderer Bedeutung – nicht nur menschliche Haare, die sich relativ leicht als solche erkennen lassen, sondern auch Haare von Tieren, Spuren von Wolle, Seide, Asbest und zahlreichen anderen natürlichen oder synthetischen Fasern aus Kleidungsstücken, Teppichen, Kordeln, Seilen, Sackleinen und so fort.

Bereits 1857 erschien in Frankreich eine wissenschaftliche Abhandlung über die Bedeutung der Haare in der Kriminalistik. Professor John Glaisters Buch von 1931 über die Haare der Säugetiere unter gerichtsmedizinischem Aspekt ist nach wie vor ein Standardwerk.

Sofern sie nicht durch Feuer, Säure oder Laugen zerstört werden, sind Haare auf einer verwesten Leiche noch lange identifizierbar und können auch an der Tatwaffe haften bleiben. Kopfhaare wachsen pro Woche um durchschnittlich 2,5 Millimeter, Barthaare erheblich schneller und Körperhaare wiederum langsamer. Nach dem Tod hört das Wachstum auf, doch da vor allem die Gesichtshaut schrumpft, treten die

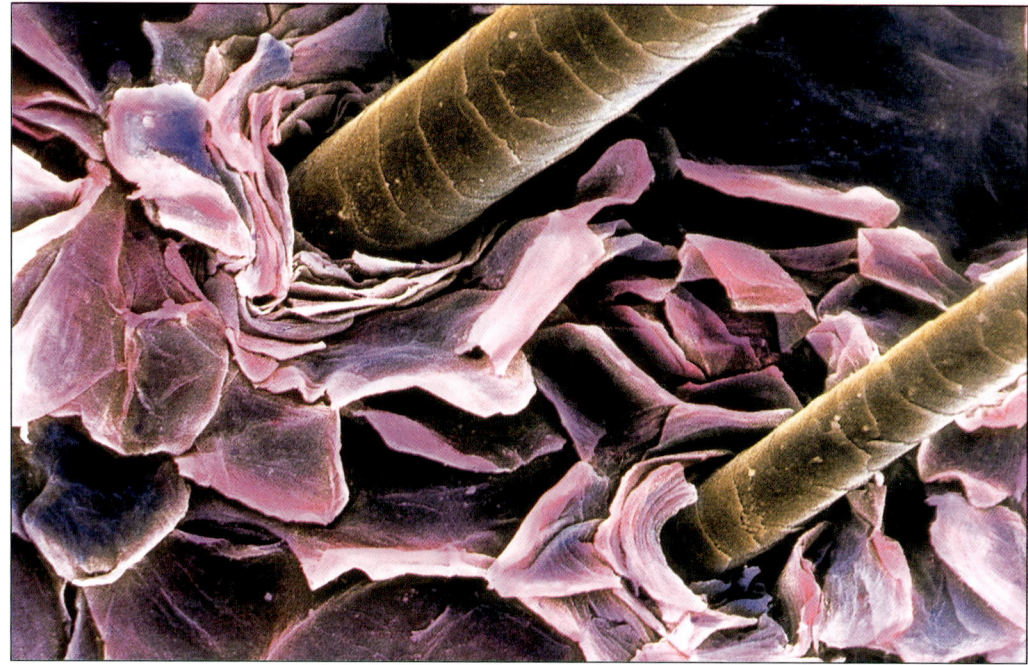

*Die zylindrische Form der menschlichen Kopfhaare wird auf dieser Mikroskopaufnahme besonders deutlich. Die violetten Gebilde sind die charakteristischen Epidermalschuppen.*

Haare stärker hervor (daher der Trugschluss, nach dem Tod wachse ein Bart weiter).

Haare bestehen aus Eiweiß (größtenteils Keratin) und wurzeln in einer Hauteinsenkung (Follikel). Ein Haar setzt sich aus drei Abschnitten zusammen: der gewöhnlich im Follikel eingebetteten Haarzwiebel, dem Haar-

KURZ INFO

Menschliche Haare lassen sich leicht von tierischen unterscheiden; eine Ausnahme bilden die Haare einiger Menschenaffenarten. Die Haarstruktur unterliegt sogar beim gleichen Individuum erheblichen Schwankungen. Man unterscheidet folgende sechs Typen:
• Kopfhaar: meist kreisförmiger Querschnitt und oftmals gesplissene Enden (durch Kämmen).
• Brauen- und Wimpernhaar: kreisförmiger Querschnitt, jedoch schlankere Spitzen.
• Barthaar: starrer und meist krauser als Kopfhaar, dreieckiger Querschnitt.

• Körperhaar: ovaler oder dreieckiger Querschnitt, in der Regel kraus.
• Achselhaar: ovaler Querschnitt, daher wellig.
• Schamhaar: meist kraus, ovaler oder dreieckiger Querschnitt; weibliches Schamhaar meist kürzer und derber.

Das Alter eines Haars lässt sich nur näherungsweise ermitteln, obwohl chemische Alterungsprozesse nachweisbar sind. Markante geschlechtsspezifische Unterschiede bestehen nicht, doch getöntes, gefärbtes, gespraytes oder dauergewelltes Haar deutet eher auf eine Frau.

schaft und der Haarspitze. Wie man unter dem Mikroskop erkennen kann, besteht es im Querschnitt ebenfalls aus drei Teilen: dem aus sich überlappenden Schuppen gebildeten Haaroberhäutchen, der pigmenthaltigen Haarrinde und dem mit Luft durchsetzten Haarmark.

Menschliches und tierisches Haar lässt sich am einfachsten anhand des Haaroberhäutchens unterscheiden. Jedes kriminaltechnische Labor besitzt hierzu entsprechende Unterlagen, die eine rasche Identifizierung der jeweiligen Spezies gestatten. Farbe und Verteilung der Pigmente in der Haarrinde sind für die Identifizierung des Individuums bedeutsam. Das Haarmark wird je nach Beschaffenheit als kontinuierlich, unterbrochen oder fragmentiert unterschieden (in seltenen Fällen fehlt es gänzlich).

In der Regel verwendet man ein Vergleichsmikroskop (siehe „Schusswaffen und Kugeln"), um Ähnlichkeiten und Unterschiede zwischen zwei Haaren zu erkennen. Für die Untersuchung des Querschnitts wird das Haar in einen Paraffinblock eingeschlossen, den man in dünne Scheiben schneidet.

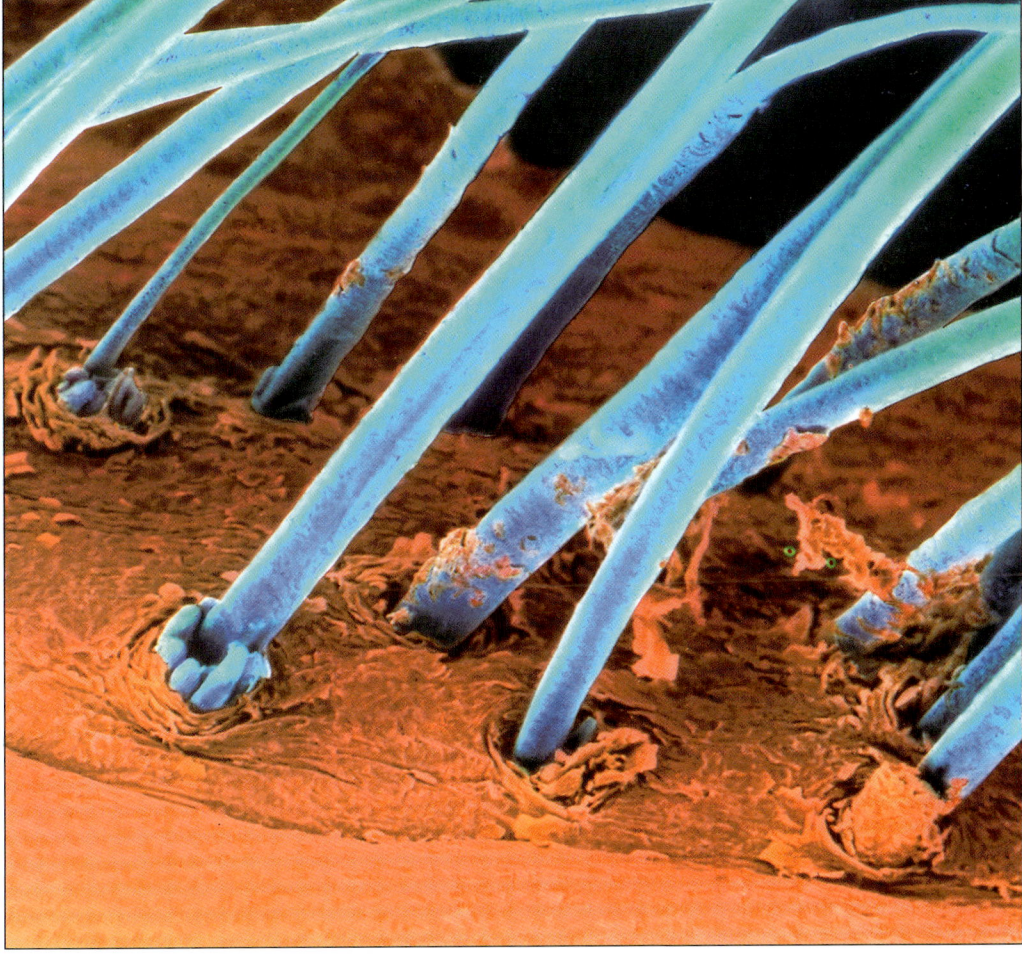

Menschliche Wimpernhaare besitzen in der Regel ebenfalls einen kreisförmigen Querschnitt, sind jedoch besonders fein und glatt.

# MORDAKTE:

# Napoleon Bonaparte

**Rund 140 Jahre lang hielt sich das Gerücht, der entmachtete und auf die Insel St. Helena mitten im Atlantik abgeschobene französische Kaiser sei durch englische Handlanger vergiftet worden. In der Tat wird diese Annahme durch die moderne Neutronenaktivierungsanalyse gestützt.**

Als Napoleon Bonaparte 1821 im Exil auf St. Helena starb, hob sein Diener zur Erinnerung eine Haarlocke auf. Zwei Monate vorher hatte Napoleon geschrieben: „Ich sterbe vor meiner Zeit, gemordet von der englischen Oligarchie und ihren gedungenen Meuchlern." So hielt sich das Gerücht von einer Vergiftung hartnäckig.

Mit Einführung der Neutronenaktivierungsanalyse beschloss man, einige der Haare zu testen. Noch nach 140 Jahren ergaben sich mehr als 10 ppm Arsen, also erheblich mehr als üblich (siehe „Tödliches Gift"). Vor allem die Verteilung des Arsens ließ vermuten, dass der entmachtete Herrscher in den vier Monaten vor seinem Tod mehrere hohe Arsendosen – absichtlich oder unabsichtlich – zu sich genommen hatte. Unmöglich klären lässt sich allerdings, ob seine englischen Aufseher, einer seiner Gefolgsleute oder selbst eingenommene Medizin die Ursache dafür waren.

*Während seines Exils auf St. Helena wurde der ehemalige französische Kaiser Napoleon Bonaparte möglicherweise mit Arsen vergiftet.*

Der Vergleich von Haaren unter dem Mikroskop ist jedoch bei weitem keine stichhaltige Identifizierungsmethode. Man kann bestenfalls sagen, dass zwei Haare starke Ähnlichkeiten aufweisen. Bei Vergiftung mit Antimon, Arsen oder Thallium lassen sich diese Elemente im Keratin nachweisen und es ist sogar möglich, eine zeitliche Einordnung vorzunehmen, indem man benachbarte kürzere Haarabschnitte analysiert. Thallium verursacht überdies eine charakteristische Schrumpfung der Haarwurzel, gefolgt von Haarausfall (siehe „Tödliches Gift").

Dr. Robert J. Jervis von der Universität Toronto entwickelte in den 1950er-Jahren ein System der Neutronenaktivierungsanalyse. Unter Neutronenbeschuss emittiert jedes im Haar vorhandene Element Gammastrahlen einer charakteristischen Wellenlänge. Die Wahrscheinlichkeit, dass zwei Haare unterschiedlicher Herkunft exakt die gleiche chemische Zusammensetzung besitzen, soll bei eins zu einer Million liegen.

Herausgerissene Haare weisen meist Gewebepartikel aus dem der Wurzel anhaftenden Follikel auf, die eine Blutgruppenbestimmung oder DNA-Analyse ermöglichen. Haarproben werden in Zukunft wahrscheinlich in vielen Fällen das wichtigste eigenständige Beweismittel darstellen.

*Hundehaare – die überlappenden Schuppen des Oberhäutchens sind völlig anders als bei menschlichem Haar.*

### FREMDE FASERN
Jeder kennt Strickpullover, die ständig flusen und in denen sich „fremde" Fasern verfangen. Doch selbst ein scheinbar glatter Stoff hinterlässt ein paar

**KURZ INFO**

Die Wellen eines Lichtstrahls schwingen in alle Richtungen. Wenn der Strahl bestimmte Materialien passiert, wird das Licht „polarisiert", so dass die Wellen nur noch in einer Ebene schwingen. Dies geschieht auch, wenn Licht reflektiert wird: Polarisierende Sonnenbrillen und Fotofilter bestehen aus Materialien, die Licht nur in einer Ebene durchlassen, die sich von der des reflektierten Lichts unterscheidet, um Spiegelungen zu unterdrücken.

Wenn eine Kunstfaser durch eine Spinndüse gepresst wird, richten sich ihre Moleküle parallel zur Faserlänge aus. Durchleuchtet man diese Faser nun mit polarisiertem Licht, so tritt dieses aufgrund der Molekülanordnung in einer längs der Faserrichtung und in einer rechtwinklig dazu stehenden Schwingungsebene aus, und zwar aufgrund der verschiedenen Geschwindigkeiten phasenverschoben.

Da der Brechungsindex von der Geschwindigkeit abhängt, mit der das Licht ein transparentes Material durchdringt, besitzt die Faser zwei Brechungsindizes. Die Differenz zwischen beiden bezeichnet man als Doppelbrechungsindex. Sein jeweiliger Wert gibt Aufschluss über die Beschaffenheit der Faser.

Überdies ist die Infrarotspektrometrie in der Lage, die Absorption verschiedener Wellenlängen durch die Faser zu messen. Diese „Signatur" lässt sich mit den Werten aller bekannten Fasern vergleichen. Außerdem kann man mit Hilfe der Spektrometrie bereits anhand geringster Fasermengen die bei der Textilherstellung verwendeten Farbstoffe analysieren. Bestehende Zweifel lassen sich per Gas-Chromatographie ausräumen. Hierzu wird die Faser stark erhitzt, bis sie sich in ihre gasförmigen Bestandteile auflöst, die nun isoliert und identifiziert werden können.

# MORDAKTE:
## John Francis Duffy

**Der Vergewaltiger trieb oft in der Nähe von Bahnhöfen sein Unwesen. Nachdem er zum Mörder geworden war, wurde er wegen einer ungewöhnlichen Kordel überführt.**

Im Jahr 1988 sprach ein englisches Gericht John Francis Duffy (siehe „Vom Phantom zum Täter") des Mordes an zwei jungen Frauen und der Vergewaltigung in über 30 Fällen schuldig. Seine Verurteilung stützte sich vor allem auf die Faseranalyse.

Duffys erstes Mordopfer war die 19-jährige Alison Day. Nachdem er sie am 29. Dezember 1985 vergewaltigt und getötet hatte, warf er ihre Leiche östlich von London in einen Fluss. Außer der Leiche konnten Taucher 17 Tage später eine Jacke aus Schafsfell bergen. Nach sorgfältiger Trocknung fand man auf Jacke, Bluse und Jeans einige Fasern, die möglicherweise vom Täter stammten.

Nur vier Monate später stieß man auf die Leiche der 15-jährigen Maartje Tamboezer. Ihre Hände waren mit einer ungewöhnlichen braunen Kordel zusammengebunden, die aus verdrilltem Papier bestand und aus einer bestimmten Fabrik in Lancashire stammte. Wie der Hersteller versicherte, wurde diese spezielle Kordel seit 1982 nicht mehr produziert.

Duffy wurde schließlich im Herbst 1986 festgenommen. Im Haus seiner Mutter fand man in einer Vorratskammer die gesuchte Kordel. Nachdem man 30 seiner Kleidungsstücke und insgesamt 2000 Faserproben untersucht hatte, stellte sich heraus, dass sie mit 13 fremden Fasern auf der Kleidung des ersten Mordopfers übereinstimmten – fast so beweiskräftig wie ein Fingerabdruck.

*Polizisten beim Absuchen der Uferböschung, an der im Januar 1986 die Leiche von Alison Day gefunden wurde.*

**FALL GELÖST**

## MORDAKTE:
# Andreas Schlicher

**Nachdem er eine junge Frau ermordet hatte, trennte er ihr den Kopf ab und versteckte ihn. Doch an seinen Schuhen haftete Erde vom Tatort und bunte Fasern stimmten mit denen der Kleidung des Opfers überein.**

Am 29. Mai 1908 wurde Margarethe Filbert als vermisst gemeldet. Sie war von einem Nachmittagsspaziergang im Falkensteiner Tal nördlich von Kaiserslautern nicht mehr zurückgekehrt. Am folgenden Tag fand man ihre Leiche ohne Kopf in einem Wald. Aufgrund des teilweise entblößt aufgefundenen Körpers ging die Polizei zunächst von einer Sexualstraftat aus, doch die Autopsie ergab, dass keine Vergewaltigung stattgefunden hatte. Da sich in der Kleidung einige Blätter verfangen hatten, war die Frau offenbar an den Beinen durchs Unterholz geschleift worden. Jemand hatte sie zunächst erwürgt und sie dann mit einem Messer enthauptet.

In der Faust der Toten befanden sich einige Haare. Die örtlichen Behörden zogen den Frankfurter Chemiker Georg Popp hinzu. Er fand heraus, dass es sich um weibliche Kopfhaare handelte. Da der Kopf fehlte und es die DNA-Analyse noch nicht gab, ließ sich nicht sagen, ob die Haare zur Toten gehörten.

Der Verdacht fiel auf den als jähzornig bekannten Bauern Andreas Schlicher. An seiner Kleidung und unter den Fingernägeln fand man Spuren menschlichen Bluts, doch trotz weiterer Indizien war seine Schuld damit noch nicht erwiesen.

Bei der Untersuchung von Schlichers Schuhen bemerkte Popp mehrere Erdschichten, die von seinem mutmaßlichen Weg vom Tatort nach Hause stammten. Überdies passten einige rötliche Woll- und Baumwollfasern zum Rock und Unterrock des Opfers.

Mit Hilfe eines Spektrophotometers konnte Popp die entsprechenden Farbstoffe identifizieren und nachweisen, dass sie mit denen der Kleidung übereinstimmten. Den Geschworenen reichte dies, um Schlicher schuldig zu sprechen. Nach dem Prozess legte er ein Geständnis ab und beschrieb, wo er den Kopf seines Opfers versteckt hatte.

**FALL GELÖST**

Spuren, wenn er beispielsweise gegen eine Tür reibt. Wenn ein Fußgänger angefahren wird, bleiben an der Karosserie mit ziemlicher Sicherheit Textilfasern zurück, die sich mit einer Handlupe aufspüren und per Klebeband sicherstellen lassen.

Hauptwerkzeug für die Untersuchung und Identifizierung von Fasern ist das Vergleichsmikroskop. Umfassende Kataloge der existierenden Natur- und Kunstfasern ermöglichen eine relativ einfache, vorläufige Identifizierung.

Chemiefasern besitzen eine ganz andere Struktur als Naturfasern. Da die Ausgangsstoffe in geschmolzenem Zustand durch feine Spinndüsen

## MORDAKTE:
# Wayne Williams

**Mehr als 20 junge Männer waren dem Mörder von Atlanta zum Opfer gefallen. Schließlich konnte das FBI diverse Fasern in seinem Elternhaus und die Haare seines Deutschen Schäferhunds identifizieren.**

Zwischen Juli 1979 und Mai 1981 fand man am Stadtrand von Atlanta die Leichen von insgesamt mehr als 20 jungen Afroamerikanern. Der Täter war offenbar ein Serienmörder, da man an der Kleidung der Opfer identische Fasern sicherstellen konnte – gelbgrüne Nylonfasern (anscheinend von einem Teppich) sowie violette Azetatfasern. Nachdem eine Lokalzeitung dies im Februar 1981 veröffentlicht hatte, änderte der Killer seine Gewohnheiten und warf seine Opfer fast nackt in einen Fluss. Eines von ihnen war Jimmy Lee Payne. An den Shorts des am 27. April aufgefundenen Toten fand sich eine einzelne Rayonfaser.

Die Polizei beschloss, eine Brücke über dem Chattahoochee zu überwachen. In der Nacht des 22. Mai 1981 ertönte ein lautes Platschen. Ein zweiter, alarmierter Streifenwagen stoppte einen Kombi. Sein Fahrer war der 23-jährige Wayne Williams, ein afroamerikanischer Musikpromoter. Nachdem er ausgesagt hatte, nur etwas Müll in den Fluss geworfen zu haben, ließ man ihn gehen.

Zwei Tage später zog man die Leiche von Nathaniel Cater aus dem Fluss. In seinen Haaren fand sich eine gelbgrüne Teppichfaser. Am 2. Juni erwirkte die Polizei einen Durchsuchungsbefehl für Williams' Elternhaus. Sämtliche Räume waren mit einem gelbgrünen Nylonbodenbelag ausgestattet, der mit den sichergestellten Fasern übereinstimmte.

Das Labor des FBI fand heraus, dass die fragliche Nylonfaser zwischen 1967 und 1974 von einer Firma in Boston hergestellt und an verschiedene Teppichwebereien verkauft worden war. Eine Farbstoffanalyse führte die Beamten zu einer Firma in Georgia. Wie sich dort herausstellte, hatte man diese spezielle Faser nur in den Jahren 1970 und 1971 verwendet und die Auslegeware in zehn südöstlichen Bundesstaaten, darunter auch Georgia, vertrieben.

*Wayne Williams ermordete innerhalb von zwei Jahren mehr als 20 junge Afroamerikaner in den Vororten von Atlanta, Georgia.*

Wie standen nun die Chancen, dass die an den Leichen gefundenen Fasern aus dem Haushalt der Williams stammten? Von einer gleichmäßigen Verteilung in den zehn Bundesstaaten ausgehend und die Gesamtzahl der Haushalte allein in Atlanta City berücksichtigend (annähernd 640000), errechnete das FBI eine Wahrscheinlichkeit von 1 zu 7792.

Überdies stimmten die Fasern der Fußmatten in Williams' Auto mit dem Rayon auf den Shorts von Jimmy Payne überein, und zwar mit einer Wahrscheinlichkeit von 1 zu 3828. Beide Verhältnisse kombiniert ergaben einen Wert von 1 zu rund 24 Millionen. Zudem hatte man im Wagen violette Azetatfasern gefunden, die zu einer Decke in Waynes Schlafzimmer und zu den Fasern an der Kleidung der Opfer passten.

Trotz des Problems, den Geschworenen mit Hilfe von 40 Tabellen und 350 Fotos die statistischen Berechnungen zu vermitteln, wurde Williams am 27. Februar 1982 zu zweimal lebenslänglicher Haft verurteilt.

FALL GELÖST

*Die Brücke über den Chattahoochee River, wo Williams kurz festgehalten wurde, nachdem er dort angeblich Müll entsorgt hatte.*

# MORDAKTE:
# Jeffrey MacDonald

**Bereits wegen des Mordes an seiner Frau und den beiden Töchtern schuldig gesprochen, konzentrierten sich die Untersuchungen im Vorfeld eines Wiederaufnahmeverfahrens auf einige am Tatort sichergestellte blonde Perückenhaare, die allerdings von Barbie-Puppen stammten.**

In der Nacht des 17. Februar 1970 erhielt die Militärpolizei von Fort Bragg in North Carolina einen Notruf. Im Haus des Sanitätsarztes Jeffrey MacDonald eingetroffen, bot sich den Polizisten eine überaus blutige Szenerie dar: Seine Frau Colette war tot und mit 21 Stichwunden übersät. Ihr Mann blutete aus zahlreichen Wunden und war bei Bewusstsein, doch regungslos. Über dem Bett stand mit blutiger Schrift das Wort PIG. Im angrenzenden Schlafzimmer fand man die beiden Töchter – erstochen und erschlagen.

MacDonald sagte, er sei auf der Wohnzimmercouch eingeschlafen und von den Schreien seiner Frau aufgewacht. Plötzlich habe er sich vier Hippies gegenübergesehen, angeführt von einer Frau mit dunkler Kleidung, schwarzem Schlapphut und langer blonder Perücke, die etwas von „Tötet die Schweine" sang. Er sei bis zur Bewusstlosigkeit mit Messer und Eispickel attackiert worden. Später habe er dann das Gemetzel in den Schlafzimmern entdeckt.

Militärfahnder stießen auf zahlreiche Hinweise, die diese Schilderung fragwürdig erscheinen ließen. Am 1. Mai wurde MacDonald des Mordes angeklagt, doch aufgrund diverser Pannen bei der Ermittlung mussten im Oktober sämtliche Anklagepunkte fallen gelassen werden.

MacDonald schied aus der Armee aus, doch sein Verhalten erregte den Verdacht des FBI, das anhand der vorhandenen Beweismittel einen neuerlichen Prozess anstrengte. MacDonald wurde aller drei Morde angeklagt, am 16. Juli 1974 schuldig gesprochen und zu dreimal lebenslänglich verurteilt.

1992 beantragte der renommierte Rechtsanwalt Alan Dershowitz ein Wiederaufnahmeverfahren, da die an der Haarbürste von Colette MacDonald gefundenen blonden Perückenhaare bislang nicht als Beweis vorgelegt worden waren und die Behauptung untermauerten, es habe eine Frau mit blonder Perücke gegeben.

Das FBI fand zwei Arten von Perückenhaaren; eine von ihnen hatte man zuvor noch nicht gesehen. Wie die Spektrometrie ergab, handelte es sich um Saran, eine Faser, die man für Puppenhaare und Staubwedel verwendet. Das FBI konnte sich zwei entsprechende Barbie-Puppen besorgen. Zwar ließ sich nicht nachweisen, dass die beiden Mädchen solche Puppen besessen hatten, doch die Fasern stammten sicher nicht von einer Erwachsenenperücke. Weitere fragwürdige Fasern stammten am Ende allesamt von der Familie.

*Der Sanitätsarzt Jeffrey MacDonald wurde schuldig gesprochen, seine Frau und seine beiden kleinen Töchter im Februar 1970 erstochen zu haben.*

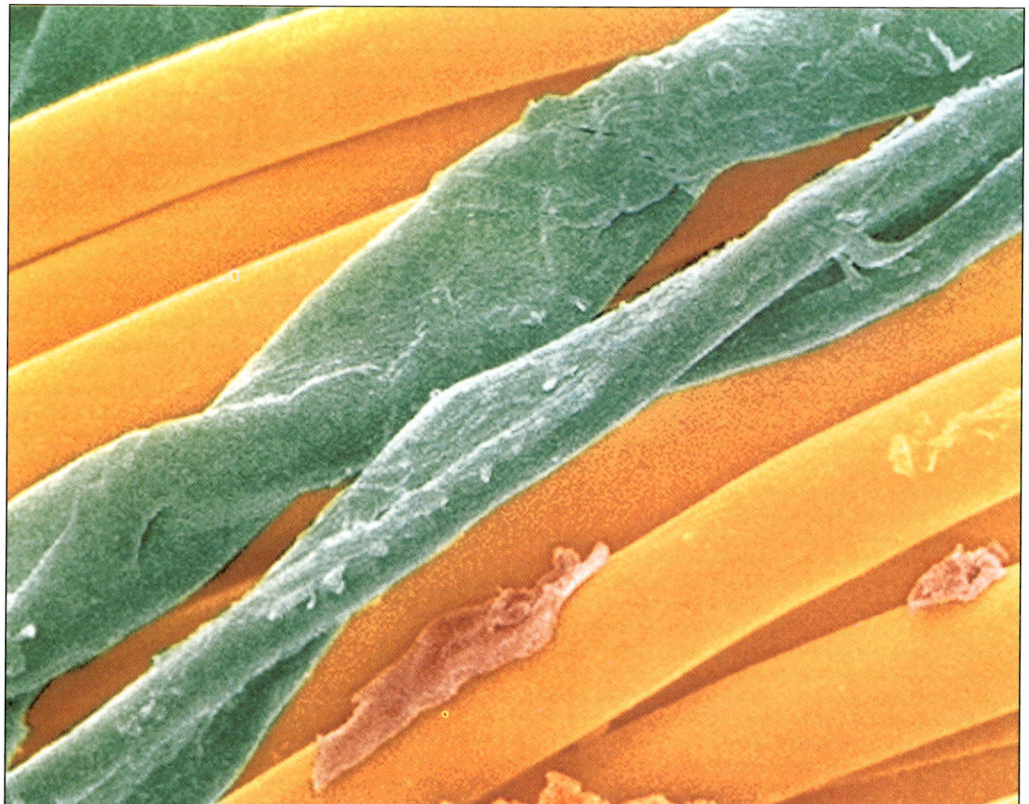

*Links: Baumwollfasern (grün) und Polyesterfasern (gelb) im Vergleich. Die Kunstfasern sind glatt und strukturlos.*

*Unten: Mit polarisiertem Licht beleuchtete Kunstseidenfasern. Die Beschaffenheit der Fasern ist nicht einheitlich. Dennoch lassen sie sich leicht von allen Naturfasern unterscheiden.*

gepresst werden, sind die Fasern viel glatter und regelmäßiger und zeigen im Querschnitt allenfalls eine leichte Struktur.

Das jeweilige Material der Kunstfaser lässt sich bisweilen anhand der Löslichkeit in bestimmten Substanzen ermitteln, in den meisten Fällen aber bedient man sich des Phänomens der Doppelbrechung (siehe Kurzinfo Seite 165).

Ausgestattet mit Vergleichsmikroskop, Mikro-Spektrophotometer und Faserkatalog, ist der Kriminaltechniker in der Lage, Faserdurchmesser, Form des Querschnitts, Doppelbrechungsindex, spektrometrische Eigenschaften, äußere Merkmale und Farbzusammensetzung zu ermitteln und die Faser mit sehr hoher Wahrscheinlichkeit zu identifizieren.

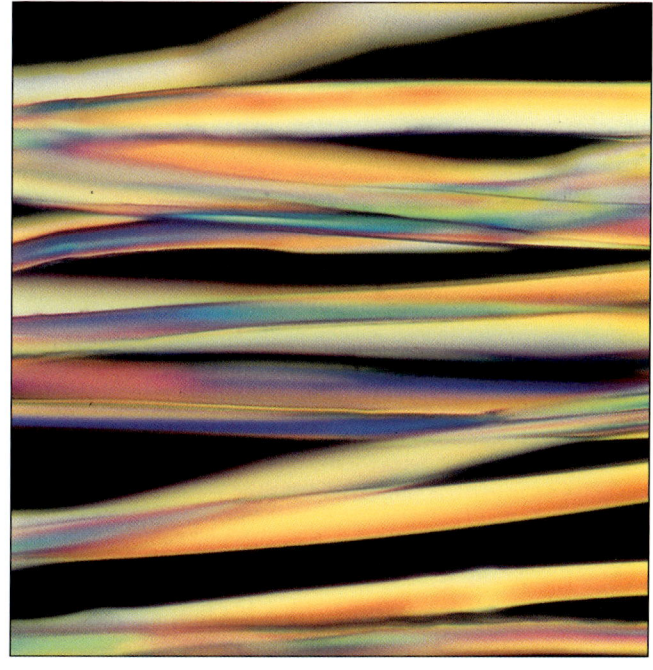

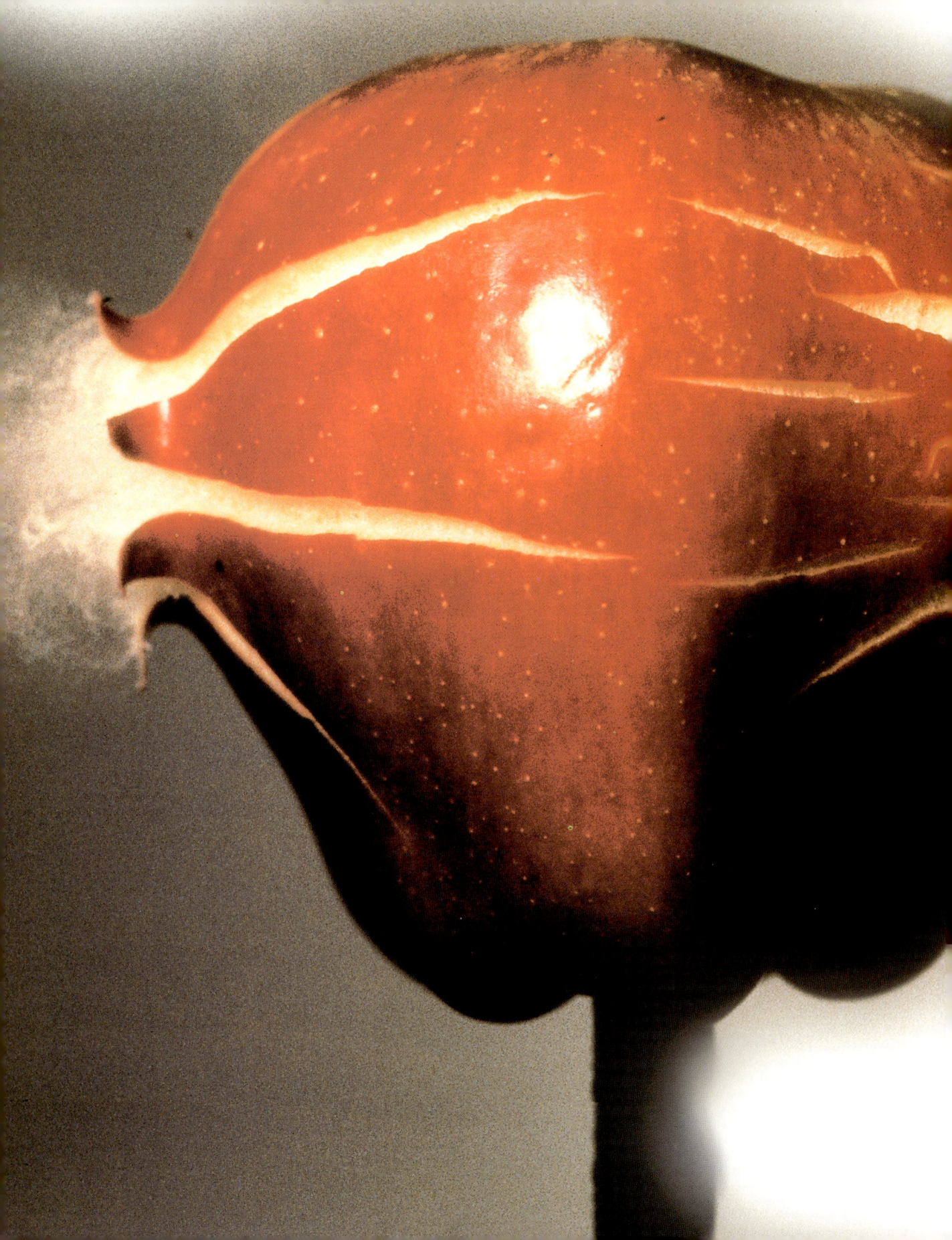

# Schuss-waffen und Kugeln

*Die Ultrakurzzeit-Aufnahme eines Geschosses vom Kaliber .22 beim Durchdringen eines Apfels lässt die verheerenden Schäden erahnen, die im menschlichen Gewebe auftreten können.*

**V**iele glauben, die forensische Ballistik, also die Untersuchung und Identifizierung von Schusswaffen und Munition, sei eine Wissenschaft des 20. Jahrhunderts, doch die Vorläufer reichen weit zurück. Im England des ausgehenden 18. Jahrhunderts war Edward Culshaw erschossen worden. Der Verdacht fiel auf einen gewissen John Toms, der eine Vorderlader-Pistole besaß. Um mit einem Vorderlader zu schießen, musste zunächst das Schwarzpulver eingefüllt und mit Hilfe eines Papierpfropfens zusammengedrückt werden. Dann gab man die Kugel hinein und schob einen zweiten Papierpfropfen in den Lauf, um diese zu fixieren. Der Chirurg, der Culshaws Wunde untersuchte, entfernte außer der Kugel auch einen Papierschnipsel. Dieser stammte vom Rand eines Notenblatts, das man in Toms' Tasche fand. So landete Toms am Galgen.

Henry Goddard nahm 1835 eine Untersuchung vor, die der modernen Ballistik schon näher kam. In Southampton hatte sich angeblich ein Einbruchdiebstahl ereignet. Der Butler behauptete, man habe auf ihn geschossen, während er im Bett lag. Goddard untersuchte die Kugeln aus der Pistole des Butlers und verglich sie mit dem aus dem hölzernen Bettgestell geborgenen Geschoss. Alle zeigten das gleiche Merkmal: eine winzige Ausbuchtung aufgrund einer leichten Unvollkommenheit der Gussform. Der Butler gestand, das Ganze nur vorgetäuscht zu haben.

Im Jahr 1869 wählten französische Wissenschaftler einen anderen Weg, indem sie Schmelzpunkt, Gewicht und Zusammensetzung einer Kugel ana-

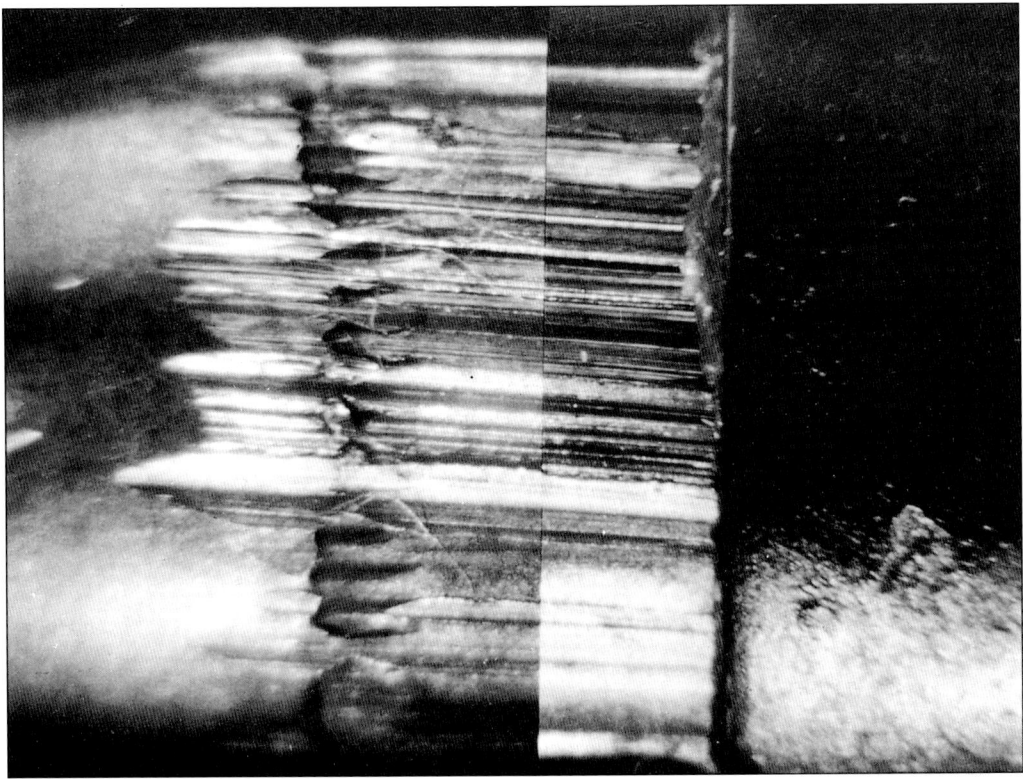

*Die spiralförmigen Züge und Felder eines gezogenen Laufs hinterlassen auf dem rotierenden Geschoss charakteristische Rillen. Diese sind nicht einmal bei zwei Schusswaffen des gleichen Fabrikats identisch. Die auf den so genannten Beschuss der mutmaßlichen Tatwaffe folgenden Analysen sprechen oft eine deutliche Sprache.*

lysierten, die man im Kopf eines Mordopfers gefunden hatte. Die Experten konnten nachweisen, dass sie mit den Kugeln im Besitz des Verdächtigen identisch war.

### SCHUSSWAFFEN IDENTIFIZIEREN

Mit Ausnahme der Flinten mit glattem Lauf haben die meisten Schusswaffen seit dem frühen 19. Jahrhundert einen „gezogenen" Lauf. Dabei werden spiralige Kerben („Züge") in den Lauf geschnitten, um der Kugel einen Drall und der Waffe eine größere Präzision zu verleihen. Die erhabenen Teile des Laufs bezeichnet man als „Felder". Da die Kugeln – um fest zu sitzen – stets etwas größer sind als die „Seele" (der Laufdurchmesser), erzeugen die Felder deutlich sichtbare Längsrillen auf dem Geschoss.

Alexandre Lacassagne, Professor für Gerichtsmedizin an der Universität Lyon, machte sich in einem Mordfall als Erster diese Tatsache zunutze. 1889 konnte er nachweisen, dass die sieben Rillen auf einer Kugel, die man aus dem Körper eines Opfers geborgen hatte, mit den sieben Feldern der Waffe eines Verdächtigen übereinstimmten. Die moderne Ballistik war geboren.

Aufgrund der erheblichen herstellerspezifischen Unterschiede ist ein Schusswaffenexperte in der Lage, das Fabrikat einer Waffe anhand der Anzahl der Züge, der relativen Breite der Züge und Felder und der Drallrichtung zu identifizieren.

Das für das Fräsen der Züge verwendete Werkzeug erfährt mit der Zeit eine leichte Abnutzung oder gar Beschädigung. Das führt zu winzigen, bei jeder Waffe individuellen Fehlern der Züge. Parallel zu den durch die Felder verursachten Rillen entstehen so auf der Kugel leichte Schrammen, die für die jeweilige Schusswaffe charakteristisch sind. Unter dem Mikroskop lässt sich so die Waffe identifizieren.

Wenn automatische oder halbautomatische Schusswaffen verwendet wurden, bleiben leere Patronenhülsen am Tatort zurück. Auch sie weisen verschiedene individuelle Merkmale auf.

Durch Betätigen des Abzugs wird der Schlagbolzen durch ein kleines Loch in den Verschlussblock aus gehärtetem Stahl getrieben und trifft auf das Zündplättchen. Der immense Druck treibt den Patronenboden gegen den Verschlussblock, wodurch sich alle durch Herstellung oder Abnutzung verursachten Schäden auf dem weicheren Metall der Patrone abzeichnen. Auch Schlagbolzen, Hülsenboden, Auszieher, Auswerfer und Magazin hinterlassen entsprechende Spuren.

Sofern sie nicht durch den Aufprall zu stark entstellt ist, kann eine einzige Kugel ausreichen, um das Fabrikat und den Lauf, aus dem sie abgefeuert wurde, zuverlässig zu bestimmen. Anhand der Patronenhülse lassen sich die Merkmale von Verschlussblock, Schlagbolzen und Auswerfer vorhersagen.

Selbstverständlich kann auch das Innere des Laufs untersucht werden. Dazu entwickelte der Amerikaner John H. Fisher Mitte der 1920er-Jahre – ausgehend von einem medizinischen Zystoskop – sein „Helixometer". Meist vergleicht man die sichergestellten Kugeln mit den unter Laborbedingungen aus dem Lauf einer verdächtigen Waffe abgefeuerten Geschossen.

Dr. A. Llewellyn Hall veröffentlichte 1900 das Buch *The Missile and the Weapon*, das sich mit dem Problem der Identifizierung von Schusswaffen befasste und auf das der bedeutende amerikanische Richter Oliver Wendell Holmes aufmerksam wurde. Im Jahr 1902 führte Holmes den Vorsitz in einem Prozess, in dem ein gewisser Best des Revolvermordes beschuldigt wurde. Der von ihm hinzugezogene Büchsenmacher feuerte mit dem fraglichen Revolver einen Schuss in eine Kiste mit kompakter Rohbaumwolle. Anschließend demonstrierte er den Geschworenen mit Hilfe eines Vergrößerungsglases die zwischen den beiden Kugeln bestehenden Ähnlichkeiten.

*Richter Oliver Wendell Holmes ließ 1902 von einem Büchsenmacher zu Vergleichszwecken eine Testkugel abfeuern. In seiner Urteilsbegründung hieß es: „Ich weiß nicht, auf welche andere Weise man den Geschworenen derart einsichtig hätte vermitteln können, wie ein Gewehrlauf eine abgefeuerte Bleikugel markiert."*

## MORDAKTE:
# Nicola Sacco und Bartolomeo Vanzetti

**Der Prozess und die Verurteilung von zwei „Anarchisten" wegen Mordes wurde in Amerika und der ganzen Welt zur Cause célèbre. Im Rahmen des Wiederaufnahmeverfahrens demonstrierten Ballistikexperten, dass die tödliche Kugel definitiv aus Saccos Waffe stammte.**

Am Nachmittag des 15. April 1920 sprangen zwei Männer aus einem vor einer Schuhfabrik in South Braintree, Massachusetts, geparkten Buick, schossen zwei Sicherheitsmänner nieder und machten sich mit Lohngeldern in Höhe von fast 16 000 $ davon. Augenzeugen beschrieben die Täter als „italienisch aussehend" und sprachen von offenbar bis zu drei weiteren Männern im Auto. Neben den Leichen fanden sich mehrere .32er-Patronenhülsen der Hersteller Peters, Winchester und Remington.

Kurz darauf nahm man im nahe gelegenen Bridgewater zwei italienische Einwanderer fest, den 29-jährigen Nicola Sacco und den 32-jährigen Bartolomeo Vanzetti. Sacco trug einen geladenen .32er-Colt, zusammen mit 23 von Peters, Winchester und Remington stammenden Patronen. Bei Vanzetti stieß man auf einen .32er-Revolver von Harrington-Richardson sowie vier Schrot-

patronen, wie man sie vier Monate zuvor am Schauplatz eines fehlgeschlagenen Überfalls auf ein Lohnbüro gefunden hatte.

In Amerika häuften sich seit einigen Jahren „anarchistische" Übergriffe, die auf die schlechten Arbeitsbedingungen der Einwanderer an der Ost-

*Oben: Sacco (rechts) und Vanzetti (links) auf dem Weg zum Gericht. Unten: Eine von zahlreichen Protestkundgebungen nach der Festnahme der beiden „Anarchisten".*

küste zurückgeführt wurden. Die Festnahme zweier Italiener bewies nun, dass die Polizei nicht untätig blieb – jedoch auch, dass die Proteste gerechtfertigt waren.

Vanzetti wurde des versuchten Überfalls schuldig gesprochen und zu 15 Jahren Haft verurteilt, doch Sacco hatte ein unumstößliches Alibi. Am 31. Mai 1921 saßen beide dann wegen des Doppelmordes von South Braintree auf der Anklagebank. Ihre Verteidiger hatten inzwischen die internationale Unterstützung politischer Organisationen gesucht und einen Hilfsfonds ins Leben gerufen. Es schien, die beiden Männer sollten eher wegen ihrer politischen Einstellung als wegen der Straftat belangt werden.

Die Staatsanwaltschaft wartete mit 59 Zeugen auf, die Verteidigung mit 99. Die Sachverständigen, darunter James Burns und Augustus Gill als Experten der Verteidigung, waren uneins, ob die tödlichen Schüsse aus Saccos Revolver stammten. Den Ausschlag gab die Tatsache, dass es sich um veraltete Patronen handelte, die sich nirgendwo mehr auftreiben ließen – außer den 23 in Saccos Tasche. Im Juli wurden beide Männer zum Tode verurteilt.

Die internationalen Proteste verstummten nicht und die Verteidigung erreichte eine Wiederaufnahme des Verfahrens. Nachdem diverse Voruntersuchungen abgeschlossen waren, bot sich Colonel Goddard im Juni 1927 als unparteiischer Experte an. Mit Gill als Zeugen feuerte er eine Testkugel ab und

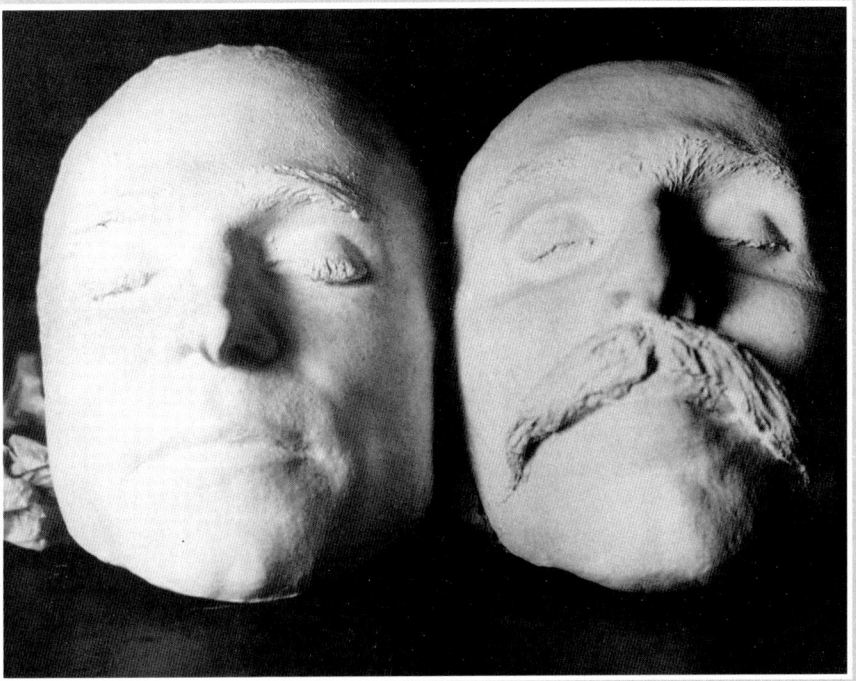

legte sie neben das tödliche Geschoss unter ein Vergleichsmikroskop. Es gab keinen Zweifel, wie auch Gill zugeben musste. Als auch Burns seine Meinung änderte, war die Sache für Sacco und Vanzetti verloren. Am 23. August 1927 endeten sie auf dem elektrischen Stuhl. Vanzettis letzte Worte waren: „Ich bin unschuldig", während Sacco rief: „Lang lebe die Anarchie!"

Doch damit war die Kontroverse nicht beendet. Im Oktober 1961 kam ein Expertengremium zu dem Schluss, dass die Kugel tatsächlich aus Saccos Revolver stammte. Und im März 1983 gelangte ein im Auftrag eines Bostoner Fernsehsenders tätiges Team zu dem gleichen Ergebnis.

*Nach der Hinrichtung am 23. August 1927 gefertigte Totenmasken von Nicola Sacco und Bartolomeo Vanzetti.*

**FALL GELÖST**

An diesem Prüfverfahren hat sich bis heute kaum etwas verändert. Meist allerdings schießt man in einen Wassertank, da Baumwollfasern ihrerseits Spuren auf dem Geschoss hinterlassen können.

### DAS VERGLEICHSMIKROSKOP

Fest etabliert wurde die forensische Ballistik in den USA durch Charles Waite, der in der Anklagebehörde des Staates New York tätig war. Im Jahr 1915 hatte man einen deutschen Einwanderer namens Stielow für schuldig befunden, den 70-jährigen Farmer Charles Phelps und seine Haushälterin erschossen zu haben. Er wartete bereits in Sing Sing auf den elektrischen Stuhl. Im Juli 1916 erwirkten seine Anwälte einen Aufschub und kurz darauf gestanden zwei Landstreicher die Tat. Waite bat Captain Jones von der New Yorker Mordkommission, Stielows Gewehr zu untersuchen. Wie Jones berichtete, war es derart verrostet, dass es vier bis fünf Jahre lang nicht verwendet worden sein konnte. Testschüsse ergaben markante Unterschiede zu den sichergestellten Kugeln. Mikroskopische Laboruntersuchungen bewiesen

*Trauriges Ergebnis des Valentins-Massakers vom 14. Februar 1929: George „Bugs" Moran und sechs seiner Männer waren von Mitgliedern der Gang Al Capones, die sich als Polizisten verkleidet hatten und von „Machinegun Jack" McGurk angeführt wurden, regelrecht hingerichtet worden.*

das und Stielow wurde freigelassen.

Nach seiner Armeezeit während des Ersten Weltkriegs reiste Waite zwei Jahre durch die USA und Europa, um bei sämtlichen Waffenherstellern Informationen zu sammeln. Mit diesen Erfahrungen gründete er bald darauf in New York das erste Institut für forensische Ballistik. Nach seinem Tod 1926 wurde Colonel Calvin Goddard zum Institutsleiter ernannt.

Der nächste wichtige Schritt auf dem Gebiet der Ballistik war die Entwicklung des Vergleichsmikroskops durch Waites Mitarbeiter, den Chemiker Philip O. Gravelle. Es besteht aus zwei Objektiven, die in einem einzigen Okular zusammengeführt werden. Es ermöglicht somit den direkten Vergleich zweier Geschosse.

Mit Hilfe des Vergleichsmikroskops konnte Goddard 1929 die beiden Thompson-Maschinenpistolen identifizieren, die bei dem berüchtigten Valentins-Massaker in Chicago verwendet worden waren. J. Edgar Hoover, der Direktor des noch jungen FBI, zeigte sich von diesem Erfolg derart beeindruckt, dass er Goddard zur Gründung des Scientific Crime Detection Laboratory an der Northwestern University von Evanston in Illinois überredete. Bald darauf gründete Hoover in Washington, D.C., die ballistische Abteilung des FBI – das heute wohl weltweit größte und am häufigsten konsultierte Zentrum zur Untersuchung von Schusswaffen.

## MORDAKTE:

# Las Vegas Crash

**Nachdem ein Flugzeug ohne erkennbare Ursache abgestürzt war, zog man das FBI hinzu. Im Gestell des Pilotensitzes stieß ein Fahnder auf Bleispuren, die eindeutig von einem Geschoss stammten.**

In den 1950er-Jahren stürzte eine amerikanische Maschine auf dem Weg von San Francisco nach Las Vegas ohne offensichtliche Ursache ab. Man vermutete, jemand könne auf den Piloten geschossen haben. Der zum Schauplatz entsandte FBI-Agent Bill Magee stellte fest, dass die Tausenden von Nietlöchern in den Rumpfteilen nahezu mit jenen Löchern übereinstimmten, die eine .38er Kugel hinterlassen würde. Somit ließ sich nur schwer sagen, ob an Bord der Maschine geschossen wurde.

Als er einigen Kollegen den chemischen Nachweis von Bleispuren demonstrieren wollte, wählte Magee zufällig ein Stück Metallrohr mit einer Delle. Zu seiner Überraschung stammte das Rohr vom Sitz des Piloten, womit zumindest bewiesen war, dass man auf ihn geschossen hatte.

AKTE GESCHLOSSEN

In Großbritannien wurde Robert Churchill, ein 41-jähriger Büchsenmacher aus London, der bereits seit 1912 als Sachverständiger auftrat, auf das neuartige Vergleichsmikroskop aufmerksam. Ausgehend von einer recht primitiven, schon 1919 von dem schottischen Pathologen Sydney Smith entwickelten Version hatte er selbst bereits mit einem ähnlichen Instrument experimentiert. Churchill reiste 1927 in die USA, traf Goddard und ließ sich später in London ebenfalls ein Vergleichsmikroskop anfertigen.

Im September 1928 war Churchill erstmals erfolgreich. Frederick Browne und William Kennedy standen wegen der Ermordung eines Polizisten vor Gericht. Ein dreiköpfiges, von Churchill angeführtes Expertenteam kam zu dem Schluss, dass die Schrammen auf der tödlichen Kugel exakt mit den Spuren auf den zum Vergleich aus Brownes Webley-Revolver abgefeuerten Geschossen übereinstimmten. Dies galt auch für die Kerben auf dem Patronenboden. Man hatte nicht weniger als 1300 Revolver dieses Typs beschossen, ohne auf ähnliche Kerben zu stoßen. Browne und Kennedy wurden zum Tod durch den Strang verurteilt.

Dieser Fall erregte auch international Aufmerksamkeit. Ballistische Labors entstanden innerhalb weniger Jahre in Lyon, Stuttgart, Berlin, Oslo und nicht viel später auch in Moskau. Die forensische Ballistik war den Kinderschuhen entwachsen.

### SCHROTMUSTER UND PULVERSPUREN

In der Nacht des 10. Oktober 1927 hielt sich ein Wilderer namens Enoch Dix mit seiner einläufigen Schrotflinte Kaliber .410 auf dem Anwesen von

Lord Temple unweit von Bath auf. Dabei wurde er von den beiden Wildhütern William Walker und George Rawlings ertappt, die sich an seine Fersen hefteten. Dix drehte sich herum und ein Schuss löste sich: Walker war tödlich getroffen, doch Rawlings konnte noch rasch einen Schuss auf den fliehenden Wilderer abgeben.

Bei der Durchsuchung von Dix' Cottage fand man die Flinte und stellte weiter fest, dass der Rücken des Verdächtigen mit Schrotwunden übersät war. Dix behauptete, Rawlings habe als Erster geschossen und aus seiner Flinte habe sich daraufhin versehentlich ein Schuss gelöst.

Die Polizei wandte sich an Robert Churchill mit der Frage, wer zuerst geschossen habe und aus welcher Entfernung. Churchill nahm beide Flinten und feuerte mit der gleichen Schrotmunition einige Schüsse auf weiß gestrichene Stahlplatten. Bei 13,6 Metern Entfernung ergab sich eine Streuung von 68,6 bis 76,2 Zentimetern, die bei 18,2 Metern zwischen 91,4 und 96,5 Zentimetern lag. Anhand der Wunden in Dix' Rücken und den Treffern in einem nahe stehenden Baum errechnete Churchill, dass Dix wenigstens 13,6 Meter entfernt war, als Rawlings feuerte. Falls sich nun aus seiner Waffe ein Schuss gelöst hätte, müsste Walker in ähnlicher Weise gezeichnet gewesen sein. Da seine tödlichen Wunden sich aber nur über einen Bereich von gut zehn Zentimetern erstreckten, hatte Dix offenbar aus kürzester Entfernung auf ihn geschossen. Die Geschworenen konnten sich dennoch nur auf einen Schuldspruch wegen Totschlags einigen.

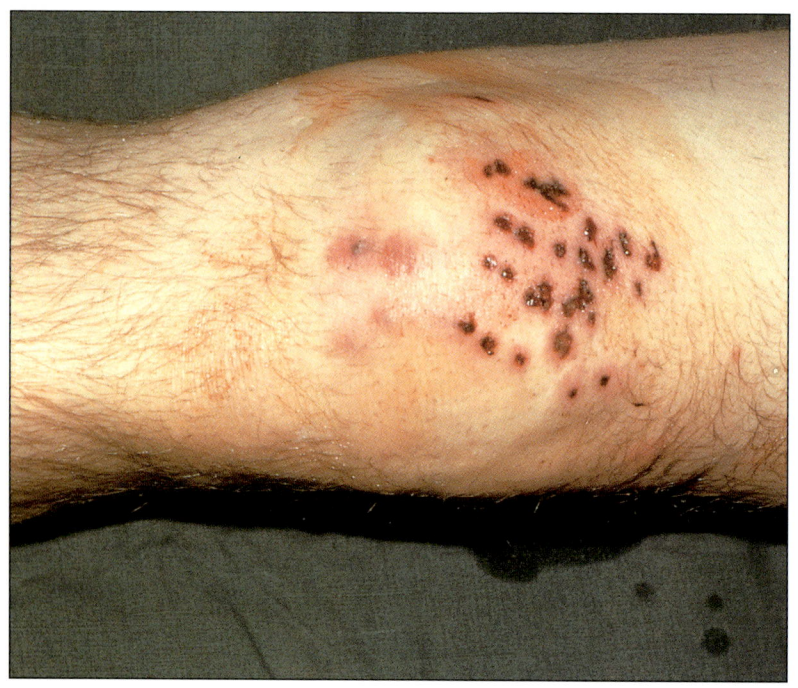

*Typisches Schrotgarbenmuster auf einem menschlichen Knie.*

Seitdem hat sich die gründliche Untersuchung von Schusswunden in vielen Fällen als bedeutsam erwiesen. Beim Abfeuern einer Waffe aus geringer Entfernung erzeugen verbrannte und bisweilen auch unverbrannte Pulverpartikel auf nackter Haut rund um die Wunde eine charakteristische „Tätowierung". Auf der Kleidung bildet sich ein ähnliches Muster, aus dessen Größe sich Entfernung und Schussrichtung ablesen lassen. Ein nahezu kreisrundes Muster entsteht, wenn die Waffe direkt auf das Opfer gerichtet wurde. Bei einem aufgesetzten und aus einer Distanz von bis zu einem

Zentimeter abgegebenen Schuss fehlt dieses Pulvermuster gewöhnlich; dies gilt auch für eine Entfernung von mehr als drei Metern.

Wenn eine Kugel ein beliebiges Material durchdringt, lässt sie winzige Bleispuren zurück, die man chemisch nachweisen kann. Bei einem aus kurzer Distanz abgegebenen Schuss können synthetische Textilfasern aufgrund der extremen Hitze schmelzen. Auch hieraus lässt sich die Schussdistanz ablesen. Oft wird behauptet, während eines Handgemenges habe sich versehentlich ein Schuss gelöst. Die zurückgelassenen Spuren können dazu beitragen, den Wahrheitsgehalt dieser Behauptung zu prüfen.

Knochen, Haare, Mauerwerk, Farbe, Glas, Fasern und auch Blut können sich auf einer abgeschossenen Kugel wiederfinden und sind oft unerlässlich, um die Geschossbahn zu ermitteln. Als in Pennsylvania ein Polizist beschuldigt wurde, einen Autofahrer erschossen zu haben, behauptete er, er sei gestolpert und dabei habe sich ein Schuss gelöst. Unter dem Mikroskop fanden sich auf der Kugel Spuren von Zement und Glas – was bewies, dass die Kugel tatsächlich vom Straßenbelag abgeprallt war und dann die Windschutzscheibe durchschlagen hatte.

Auf die rasante Expansion der Hochdruckgase im Lauf folgt ein kurzzeitiger Unterdruck, der dazu führen kann, dass umgebendes Material in den Lauf gesogen wird. In Florida ereignete sich ein Mordfall, bei dem der Täter ein Kissen als Schalldämpfer über die Mündung hielt. In der Waffe eines Verdächtigen fanden sich tatsächlich die Reste einer Feder.

Wenn ein Verdächtiger noch am Schauplatz einer Schießerei oder kurz danach gestellt wird, erfolgt routinemäßig eine Untersuchung seiner Hände und Ärmel, um anhand von Schmauchspuren zu ermitteln, ob er kürzlich eine Schusswaffe benutzt hat. Früher testete man die gewonnenen Proben auf Nitrate. Da diese jedoch zunehmend in Kosmetika sowie in Zigaretten und Agrochemikalien vorkommen, bedient man sich heute anderer Tests. So etwa bilden die im Zündmittel enthaltenen Substanzen Barium und Antimon feinste Partikel, die sich per Elektronenmikroskop nachweisen und durch chemische Reagenzien identifizieren lassen.

### WOHIN FLOG DIE KUGEL?

Eine Kugel tritt mit einer Geschwindigkeit von über 450 m/sec (1620 km/h) aus dem Lauf aus. Der durch Züge und Felder bewirkte Drall lässt sie zunächst wie einen Kreisel taumeln. Dies kann dazu führen, dass die Größe des Eintrittslochs das Kaliber übertrifft oder das Austrittsloch – selbst bei einer unbeschädigten Kugel – mehrfach größer ist als beim Einschuss.

Der Einschuss ist nicht selten ein kleines, sauberes Loch mit einem „Kontusionsring", hervorgerufen durch die Reibungsverbrennung beim Durchdringen der Haut. Die Größe des Lochs gibt nur einen vagen Hinweis

# MORDAKTE:

# Lee Harvey Oswald

**Wie oft wurde bei der Ermordung Präsident Kennedys im November 1963 geschossen? Gerichtsmediziner gelangten 1977 bei einer Nachuntersuchung zu der Überzeugung, dass es nur zwei Schüsse gegeben hatte.**

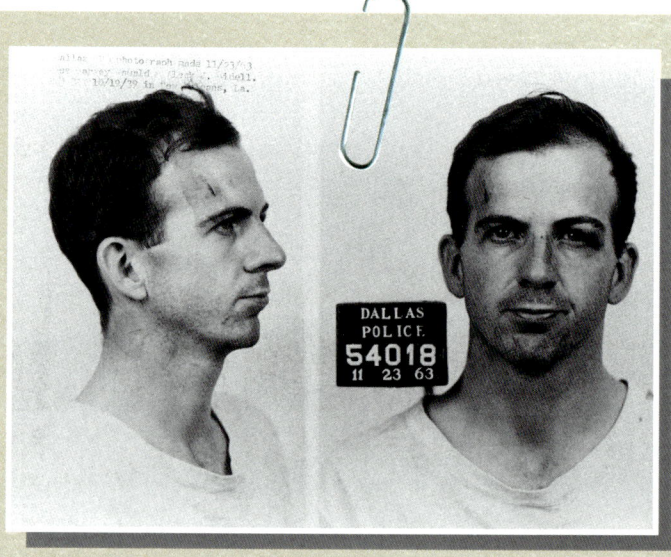

Der panikartige Zustand nach der Ermordung John F. Kennedys am 22. November 1963 im texanischen Dallas, die Zwangsüberführung seines Leichnams durch das FBI vom Parkland Hospital in Dallas ins Bethesda Naval Hospital in Washington, D.C., die Geheimnisse rund um einige Röntgenaufnahmen und Gewebeproben sowie das Verschwinden von Beweismitteln – all dies leistete den unterschiedlichsten Verschwörungstheorien Vorschub.

Keiner der Pathologen, die den Leichnam des Präsidenten in Dallas und Washington untersuchten, besaß Erfahrungen mit Schusswunden. Und die 1964 auch zur Beschwichtigung eingerichtete Warren-Kommission befragte keinen einzigen Gerichtsmediziner. Erst 1977 berief ein Sonderausschuss des Kongresses ein Gremium aus forensischen Pathologen ein, um die Beweismittel einer neuerlichen Prüfung zu unterziehen. Unter der Leitung von Dr. Michael Baden befasste man sich nochmals mit den Autopsieberichten, Fotos, Röntgenaufnahmen und der Kleidung des Präsidenten.

Eine der ersten Fragen lautete, wie viele Schüsse aus welcher Richtung auf den Konvoi abgegeben worden waren. Als Commander James Humes, der Pathologe der US-Marine, den Leichnam des Präsidenten 1963 in Bethesda untersuchte, fand er eine Wunde im Rücken, eine massive Kopfverletzung und vorne am Hals etwas, das wie ein großes Einschussloch aussah. Die Röntgenaufnahmen zeigten keine Kugeln im Körper. Die in den Rücken eingedrungene Kugel hatte offenbar einige Zenti-

*Lee Harvey Oswald nach seiner Festnahme im Anschluss an die Ermordung von Präsident John F. Kennedy am 22. November 1963.*

*Versteck des Heckenschützen im sechsten Stock des Texas School Depository Building.*

meter zurückgelegt und war danach aus dem gleichen Loch wieder herausgefallen. Wie Humes jedoch dem FBI mitteilte, war dies technisch unmöglich. Auch vermochte er nicht zu begreifen, was mit der Kugel im Kopf geschehen war. Gewebeuntersuchungen zur Ermittlung der Geschossbahnen waren nicht erfolgt.

Nachdem die Leiche tags darauf zur Bestattung abtransportiert worden war, hatte Humes Dr. Malcolm Perry in Dallas angerufen und erfahren, dass ein Luftröhrenschnitt erfolgt war, um die Atmung zu ermöglichen. Dies hatte die Austrittswunde der durch den Rücken eingedrungenen Kugel überlagert. Das Vollmantelgeschoss hatte daraufhin Gouverneur John Connally dicht über der rechten Achselhöhle getroffen, Lunge und fünfte Rippe verletzt, war unterhalb der rechten Brustwarze ausgetreten, in das rechte Handgelenk eingedrungen, hatte die Speiche durchschla-

gen und schließlich noch einen Teil des linken Oberschenkels durchquert.

Die Kleidung des Präsidenten belegte dies: Hemd und Jackett zeigten hinten jeweils ein sauberes rundes Loch, Krawatte und Hemdkragen besaßen schlitzförmige Austrittslöcher. Die Kugel, die all den Schaden angerichtet hatte, fand man auf der Trage, mit der Connally ins Krankenhaus befördert wurde – nachdem sie aus seiner Wunde im Oberschenkel gefallen war.

Bezüglich der Kugel, die den Präsidenten im Kopf getroffen hatte, wurden verbesserte Kopien der alten Röntgenaufnahmen hergestellt. Das Geschoss war wenige Zentimeter unterhalb des Scheitels eingedrungen, hatte über dem rechten Ohr eine massive Austrittswunde zurückgelassen, war gegen die Einfassung der Windschutzscheibe geprallt und schließlich auf dem Boden gelandet. Demnach gab es offenbar nur zwei Schüsse, beide von hinten.

*Die Abfolge der Ereignisse: (1) Präsident Kennedy im Gespräch mit seiner Frau. (2) Der Präsident wird getroffen. (3) Mrs. Kennedy legt ihren Arm um ihn. (4) Sie klettert Hilfe suchend nach hinten, während ihr der Geheimdienstmitarbeiter Clinton J. Hill entgegenkommt. (5) Hill schiebt Mrs. Kennedy zurück in den Wagen. (6) Er schirmt das Präsidentenpaar mit dem Körper ab, während der Wagen zum Krankenhaus rast.*

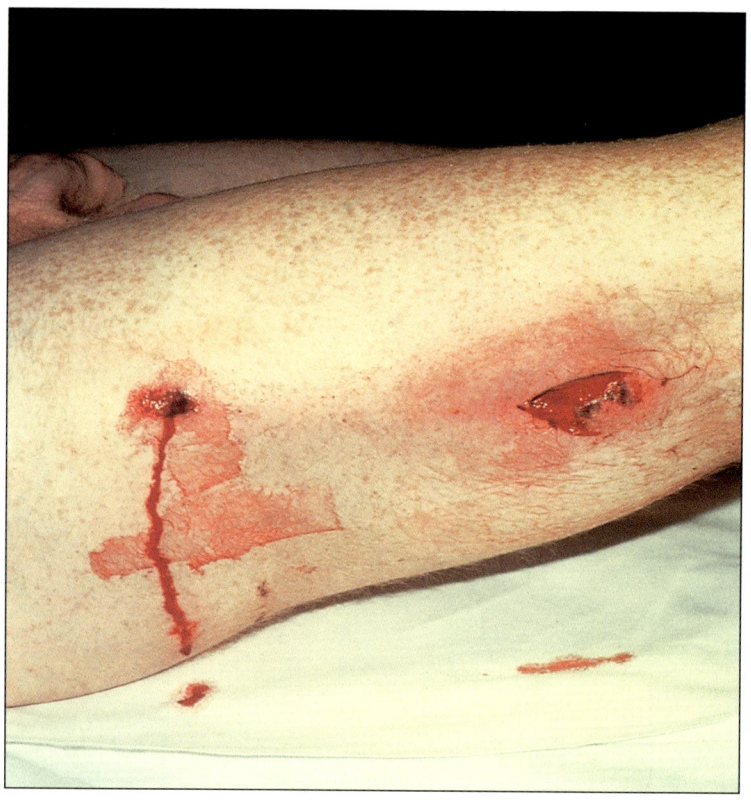

*Die Austrittswunde (rechts) ist meist größer als das Einschussloch (links).*

auf das Kaliber – sofern der Schuss nicht aus kürzester Entfernung abgegeben wurde; dann nämlich kann das Loch kleiner sein als das Kaliber. Bei größerer Distanz erzeugt das möglicherweise nicht mehr drallstabilisierte Geschoss eine ausgefranste Wunde. Durch die Wucht der eindringenden Kugel dehnt sich das Gewebe und fällt dann in sich zusammen, so dass ein deutlicher Schusskanal entsteht.

Beim Austritt erzeugt die Kugel eine meist größere Wunde, bei der die Haut sternförmig nach außen gesprengt wird. Ein Geschoss, das auf Knochen oder anderes Gewebe trifft, kann zersplittern und ein großes Loch hervorrufen. Falls die Haut jedoch durch einen Gürtel oder enge Kleidung eingeengt wird oder sich das Opfer gegen eine Wand lehnt, ist die Austrittswunde möglicherweise nicht größer als der Einschuss.

Das macht deutlich, dass es nicht einfach ist, die genaue Schussrichtung und das Kaliber zu bestimmen. Zwar kann die Analyse möglicher Fragmente auf die Art und vielleicht auch die ungefähre Größe der Kugel hinweisen, doch das Verhalten eines Geschosses in der Luft und nach dem Eindringen lässt sich grundsätzlich nur schwer ermitteln. Den entscheidenden Hinweis gibt gelegentlich eine peinlich genaue Untersuchung des Opfers.

Eine Kugel kann sich überaus merkwürdig verhalten, wie aus zwei Beispielen hervorgeht, die von dem schottischen Pathologen Sir Sydney Smith beschrieben wurden. Einmal wurde auf einen Deserteur geschossen, der sich seiner Festnahme widersetzte; kurz darauf war der Mann verblutet. Die Kugel war außen am linken Oberschenkel eingedrungen und hatte einen sauberen Einschuss hinterlassen. Dann durchdrang sie – den Muskel zerquetschend, doch die größeren Blutgefäße intakt lassend – das Gewebe hinter dem Oberschenkelknochen und verursachte eine gut sieben Zentimeter große Austrittswunde. Als sie innen am rechten Oberschenkel eintrat, erzeugte die Kugel eine ausgefranste Wunde von 7,5 mal 15,2 Zentimetern. Nach der Zerstörung weiteren Muskelgewebes zerschellte sie am unteren Ende des Oberschenkelknochens, dabei durchtrennte sie die Schlagader. Ein oder zwei Metallsplitter hinterließen außen am Oberschenkel eine kleine Austrittswunde.

„Ohne entsprechende Erfahrung oder Kenntnis der genauen Umstände", so Smith, „hätte man angesichts der Wunden annehmen müssen, dass zwei Schüsse abgegeben wurden, einer von links und einer von rechts."

Im zweiten Fall wurde ein junger Soldat an beiden Armen und Beinen schwer verwundet, wobei sämtliche Gliedmaßen ein Eintritts- und Austrittsloch zeigten. Wie sich herausstellte, hatte er sich nach vorn gebeugt, um sich die Gamaschen zu richten, als sich aus dem Gewehr seines Nebenmanns ein (!) Schuss löste. Die Kugel drang unterhalb des Knies außen am linken Bein ein, durchdrang seinen linken Arm unterhalb des Ellbogens und dann das rechte Bein und den rechten Arm. In den ersten drei Gliedmaßen richtete die Kugel kaum Schäden an, bevor sie im rechten Arm zersplitterte.

Zwei nicht weniger ungewöhnliche Fälle finden sich in den Akten des FBI. Einmal wurde eine Person mit einer .22er-Kugel im Handgelenk getroffen. Das Kaliber war klein genug, dass das Geschoss entlang einer Vene bis ins Herz gelangen konnte und so den Tod herbeiführte.

Der andere Fall spielt in Oklahoma, wo ein bewaffneter Bankräuber drei Menschen in seiner Gewalt hielt. Die Kassiererin erkannte ihn. Um sich der Zeugen zu entledigen, erschoss der Geiselnehmer sie nacheinander kaltblütig. Obwohl sie an der Stirn eine deutlich sichtbare Austrittswunde hatte, überlebte die Kassiererin ohne bleibende Hirnschäden. Nach ihrer Genesung konnte sie vor Gericht als Zeugin aussagen.

Hochgeschwindigkeitsgeschosse können große Entfernungen zurücklegen. Nachdem John Hinckley 1981 auf Präsident Reagan geschossen hatte, wusste das FBI, dass sechs Kugeln abgefeuert worden waren. Vier von ihnen fanden sich in den Körpern der Verwundeten und die Fünfte hatte das rechte hintere Autofenster durchschlagen. Wo aber war die sechste Kugel? Man durchsuchte die ganze Umgebung und fand sie erst, nachdem man den gesamten Straßenschmutz durchsiebt hatte. Die Kugel war hoch oben auf der anderen Straßenseite gegen eine Fensterscheibe geprallt und zerschellt. Einzelne Fragmente fanden sich unterhalb des Fensters, doch die Glasscheibe wies nur ein kleines Loch auf.

Manchmal werden auch komplizierte Fälle aufgeklärt. Einmal wurde auf das israelische Konsulat in Washington, D.C., geschossen. Die Kugel hatte eine Fensterscheibe durchschlagen und war in einer Innenwand stecken geblieben. FBI-Experten visierten mit einem Laserstrahl vom Auftreffpunkt in der Wand durch das Loch in der Glasscheibe. Der Strahl lief zwischen zwei benachbarten Gebäuden hindurch und mündete bei einer mehrere Blocks entfernten unbebauten Fläche. Wie sich herausstellte, hatte ein Ordnungshüter einen Handtaschendieb verfolgt und auf den Flüchtenden geschossen.

# Brände und Explosionen

*Die Säule aus Flammen, Qualm und brennenden Partikeln kündet von einer vorangegangenen Explosion. Das dunkle Orange der Flammen und der dichte schwarze Rauch lassen vermuten, dass eine kohlenstoffreiche Substanz wie etwa Öl verbrannt wurde.*

Feuer und Explosion gehören eng zusammen – wegen ihrer ähnlichen chemischen Prozesse und weil oft das eine auf das andere folgt. Die Untersuchung und Identifizierung der Opfer kann dem Pathologen und anderen Fachleuten große Probleme bereiten. Und eine Klärung des Hergangs ist nur mit Hilfe weiterer Experten möglich.

## EXPLOSIVSTOFFE

Viele Menschen haben täglich ein Päckchen von Explosivstoffen bei sich oder bewahren es zu Hause auf. Die Rede ist von Streichhölzern, die man an jeder Straßenecke erstehen kann. Dennoch haben sie sämtliche Eigenschaften eines Explosivstoffs von größter Zerstörungskraft.

Der erste hergestellte Explosivstoff war das Schwarzpulver. Seine Zusammensetzung – Kaliumnitrat, Holzkohle und Schwefel – veranschaulicht sämtliche Anforderungen an eine solche Substanz. Der im Kaliumnitrat überaus reichlich vorhandene Sauerstoff bildet zusammen mit dem Kohlenstoff der Holzkohle das Gas Kohlendioxid. Im Freien verbrennt Schwarzpulver rasch, aber gefahrlos. In einem starren Behältnis jedoch führen die rasch expandierenden Gase zu einer Explosion.

Die meisten modernen Explosivstoffe basieren auf dem gleichen

187

### Was ist ein Explosivstoff?

• Es kann sich um eine einzelne Substanz oder ein Gemisch handeln.

• Die Substanz oder das Gemisch befindet sich in einem nur vorübergehend stabilen chemischen Zustand.

• Die Aufhebung der Stabilität führt zur plötzlichen Freisetzung großer Energiemengen in Form eines heißen, sehr rasch expandierenden Gases. Detonationswellen können eine Temperatur von bis zu 5000 °C, einen Druck von 200 t/cm$^2$ (Tonnen pro Quadratzentimeter) und eine Geschwindigkeit von 8000 m/sec (Metern pro Sekunde) erreichen. Das entspricht 28800 km/h.

*Die meisten Menschen machen sich über ein schlichtes Streichholz weiter keine Gedanken, doch dieser vertraute Haushaltsgegenstand besitzt sämtliche Merkmale selbst des tödlichsten Explosivstoffs.*

Prinzip: der Kombination aus Kohlen- und Sauerstoff. Je höher die Packungsdichte, desto höher die Explosionskraft. Wichtig ist, dass möglichst viel Gas entsteht und möglichst wenige Feststoffe zurückbleiben. In dieser Hinsicht ist Schwarzpulver besonders ineffizient, denn mehr als 50 Prozent bleiben als Feststoff zurück. Viele andere Explosivstoffe hinterlassen ebenfalls eine größere Menge fester Reste.

In jeder Minute ereignen sich auf unseren Straßen Millionen von Explosionen in den Verbrennungsmotoren von Autos, Bussen, LKWs und Motorrädern. In jedem Zylinder wird ein Gemisch aus atmosphärischem Sauerstoff und Brennstoff (Benzin) verdichtet und dann entzündet. Gasheizungen funktionieren im Wesentlichen nach dem gleichen Prinzip. Entflammbare Brennstoffe werden mit Luft zusammen in einem geschlossenen Behälter eingeschlossen, damit sich eine explosive Mischung bildet.

Bei der Sauerstoffquelle eines Explosivstoffs kann es sich um die Komponente eines Gemischs handeln (wie beim Schwarzpulver) oder um den Bestandteil des Moleküls einer chemischen Verbindung, die auch Kohlenstoff enthält. Bei Gemischen sind die Nitrate und Chlorate die beliebtesten Sauerstoffquellen. Bei einigen von ihnen handelt es sich um frei verkäufliche Agrochemikalien (Dünger und Unkrautvernichtungsmittel), wie sie bei zahlreichen terroristischen Bombenattentaten benutzt wurden, etwa bei dem verheerenden Anschlag am 19. April 1995 in Oklahoma City.

Während sich im 19. Jahrhundert die organische Chemie entwickelte, wurden Substanzen synthetisiert, die Kohlenstoff- und auch Nitratgruppen in einem einzigen Molekül enthalten – zunächst etwa Nitroglyzerin, Trinitrotoluol (TNT) und Pikrinsäure (Trinitrophenol). Später kamen Tetryl, PETN (Pentaerythrittetranitrat, die Hauptsubstanz des Semtex) und RDX oder Cyclonit hinzu.

Da diese Explosivstoffe als instabile Verbindungen konstruiert sind, gibt es stets die Gefahr einer spontanen Explosion, weshalb bei der Fertigung auf eine relativ sichere Handhabbarkeit zu achten ist. Das Nitroglycerin etwa ist eine Flüssigkeit, die bereits explodiert, wenn man sie schüttelt. Das von Alfred Nobel 1866 erfundene Dynamit bestand aus Nitroglycerin, das von Kieselgur aufgesogen wird, was die Stoßempfindlichkeit herabsetzt. Zum „Verdünnen" verwendet man heute je nach Verwendungszweck verschiedene inaktive Substanzen.

Eine Explosion kann durch Stoß, Reibung, Flamme oder elektrische Entladung ausgelöst werden. Am Anfang steht in jedem Fall ein Anstieg der Temperatur an einer bestimmten Stelle der Sprengladung. Die einmal in Gang gekommene Reaktion erzeugt ihre eigene Hitze und breitet sich mit einer kugelförmigen Stoßwelle aus – so rasch, dass schon nach Millionstel Sekunden alles wieder vorbei ist.

Aufgrund der Anforderungen an eine sichere Handhabbarkeit lässt sich manchmal eine Explosion nur mit Hilfe eines

*Der schwedische Industrielle Alfred Nobel erfand 1866 das Dynamit.*

*Bei der Herstellung von Nitroglyzerin muss konzentrierte Salpetersäure schrittweise mit Glyzerin vermischt werden. Dabei darf die Reaktionstemperatur nicht über 10 °C ansteigen. Früher wurde der Mischvorgang manuell überwacht und der verantwortliche Arbeiter hockte auf einem einbeinigen Schemel. Der Schemel sollte sicherstellen, dass der Mann dabei nicht einschlief!*

Spuren von Explosivstoffen an den Händen eines Verdächtigen gelten vor Gericht meist als Beweis für einen Umgang mit dem Material in verbrecherischer Absicht. Doch es gibt noch mindestens eine andere Erklärung, denn jahrelang wurde gegen Angina pectoris (Herzkranzverengung) hoch verdünntes Nitroglyzerin als Tropfen oder Tabletten verschrieben. In letzter Zeit sind weitere explosive organische Nitrate in Gebrauch gekommen, vor allem PETN. Da die entsprechenden Tests sehr empfindlich sind, findet man gelegentlich auch Spuren an den Händen einer Person, die kurz zuvor Herztabletten eingenommen hat. In einem Prozess wurde diese Möglichkeit jedoch offenbar noch nicht in Betracht gezogen.

Zündmittels oder Initialsprengstoffs auslösen. Dieser verursacht einen heftigen Impuls und somit einen starken lokalen Temperaturanstieg. Meist handelt es sich um die instabile Verbindung eines Schwermetalls mit Stickstoff. Typische Beispiele sind Knallquecksilber und Bleiazid.

### ERMITTLUNGEN NACH EINER EXPLOSION

Explosivstoffe werden in krimineller Absicht eingesetzt, um sich gewaltsam Zugang zu verschaffen oder um persönliche oder politische Gewalt gegen Personen oder Eigentum auszuüben. Manche Unfälle oder Selbstmorde können ebenfalls die Kenntnisse eines Sprengstoffexperten erforderlich machen.

*Am Schauplatz einer Explosion sichergestellte Objekte werden auf Sprengstoffreste geprüft.*

Auch hier gilt für den Ermittler die grundsätzlich am Tatort gebotene Sorgfalt, zumal wichtige Beweismittel über eine große Fläche verstreut sein können. Eine nützliche Faustregel lautet, die Entfernung zwischen Explosionszentrum und den am weitesten entfernt liegenden Trümmern abzuschätzen und dann einen Bereich mit einem um 50 Prozent vergrößerten Radius abzuriegeln.

Das Explosionszentrum lässt sich ermitteln, indem man die entstandenen Schäden genau untersucht und die Richtung der Stoßwelle bestimmt. Lange Metallobjekte wie Rohre, Schienen oder Regale und sogar Nägel, Schrauben und Bolzen sind entsprechend verbogen. Metalltüren und leere Metallbehälter sind eingedellt, nicht so jedoch volle metallene Was-

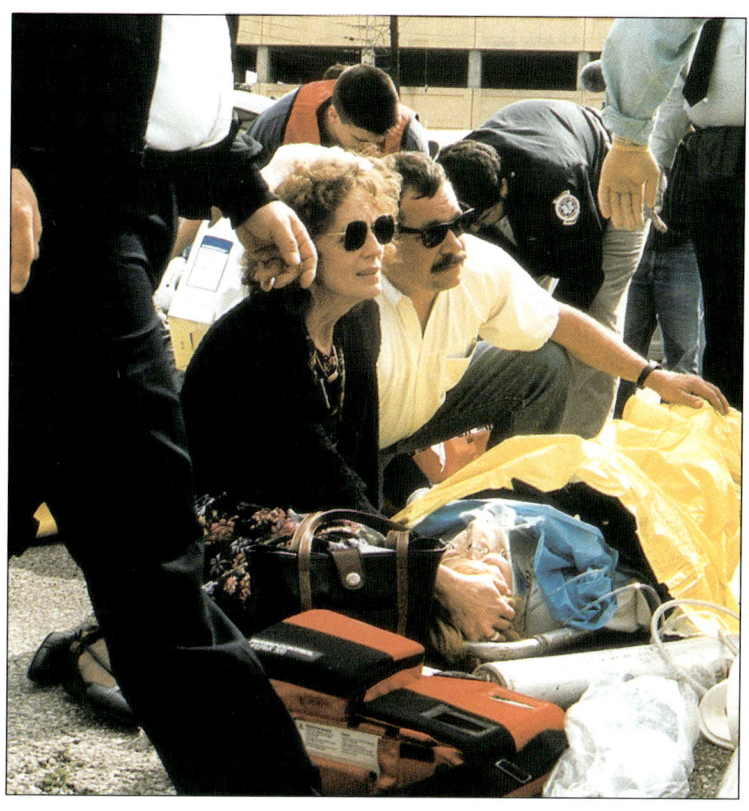

*Versorgung eines verletzten Mädchens 30 Minuten nach dem Sprengstoffanschlag von Oklahoma.*

*Bei der Explosion, die am 19. April 1995 das Alfred P. Murrah Federal Building (links) in Oklahoma City zerstörte, kam ein leicht erhältliches Unkrautvernichtungsmittel zum Einsatz.*

# MORDAKTE:

# Pan-Am-Flug 103A

**Die Sprengstoffexperten sahen sich mit der Tatsache konfrontiert, dass die Linienmaschine in rund vier Millionen Teile zerborsten war. Dennoch konnten sie die Explosionsquelle ermitteln – einen mit Semtex gefüllten und mit einer elektronischen Zeitschaltuhr versehenen Radiorekorder. Zusammen mit weiteren Beweismitteln führte dies zur Anklage zweier Libyer.**

Am 21.12.1988 starteten 109 Passagiere mit dem Pan-Am-Flug 103A vom Frankfurter Flughafen, um Weihnachten in den Vereinigten Staaten zu verbringen. In Heathrow mussten sie sechs Stunden auf den Anschlussflug mit der Pan Am 747 *Maid of the Seas* warten, während ihr in einem Metallcontainer befindliches Gepäck umgeladen wurde. Um 7.05 Uhr, genau eine Stunde nach dem Start, verschwand die Maschine über Südschottland plötzlich von den Radarschirmen.

Eine gewaltige Explosion hatte das Flugzeug zerfetzt. Einzelne Teile wurden später mehr als 150 Kilometer vom Absturzort entfernt gefunden. Das dritte Triebwerk stürzte indes direkt auf die Ortschaft Lockerbie und schlug einen 4,5 Meter tiefen Krater, während einer der Flügel sich neun Meter tief in den Boden rammte, nachdem er zwei Häuser zerstört und mehr als

*Die Pan-Am-Maschine* Maid of the Seas *explodierte in großer Höhe über dem schottischen Lockerbie. Die einzelnen Fragmente bedeckten eine Fläche von mehr als 2000 Quadratkilometern.*

1500 Tonnen Erde und Gestein aufgeworfen hatte. Sämtliche 259 Passagiere sowie elf Einwohner von Lockerbie fanden den Tod.

Auf einer Fläche von 2188 Quadratkilometern wurden rund vier Millionen Einzelteile geborgen und in einem nicht weit von Lockerbie entfernten Munitionsdepot sorgfältig ausgelegt. Wie sich ergab, hatte sich die Explosion in einem Metallcontainer im vorderen Frachtraum links unten im Rumpf ereignet. Im Inneren eines zerbeulten Metallstücks fand sich ein winziges Teil einer Platine. Sie stammte von einem Toshiba-Radiorekorder, der – mit 397 Gramm Semtex vollgepackt – in einem braunen Samsonite-Koffer steckte. Der Container war aus Frankfurt gekommen und in Heathrow umgeladen worden.

Mit den weiteren Untersuchungen wurde das britische Waffenforschungsinstitut RARDE beauftragt. Erst nach Wochen entdeckte Fragmente bestätigten, dass der Rekorder mit der Bombe identisch war. Ein weiteres Fragment wurde als Teil einer elektronischen Zeitschaltuhr identifiziert, die in Zürich hergestellt worden war. Nur 20 dieser Geräte waren 1985 im Auftrag der libyschen Regierung gefertigt worden. Im Februar 1988 hatte man im Senegal zehn von ihnen im Besitz zweier Libyer gefunden – ein weiteres fand sich im Wrack einer französischen Maschine, die im September 1989 über dem Staat Niger explodiert war.

Ein Textilfetzen gehörte zu einem blauen Strampelanzug und trug ein maltesisches Herstelleretikett. Aus der Liste der in Frankfurt eingeladenen Koffer ging hervor, dass einer von ihnen tatsächlich mit Air Malta aus Valletta gekommen war – doch in der Maschine nach London hatte sich kein Passagier aus Malta befunden. Ein weiterer Hinweis war ein Stück Hosenstoff in den Trümmern des Samsonite-Koffers.

Acht Monate nach dem Desaster flog ein hochrangiger schottischer Kriminalbeamter nach Malta. Der Inhaber eines Geschäfts erinnerte sich noch deutlich an einen Mann, der einen Monat vor dem Anschlag einige Textilien gekauft hatte, darunter auch einen blauen Strampler. Demnach handelte es sich um einen rund 50-jährigen, gut rasierten Libyer. Es hatte damals geregnet und der Mann hatte noch einen Schirm erstanden. Die Fahnder von RARDE hatten tatsächlich winzige Fasern des Stramplers gefunden, die in den Stoffresten eines Schirms eingebettet waren.

Fast drei Jahre nach der Tat veröffentlichten amerikanische und schottische Justizbehörden die Namen und Fotos der beiden mutmaßlichen Verantwortlichen; einer von ihnen wurde von dem Ladenbesitzer wiedererkannt. Nach weiteren acht Jahren des juristischen Tauziehens mit der libyschen Regierung standen die beiden vor einem schottischen Gericht – das erstmals in den Niederlanden tagte und am 31. Januar 2001 einen der Angeklagten zu lebenslänglicher Haft verurteilte.

*Suche nach Beweisen in den Trümmern der* Maid of the Seas. *Insgesamt wurden rund vier Millionen Fragmente geborgen, die bis zu 150 Kilometer von der Absturzstelle entfernt lagen.*

FALL GELÖST

## MORDAKTE:
# Die Familie Maguire

**Sieben in England lebende irische Frauen und Männer wurden wegen Mitwirkung an Bombenanschlägen der IRA verurteilt und saßen 14 Jahre unschuldig im Gefängnis.**

Wegen illegalen Schusswaffenbesitzes landeten 1976 in England sechs Maguires und ein Freund der Familie im Gefängnis. Die Strafen fielen besonders hoch aus, da sie angeblich an der Herstellung von Bomben für die IRA beteiligt gewesen waren.

Die Geschworenen ließen sich vom Staatsanwalt überzeugen, dass man an den Händen der Angeklagten eindeutige Spuren von Nitroglyzerin gefunden hat-

te. Die Urteile wurden erst 1990 durch ein Berufungsgericht aufgehoben. Im ersten Prozess waren Abstriche von den Händen und angeblichen Gummihandschuhen der Maguires genommen und chromatographisch analysiert worden. Man hatte jedoch versäumt, den Geschworenen mitzuteilen, dass sich die Laborbefunde auch anders deuten ließen und dass die Resultate späterer Tests (mindestens einer war negativ) der Verteidigung vorenthalten worden waren. Auch konnten die Proben zu einem späteren Zeitpunkt kontaminiert worden sein.

Dieser Fall zeigt, dass eine Sprengstoffanalyse peinlich genau und vorurteilsfrei durchgeführt werden muss. Er demonstriert einmal mehr, dass sogar der konkrete Nachweis von Sprengstoff an den Händen eines Verdächtigen nicht unbedingt einen unmittelbaren Tatnachweis darstellt.

**FALL GELÖST**

*V.l.n.r.: Anne Maguire mit ihrem Mann, dem Sohn Patrick und Sean Smith am 18. April 1991 vor dem High Court am ersten Tag der Anhörungen im Fall der „Maguire Seven".*

sertanks oder Heizkörper, da ihre Flüssigkeiten nahezu unkomprimierbar sind. Im Labor kann man ähnliche Objekte später testen, um anhand des erforderlichen Drucks eine Vorstellung von Art und Menge des verwendeten Sprengstoffs zu erhalten.

Der Verlauf der Stoßwellen lässt sich auch daran ablesen, in welchem Muster die aufgewirbelten Teilchen wieder auf dem Boden niedersinken. Horizontale Flächen wie etwa Arbeits- und Tischplatten in der Küche können zu irreführenden Schlussfolgerungen verleiten, denn durch den auf die Stoßwelle folgenden Sog können flache Gegenstände angehoben werden, was zu der Annahme verleitet, dass sich die eigentliche Explosion unter ihnen ereignet hat.

Auch kleine Hinweise sind manchmal sehr wichtig: Kerben, Löcher und Kratzer in senkrechten Oberflächen können auf das Explosionszentrum hinweisen. Besondere Beachtung verdient die Suche nach Fragmenten des Zündmittels und der mechanischen Zündvorrichtung. Sprengstofflabors besitzen eine umfangreiche Sammlung derartiger Produkte. Oft lassen sich auf diese Weise der Hersteller und die Quelle des Sprengstoffs und der Zündmittel identifizieren.

Leichen und Verletzte sowie deren Kleidung müssen ebenfalls auf Spuren von Sprengstoffen und Fremdkörpern hin untersucht werden. Falls die Explosion einen Brand verursacht hat, ist eine Untersuchung durch den Pathologen unverzichtbar (siehe Seite 203–204).

Die Laborarbeit mit chemischen Untersuchungen beginnt nach Abschluss der Ermittlungen vor Ort. Da fast alle Explosivstoffe feste Restsubstanzen zurücklassen, lohnt sich die Suche auch in größerer Entfernung vom Explosionszentrum. Vielleicht lassen sich winzige Mengen unverbrannten Sprengstoffs mit Hilfe spezieller Lösungsmittel zu Tage fördern. Auch tragbare Dampfspürgeräte können zum Einsatz kommen.

Im Labor stehen spezifische Reaktionstests zur Verfügung, mit deren Hilfe sich zahlreiche Explosivstoffe identifizieren lassen. Darauf folgt eine genauere Analyse mittels Chromatographie und die Suche nach Spuren von Quecksilber und Blei. Die abschließende quantitative Analyse trägt dazu bei, den jeweils verwendeten kommerziellen Sprengstoff zu ermitteln.

Am 26. Februar 1993 erschütterte eine Explosion die Tiefgarage des World Trade Centers. Elf Menschen kamen dabei ums Leben und mehr als 1000 wurden verletzt. Sprengstoffexperten des FBI waren schnell vor Ort. Überall stieß man auf Nitratspuren, verstärkt jedoch in den Trümmern eines Vans. Mohammed Salameh hatte den Wagen in Jersey City gemietet, weitere Nitratspuren fanden sich auf dem von ihm unterzeichneten Vertrag. Die Ermittlungen führten das FBI zu Nidal Ayyad und Mahmud Abouhalima – und ihrer Bombenfabrik.

*Nidal Ayyad, einer der Hersteller der Bombe, die am 26. Februar 1993 in der Tiefgarage des World Trade Centers explodierte, wird abgeführt, nachdem ihm eine Freilassung gegen Kaution verweigert wurde.*

## UNTERSUCHUNG VON VERDÄCHTIGEN

Am Körper, der Kleidung, dem Eigentum und auch in den von einer verdächtigen Person bewohnten Räumen sichergestellte Reste von Explosivstoffen stellen ein überaus wertvolles Beweismittel dar.

Im Zuge verfeinerter Nachweisverfahren konzentriert man sich in letzter Zeit vor allem auf die Hände der Verdachtsperson. Sogar Handschuhe können nicht immer verhindern, dass die gesuchten Substanzen bis zur Haut vordringen.

Eine Kontaminierung der Hände kann bereits durch Kontakt mit einem Tisch erfolgen, auf dem der Sprengstoff lag. Oder die Spuren werden von der Hand etwa auf Lenkrad und Armaturen eines Autos übertragen.

Bedauerlicherweise kann eine solche Übertragung auch zwischen zwei Personen erfolgen. Man konnte experimentell nachweisen, dass eine mit einem Sprengstoff kontaminierte Hand auf einem Trinkglas nachweisbare Restmengen hinterlässt, die wiederum auf die Hand eines Anderen übergehen können.

Der Handabstrich erfolgt zunächst mit einem Stück trockener Verbandswatte, dann mit Äther und schließlich mit destilliertem Wasser. Nachdem auch der Schmutz unter den Fingernägeln sichergestellt wurde, versiegelt man sämtliche Proben in einzelnen Plastikbeuteln, um sie einer chromatographischen Analyse zuzuführen.

## BRANDTECHNISCHE UNTERSUCHUNGEN

Abgesehen von unmotiviertem Vandalismus gibt es drei Hauptmotive für Brandstiftung: 1) Versicherungsbetrug, 2) Rache oder 3) Vertuschung einer anderen Straftat wie Unterschlagung, Raub oder Mord. Im Gegensatz zu den meisten anderen Delikten sind bei Verdacht auf Brandstiftung nicht weniger als drei unabhängige Ermittlungen notwendig: durch Brandexperten, die sich mit der Ursache befassen; durch die Polizei, die nach dem Täter sucht; und durch Versicherungsexperten, die natürlich darauf bedacht sind, Gründe für einen Leistungsausschluss zu finden.

Es gibt den vielleicht zynisch klingenden, jedoch der Wahrheit recht nahe kommenden Spruch, wonach die Häufigkeit von Brandstiftungen umgekehrt proportional die Wirtschaftskraft widerspiegelt. In einer Zeit der Flaute und Konkurse erhöht sich die Zahl der Brandstiftungen.

Wenn die Brandexperten am Einsatzort eintreffen, müssen sie zunächst dafür sorgen, dass das betroffene Gebäude nicht weiter einstürzen kann; bedauerlicherweise können dabei wichtige Hinweise überlagert oder zerstört werden. Dann gilt es, den Brandherd zu finden. Da Feuer immer nach oben züngelt, liefert der unterste Brandpunkt erfahrungsgemäß die wichtigsten

*Ausgebrannte Diskothek im schwedischen Göteborg, wo 63 junge Menschen bei einem nächtlichen Brand umgekommen waren. Später verhaftete man drei junge Iraner, die gestanden, das Feuer gelegt zu haben.*

## MORDAKTE:

# Der Una-Bomber

**Fast 20 Jahre lang war er einer der meistgesuchten Verbrecher der USA. Seine hausgemachten Bomben trugen eine charakteristische „Unterschrift", doch erst seine Briefe an die Presse wurden ihm zum Verhängnis.**

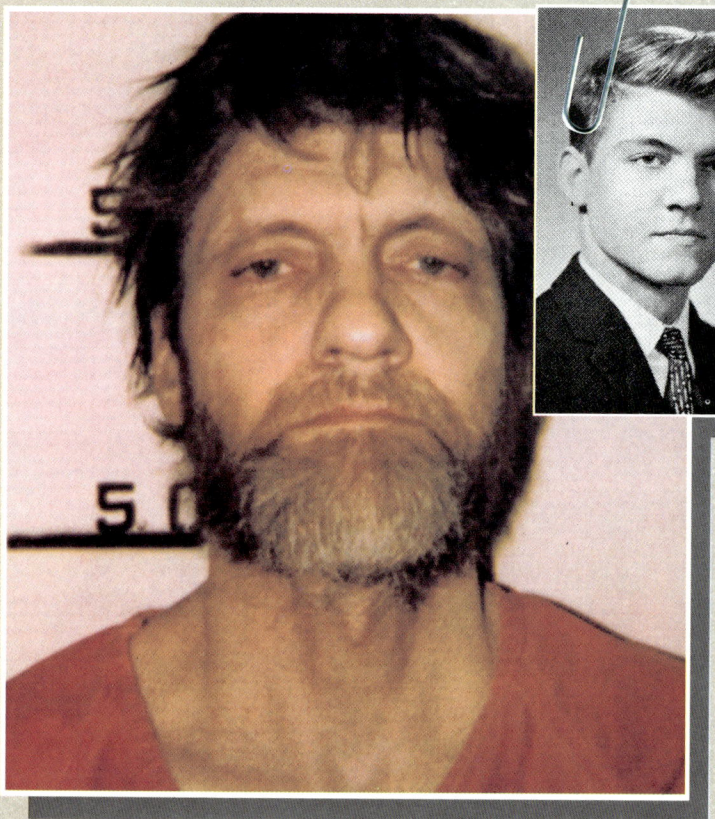

Die Suche nach dem „Una-Bomber" dauerte fast 20 Jahre, denn die Fahnder des FBI standen vor dem Problem, dass seine Anschläge keinem erkennbaren Muster folgten – sie richteten sich beispielsweise gegen Universitätsprofessoren, Flugzeuge, Computerläden und einen Mann, der gegen ein Wildschutzprogramm aufgetreten war. Insgesamt kamen drei Menschen ums Leben und 29 wurden verletzt.

Andererseits trugen seine Bomben eine erkennbare „Unterschrift". Jedes Teil war sorgfältig von Hand gefertigt oder bestand aus leicht beschaffbarer Massenware. Der Täter fertigte eigene Behälter, Scharniere und Schalter, machte aus Draht Nägel und feilte von Schrauben sämtliche Werkzeugspuren ab. Er schnitzte sich Holz zurecht und verwendete alte Kabel und Rohre.

Im November 1979 löste ein Sprengsatz ein kleineres Feuer im Frachtraum einer Maschine der American Airlines aus, die sich auf dem Weg von Chicago nach Washington befand. Das FBI fand Teile eines selbstgemachten Zünders und stellte rasch fest, dass ähnliche Vorrichtungen in den letzten 18 Monaten bereits zweimal verwendet worden waren: Die erste Bombe, eine dicht mit Streichholzköpfen gefüllte Holzschachtel, war im Mai 1978 an einen Universitätsprofessor in Chicago adressiert, doch von einem Wachmann geöffnet worden, der dabei verletzt wurde. Im Lauf der Jahre wurden die Sprengsätze zunehmend raffinierter und im Dezember 1985 war das erste Todesopfer zu beklagen, der Besitzer eines Computergeschäfts.

Im Februar 1987 wurde der Una-Bomber dabei beobachtet, wie er eine Bombe auf dem Parkplatz eines Computergeschäfts in Salt Lake City deponierte. Die Täterbeschreibung lautete: Weißer, etwa 2 Meter groß, um die 40, mittlere Statur, rötlicher Teint, rotblondes Haar. Da zwischen 1987 und 1993 keine weiteren Sichtungen und Bomben folgten, nahm das FBI an, dass der Täter in dieser Zeit irgendwo festgehalten wurde, möglicherweise im Gefängnis.

*Theodore Kaczynski im Jahrbuch 1962 der Harvard University und 1996 nach seiner Festnahme.*

Im Juni 1993 fand das Labor des FBI einen weiteren Anhaltspunkt. Auf einem bei der letzten Bombe gefundenen Stück Papier ließ sich eine durchgedrückte Aufschrift entziffern: „Nathan R- anrufen. Mi. 19 Uhr". Für sich genommen war diese Information jedoch wenig hilfreich.

Im Dezember 1994 detonierte die bislang stärkste Bombe und enthauptete einen Werbefachmann aus New Jersey beim Öffnen eines an ihn adressierten Pakets. Eine weitere Bombe tötete im April 1995 einen Lobbyisten der Holzindustrie.

Die *New York Times* und die *Washington Post* erhielten im Juni 1995 ein 35 000 Wörter umfassendes, angeblich vom Una-Bomber stammendes Manifest, das ankündigte, das Bomben werde eingestellt, wenn der Brief abgedruckt würde. Beide Zeitungen taten dies dann auch und es gab keine weiteren Anschläge. Etwas später stieß David Kaczynski aus Chicago auf einige Notizen seines Bruders Theodore und stellte fest, dass sie ähnliche Wendungen enthielten wie das Manifest des Una-Bombers.

Am 3. April 1996 konnte man Theodore Kaczynski in seiner Berghütte in Montana festnehmen. Inzwischen ein hagerer 55-Jähriger mit struppigem Bart, wurde er im Januar 1998 zu lebenslänglicher Haft verurteilt.

*In dieser spartanischen Hütte lebte Kaczynski in den letzten Jahren seiner traurigen „Karriere" als Una-Bomber.*

Die Feuerwehr wird von den Brandexperten zunächst nach der Art des Feuers, den bei der Bekämpfung gemachten Beobachtungen und eventuellen Verdachtsgründen befragt. Anschließend gilt es, Antworten auf eine Reihe von Fragen zu finden:

• Wie gut war das Anwesen gesichert? Wurden Türen oder andere Zugänge aufgebrochen? Finden sich Werkzeugspuren an den Schlössern, war der Alarm ausgeschaltet oder die Sprinkleranlage inaktiv? Notorische Brandstifter dringen bevorzugt über das Dach ein, in der Hoffnung, dass ihre Spuren den Flammen zum Opfer fallen, doch gelegentlich wurden auch schon Löcher in Decken und Wänden angrenzender Gebäude von der Feuerwehr übersehen.

• Gibt es Zeugen? Wurden verdächtige Personen in der Umgebung oder beim Verlassen des Gebäudes beobachtet?

• Wie viele Brandherde gibt es? Zeichen für den Ausbruch des Feuers an mehreren Stellen deuten stark auf Brandstiftung hin.

• Wie viel brennbares Material war vorhanden? Reichte es aus, um das Feuer zu entfachen? Auch bei Brandstiftung wird nicht in jedem Fall ein Brandbeschleuniger verwendet.

• Woraus bestand der Brandherd? Meist unterscheidet man folgende fünf Kategorien: 1) Holz, Papier und Stoff, 2) Kohlenwasserstoffe (vielfach als leicht entflammbare Flüssigkeiten), 3) Elektrosysteme und -geräte, 4) brennbare Metalle wie Zink und Magnesium, 5) radioaktives Material.

• Wurde das Feuer durch einen Schwelbrand oder eine offene Flamme verursacht?

Hinweise. Holzböden und -balken verkohlen oft schachbrettartig. Mit zunehmender Entfernung zum Brandherd ist dieses Muster größer.

In der Nähe des Brandherds gilt es, nach Spuren eines Zeitzünders zu suchen. In den USA gab es einen findigen Brandstifter, der einen Radiowecker mit einer Glühbirne verkabelte. Viele Stunden nachdem er die Stadt verlassen und für ein perfektes Alibi gesorgt hatte, schaltete der Radiowecker die Glühbirne an; diese wiederum entfachte eine Zündschnur, die zu einem Benzinkanister führte. Nach dem Brand waren aber genügend Spuren vorhanden, um dem Täter das Handwerk zu legen.

Eine ungewöhnlich hohe Konzentration von Schutt und Asche weist häufig darauf hin, dass leicht entflammbares Material angehäuft wurde, um ein Feuer zu entfachen. Falls eine Zündschnur verwendet wurde, sei sie auch nur aus gedrehtem Papier oder Stoff, hat sie auf dem Boden vielleicht unverkennbare Spuren hinterlassen.

Brandbeschleuniger (Petroleum, Paraffinöl und andere entzündliche Flüssigkeiten) werden zum Teil von dem verkohlten Holz aufgesogen oder versickern in Bodenfugen, wo sie wegen Sauerstoffmangels meist nicht verbrennen. Hier hilft die gute Nase des Fachmanns, die jedoch bei Alkoholen, geruchsfreien Verdünnern und anderen geruchslosen Flüssigkeiten versagt.

Es gibt auch zuverlässigere Tests als die Geruchsprobe. Einer der ältesten Tests zum Aufspüren von Brandbeschleunigern verwendete das Pulver Petrobst oder Rhodakit, mit dem man Oberflächen einstäubte, die eventuell leicht entzündbare Kohlenwasserstoffe enthielten. Bei Vorhandensein verfärben sich die Chemikalien. Da diese Substanzen aber nicht hundertprozentig korrekt reagieren, werden sie nicht mehr verwendet. Heute benutzt man handliche Dampfspürgeräte, die ursprünglich dafür konstruiert waren, entflammbare Gase in Industrieanlagen zu lokalisieren. Ein solches Gerät weist Konzentrationen bis 10 ppm aus. In Kalifornien wurde ein solches Gerät einmal nach einem Brand eingesetzt, der ein Farmgebäude bis auf die Grundmauern

*Brand nach einem Verkehrsunfall. Geborstene Kraftstoffleitungen können durch einen Zündfunken rasch in Brand gesetzt werden. Oft folgt eine Explosion, wenn auch der Tankinhalt erfasst wird.*

## MORDAKTE:

# Charles Schwartz

**Er jagte sein Labor in die Luft, in den Trümmern fand man einen verkohlten Leichnam. Doch um wen handelte es sich? Professor E. O. Heinrich bewies, dass nichts so war wie es schien.**

Amerikas erster Professor für Kriminologie war der Chemiker Edward Oscar Heinrich aus Berkeley, dem man Mitte der 1920er-Jahre den Spitznamen „Edison der Verbrechensbekämpfung" verlieh. Zu nationaler Berühmtheit gelangte er 1925, nachdem er das Geheimnis um den Tod von Charles Schwartz gelüftet hatte.

Schwartz, der sich als Chemiker ausgab, hatte verkündet, eine von der Naturfaser nicht unterscheidbare Kunstseide entwickelt zu haben. Kurz danach, am 25. Juli 1925, wurde sein Labor durch eine gewaltige Explosion zerstört. Mrs. Schwartz identifizierte den verkohlten Leichnam als den ihres Mannes und der Verdacht der Polizei fiel auf den offenbar untergetauchten, ähnlich aussehenden Wanderprediger Gilbert Warren Barbe.

Die Tatsache, dass es eine Lebensversicherung in Höhe von 200 000 $ gab, die Mrs. Schwartz begünstigte, veranlasste die Polizei, Professor Heinrich zu konsultieren. Bei einer ersten Untersuchung der Leiche stellte er fest, dass zwei Zähne fehlten. Ein Anruf bei Schwartz' Zahnarzt bestätigte, dass er diese Zähne vor einiger Zeit gezogen hatte, doch Heinrich fand einen Hinweis darauf, dass die Extraktion erst vor kurzem erfolgt war. Auch waren die Augen ausgestochen worden.

Dann stellte Heinrich fest, dass der Mann vor dem Ausbruch des Feuers getötet worden war. Außerdem waren die Fingerspitzen verätzt. Und die Ohrläppchen waren anders geformt als auf einem Foto von Schwartz.

Schwartz hatte braune Augen, Barbe hingegen blaue. Heinrich teilte der Polizei mit, dass es sich nicht um Schwartz', sondern vermutlich um Barbes Leiche handelte. Offenbar hielt sich Schwartz irgendwo versteckt, um Gras über die Sache wachsen zu lassen und die Auszahlung der Lebensversicherung später gemeinsam mit seiner Frau zu genießen. Schließlich fand man den Gesuchten in einer Pension. Er erschoss sich, als die Polizei gegen die Tür hämmerte.

*Als „Edison der Verbrechensbekämpfung" und „Hexer von Berkeley" war Dr. E. O. Heinrich in den 1920er-Jahren der führende unabhängige forensische Ermittler.*

FALL GELÖST

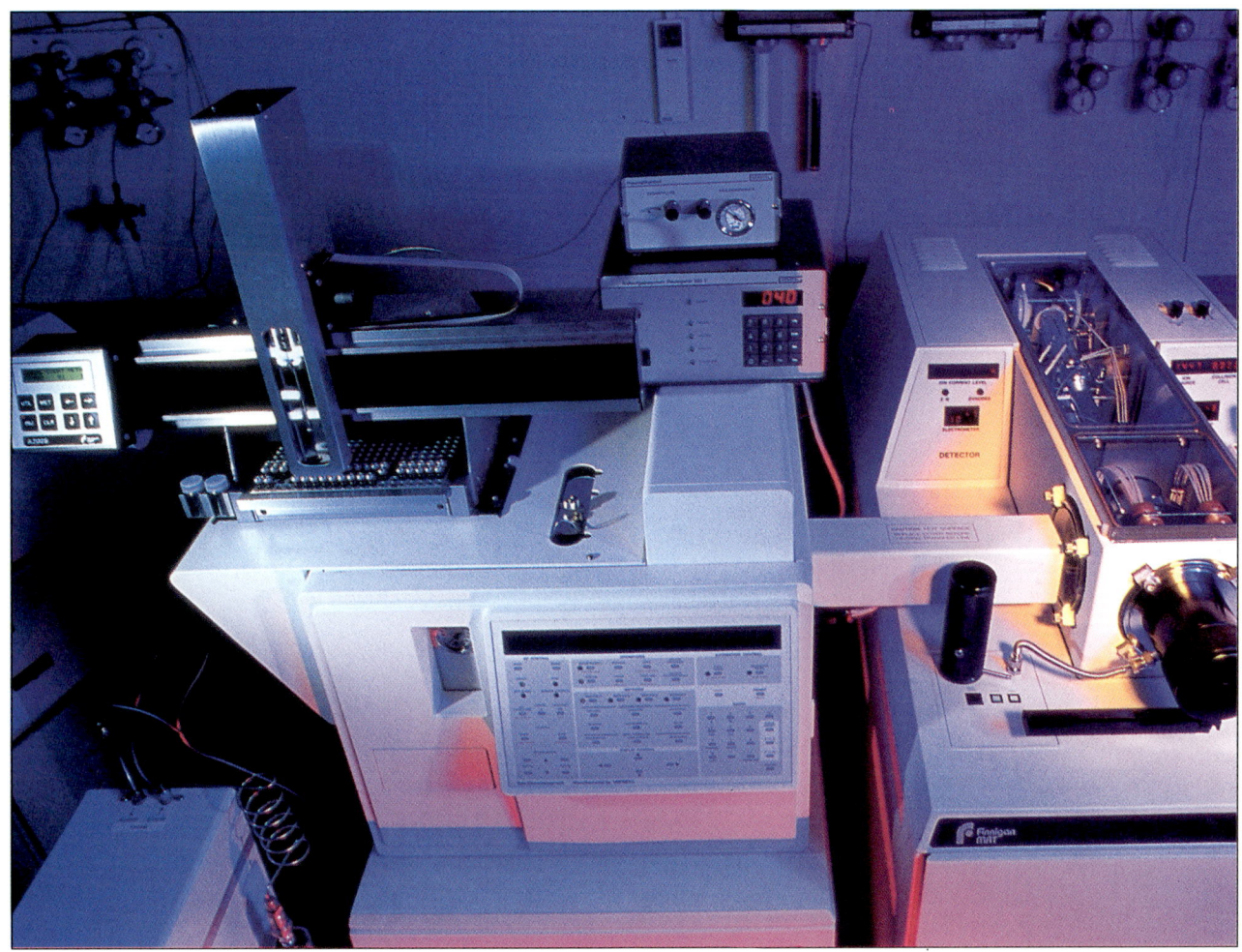

vernichtet und zwei Menschenleben gefordert hatte. Man hätte leicht von einem Unfall ausgehen können, wenn das Gerät nicht in der Nähe und vor allem draußen vor einem Fenster einen starken Ausschlag angezeigt hätte. Nun war klar, dass ein Brandstifter Benzin durch das Fenster geschüttet und dabei einiges vergossen hatte.

Um winzige Spuren von Brandbeschleunigern nachzuweisen, bedient man sich heutzutage der Gas-Chromatographie, wie sie ein umfassend ausgestattetes kriminaltechnisches Labor ermöglicht.

*Gas-Chromatograph (links), verbunden mit einem Massenspektrometer (rechts). Beim Nachweis von Materialien, die zum Entfachen eines Feuers benutzt wurden, spielt die Gas-Chromatographie eine zunehmend größere Rolle.*

### VERBRENNUNGSOPFER

Verkohlte Leichen findet man oft mit angewinkelten Knien, geballten Fäusten und vor den Körper erhobenen Armen vor; in der so genannten Boxerhaltung. Aufgrund der starken Hitze haben sich die Muskeln unvermittelt zusammengezogen und versteift.

**Manche Experten identifizieren die brennenden Substanzen anhand der beobachteten Flammen- und Rauchfarbe:**

| Material | Flammenfarbe | Rauchfarbe |
|---|---|---|
| Azeton | blau | schwarz |
| Benzin | gelb bis weiß | schwarz |
| Benzol | gelb bis weiß | grau bis weiß |
| Gummi | – | schwarz |
| Holz | gelb bis rot | grau bis braun |
| Naphta | blassgelb bis weiß | braun bis schwarz |
| Nitrozellulose | rotbraun bis gelb | – |
| Papier | gelb bis rot | grau bis braun |
| Paraffin | gelb | schwarz |
| Phosphor | weiß | weiß |
| Schmieröl | gelb bis weiß | grau bis braun |
| Speiseöl | gelb | braun |
| Textilien | gelb bis rot | grau bis braun |
| Verdünner | gelb bis rot | grau bis braun |

Wichtig ist die Klärung der Frage, ob das Opfer zum Zeitpunkt des Brandes noch lebte und erstickt ist, an einer Rauchgasvergiftung starb oder bereits tot war. Manchmal wird ein Feuer gelegt, um einen Mord zu vertuschen. Der Pathologe entnimmt in jedem Fall eine Blutprobe. Falls sich hier Kohlenmonoxid nachweisen lässt, hat das Opfer mit Sicherheit noch geatmet, als es zu brennen begann. Rußpartikel in Atemwegen und Lunge sind ein weiterer eindeutiger Hinweis.

Auch bei starken Verbrennungen lassen sich etwaige vorangehende Verletzungen nachweisen. Eine Verletzung des lebenden Organismus führt dazu, dass die weißen Blutkörperchen (Leukozyten) unmittelbar zur Wunde wandern und dort eine charakteristische Entzündung (Hyperämie) sowie Blasen entstehen lassen, deren Flüssigkeit auf eine positive Eiweißreaktion getestet werden kann. Postmortale Brandwunden sind meist hart und gelb, fast ohne Blasen und zeigen eine negative Eiweißreaktion.

Mörder, die darauf aus sind, die Zeugnisse ihrer Tat durch Brandstiftung zu beseitigen, haben nur selten Erfolg. Vielleicht wird das Feuer schon nach kurzer Zeit entdeckt und gelöscht. Selbst bei längerer intensiver Verbrennung wird nur selten eine ausreichend hohe Temperatur erreicht, um eine Identifizierung von Leichen unmöglich zu machen. Krematorien arbeiten mit Temperaturen bis 1500 °C, doch selbst dann dauert die Einäscherung noch zwei bis drei Stunden – und anorganische Gifte wie Thallium lassen sich sogar in der Asche noch nachweisen (siehe „Tödliches Gift").

Jeder Verbrennungstod ist schrecklich. Morde durch Verbrennen kommen glücklicherweise nur selten vor, so auch Brände zur Vertuschung eines Mordes. Dennoch ist Brandstiftung eine potenzielle Gefahr. Oder mit den Worten eines Feuerwehrmanns: „Feuer ist eine überaus leicht beschaffbare Waffe."

## MORDAKTE:

# Kurt Tetzner

**Zunächst schien es sich um einen gewöhnlichen Autounfall zu handeln, doch das eigenartige Fehlen von Kohlenmonoxid im Blut erregte Verdacht in einem Fall, bei dem es in Wahrheit um Versicherungsbetrug und Mord ging.**

Am 27. November 1929 fand man unweit von Regensburg einen brennenden Opel. Er hatte offenbar einen Kilometerstein gerammt und war dann in Flammen aufgegangen. Der im Wagen eingeschlossene Fahrer war verbrannt. Als Halter ermittelte man den Leipziger Geschäftsmann Kurt Erich Tetzner. Seine Frau Emma identifizierte die Kleidungsreste als die ihres Mannes.

Die Polizei ging von einem Verkehrsunfall aus und gab den Leichnam zur Bestattung frei. Doch es gab auch Zweifel, da Tetzner erst wenige Wochen zuvor eine Lebensversicherung abgeschlossen hatte. Emma Tetzner willigte schließlich in eine Autopsie ein, die von Professor Richard Kockel vom Institut für Gerichtsmedizin der Universität Leipzig vorgenommen wurde.

Die sterblichen Überreste bestanden aus einem stark verkohlten Rumpf mit anhaftender Wirbelsäule, der Schädelbasis, den oberen Partien beider Schenkel, einem Teil des rechten Oberschenkelknochens und Teilen der Arme sowie etwas Hirnmasse. In der Luftröhre fand sich kein Ruß und im Blut kein Kohlenmonoxid. Wurde Tetzner etwa durch den Aufprall getötet, bevor der Wagen in Flammen aufging?

Tetzner war 26 Jahre alt, 170 Zentimeter groß, breitschultrig und kräftig gebaut. Doch die Epiphysenfuge (siehe „Schädel und Knochen") am Oberarm des Toten deutete auf eine Person nicht weit über 20. Und die Knochen stammten offenbar von einem schmächtigen Jugendlichen.

Kockel berichtete der Polizei, dass es sich bei dem Toten nicht um Tetzner handeln konnte und dass das Opfer bereits vor Ausbruch des Feuers tot war. Anscheinend war der junge Mann durch einen Schlag auf den Kopf getötet worden, weshalb jemand das Schädeldach und sicherheitshalber auch die unteren Gliedmaßen entfernt hatte.

Man beschloss, Emma Tetzner zu überwachen und das Telefon einer Nachbarin, das sie oft benutzte, abzuhören. Am 4. Dezember gab es einen Anruf von einem Mann aus Straßburg. Man bat ihn, es später noch einmal zu versuchen. Noch am Abend konnte man ihn in Straßburg festnehmen und als Kurt Tetzner identifizieren.

In den folgenden Monaten legte Tetzner unterschiedlich lautende Geständnisse ab, die jedoch im Kern besagten, dass er mit Blick auf einen Versicherungsbetrug einen jungen Anhalter getötet und dann den Wagen in Brand gesteckt hatte.

Kurt Tetzner wurde zum Tode verurteilt und am 2. Mai 1931 gehängt.

FALL GELÖST

# Winzige Spuren

*Windschutzscheiben bestehen aus Verbundglas. Eine dünne Zwischenlage aus Kunststoff verhindert, dass die Fahrzeuginsassen durch umherfliegende Glassplitter verletzt werden.*

O ft mit der Handlupe ausgerüstet, kann ein sorgfältiger Ermittler viele Stunden mit der Suche nach Mikrospuren am Tatort verbringen. Dabei hält er meist Ausschau nach Dingen, die der Täter zurückließ, wenn er auch auf etwas Wichtiges stoßen kann, das eher mit dem Opfer zu tun hat. Nach der Festnahme eines Verdächtigen sind alle Kleidungsstücke, die gesamte Wohnung und auch der Arbeitsplatz genau zu durchsuchen.

Auf einzelne Aspekte der Spurensicherung sind wir bereits in anderen Kapiteln eingegangen. In erster Linie handelt es sich um Abdrücke aller Art, Blut, Schweiß, andere Körperflüssigkeiten, Geschosse, leere Patronenhülsen, Schmauchspuren, Trümmer und Brandreste sowie Haare und Fasern, die im Labor näher untersucht werden können. Zudem kann es diverse Spuren „fremden" Materials geben, die manchmal extrem klein sind.

Eine Spur ist nur dann als Beweismittel brauchbar, wenn sie sich identifizieren und mit der Tat in Verbindung bringen lässt. Kriminaltechnische Labors besitzen große Datenbanken über die physischen Merkmale und Fertigungsdetails etwa von Glas, Lack, Papier und Textilien sowie Tausende von Vergleichsproben. In den USA beispielsweise existiert eine nationale Datenbank mit mehr als 40 000 originalen Lackproben.

Falls das nicht weiterführt oder das Untersuchungsfeld eingeengt werden muss, bittet man die Hersteller um weitere Proben und um nähere Angaben zu Produktion und Vertrieb. Das kann Wochen dauern – während ein Verdächtiger auf freiem Fuß bleibt und die Ermittler ungeduldig auf die Befunde warten.

## GLAS

Glas ist eine ungewöhnliche Substanz. Eigentlich handelt es sich um eine Flüssigkeit, die weit unter ihren Erstarrungspunkt abgekühlt wurde und von zwei straff gespannten „Häuten" gehalten wird – ein Umstand, dem es seine Durchsichtigkeit und seine Tendenz verdankt, in tausend Stücke zu zersplittern. Diese Eigenschaften sind für den Kriminaltechniker von außerordentlicher Bedeutung.

Wenn ein Täter in ein Gebäude einbricht, indem er eine Scheibe einschlägt, finden sich an seiner Kleidung höchstwahrscheinlich winzige Glassplitter. Viele Verteidiger haben schon vor Gericht behauptet, wenn jemand von außen eine Scheibe einschlage, fielen die Splitter nach innen und seien daher beim Akteur gar nicht auffindbar. Die Polizei weiß aber seit langem, dass dem nicht so ist. Der neuseeländische Forscher Dr. D.F. Nelson konnte diese Streitfrage 1967 endgültig klären, indem er sich mit einem Stroboskopblitz fotografieren ließ, während er einige Glasscheiben mit einem Hammer zerschmetterte. Die Fotos wiesen schlüssig nach, dass sich ca. 70 Prozent der Splitter vom Akteur entfernten, die übrigen Fragmente jedoch flogen auf ihn zu und landeten vielfach auf seiner Kleidung.

*Beim Eindrücken einer Scheibe mit der bloßen Hand werden kleinste Splitter nach hinten geschleudert und bleiben an der Kleidung haften.*

## MORDAKTE:

# Gerber's Foods

**Erpresserische Manipulation von Nahrungsmitteln löst verständlicherweise landesweite Empörung aus. In diesem Fall jedoch lag den in Babynahrung gefundenen Glaspartikeln ein anderer Sachverhalt zugrunde.**

Im Jahr 1988 gab es überall in den USA Zeitungsberichte, wonach Mütter in den Gläsern der Babykost der Firma Gerber kleine Glassplitter gefunden hatten. Über der Abfüllanlage geplatzte Glühbirnen und einzelne verunreinigte Behältnisse waren schon einmal vorgekommen, doch die Tatsache, dass verschiedene Chargen befallen waren, deutete eher auf eine gezielte Manipulation, weshalb sich das FBI einschaltete.

In dem Abschlussbericht des Ermittlers hieß es: „Mal handelte es sich um Spiegelglas, mal um Scheinwerferglas oder Splitter von einer Glühbirne. Es dürfte von unterschiedlichen Verbrauchern hineingelegt worden sein" — vermutlich in der Hoffnung auf eine finanzielle Wiedergutmachung.

FALL GELÖST

Das Gleiche gilt, wenn eine Glasscheibe zerschossen wird. Winzige Partikel können bis zu 5,4 Meter weit in Richtung auf den Schützen fliegen. Ein vorsichtiger Täter wird sofort alle sichtbaren Splitter von seiner Kleidung abbürsten und diese vielleicht sogar chemisch reinigen lassen, doch irgendwo bleiben stets mikroskopisch kleine Splitter zwischen den Fasern stecken.

Jedem von uns ist schon einmal ein Glas aus der Hand gefallen und niemand denkt daran, dass sich winzige Glassplitter in der Kleidung verfangen haben könnten. Bei vielen Tätern verhält es sich nicht anders.

Eine der elegantesten Methoden, die Identität von Glas festzustellen, erfolgt durch Messung des Brechungsindexes, der je nach Hersteller und Verwendungszweck unterschiedlich hoch ist.

Für die Messung genügt ein Partikel, dessen Durchmesser nicht größer ist als der eines menschlichen Haars. Die Probe wird auf einen Objektträger gelegt und meist mit einem Tropfen Silikonöl benetzt. Bei Raumtemperatur hat das Öl einen höheren Brechungsindex als jedes bekannte Glas; dieser nimmt jedoch mit zunehmender Temperatur ab. Das Glas kann identifiziert werden, da das Verhältnis

Ein gerader Stock, den man schräg ins Wasser hält, sieht von oben geknickt aus. Da Wasser dichter ist als Luft, wird die Geschwindigkeit der Lichtwellen durch das dichtere Medium leicht verringert. Mit Glas verhält es sich genauso. Das Verhältnis zwischen Einfalls- und Brechungswinkel bezeichnet man als Brechungsindex oder Brechzahl. Der Brechungsindex des Vakuums (und annähernd auch der Luft) beträgt 1. Normales Glas besitzt gewöhnlich einen Brechungsindex von 1,5 bis 1,7.

KURZINFO

# MORDAKTE:
# Stephen Bradley

**Die Leiche eines entführten Jungen war in einen Teppich gewickelt. Pilzsporen, Mörtel, Hundehaare und Samen eines seltenen Baums führten die Polizei direkt zum Täter.**

*Stephen Bradley alias Istvan Baranyay, der Mörder des achtjährigen Graeme Thorne, nach seiner Verhaftung in Sri Lanka.*

Basil und Freda Thorne lebten in einem eher bescheidenen Vorort von Sydney. Am 7. Juli 1960 wurde ihr achtjähriger Sohn Graeme auf dem Weg zur Schule entführt. Die Eltern erhielten den Anruf eines Mannes mit starkem Akzent, der 25 000 australische Pfund verlangte.

In den nächsten zwei Tagen stieß die Polizei auf einige Sachen des Jungen in weiter entfernten Stadtteilen. Der Entführer aber blieb stumm.

Am 16. August fand man die Leiche des Jungen an einem rund 16 Kilometer entfernten Ort. Er war gewürgt und anschließend erschlagen worden. Der Leichnam war in einen Teppich gewickelt, von dem eine Quaste fehlte. An der Kleidung entdeckte man Spuren einer rosafarbenen, krustigen Substanz und an Schuhen und Socken hatte sich Schimmel gebildet.

An dem Teppich befanden sich Haare, die von drei verschiedenen Menschen und einem Hund, höchstwahrscheinlich einem Pekinesen, stammten.

Die Pilzsporen gehörten zu vier verschiedenen Schimmelarten und waren rund fünf Wochen alt, was darauf hinwies, dass Graeme kurz nach der Entführung getötet worden war. Die rosa Substanz stellte sich als Putzmörtel heraus.

Innerhalb von vier Wochen konnte man schließlich noch einige Blätter, Samen und Zweige identifizieren, die man an der Kleidung gefunden hatte. Besonderes Interesse erregte der Same einer überaus seltenen, am Fundort nicht vorkommenden Zypressenart.

Auf die Umfrage der Polizei nach einem rosafarbenen Haus mit der gesuchten Zypresse meldete sich ein Briefträger, doch das Gebäude stand leer: Stephen Bradley, ein ungarischer Einwanderer, war mit seiner Familie am Tag der Entführung ausgezogen und am 26. September mit dem Schiff nach England aufgebrochen. Nachbarn bestätigten, dass er einen Pekinesen besessen hatte. Im Haus fand man ein altes Foto, das die Familie auf dem gesuchten Teppich sitzend zeigte. Sogar die fehlende Quaste wurde entdeckt.

Bei einem Autohändler stieß man auf Bradleys Wagen und im Kofferraum auf einige rosafarbene Spuren, die mit denen an der Kleidung des Jungen identisch waren.

Die Bradleys befanden sich derweil kurz vor Sri Lanka, wo das Schiff anlegen sollte. Ermittler flogen nach Colombo und konnten den Mörder noch an Bord festnehmen. Bradley wurde im März 1961 zu lebenslänglich verurteilt.

FALL GELÖST

zwischen Temperatur und Brechungsindex der Flüssigkeit bekannt ist. Die Mikroskopklemme wird mit einem Heizelement und einer hoch empfindlichen Temperaturmessvorrichtung verbunden. Moderne Labors bieten die Möglichkeit, das Bild zu vergrößern und auf einem Monitor zu betrachten. Nun werden die einzelnen Daten in einen Rechner eingespeist und ausgewertet.

Solange der Brechungsindex der Flüssigkeit höher ist als der des Glases, wird in dessen Umgebung ein schwacher Lichtstreifen sichtbar, die so genannte Becke-Linie. Mit zunehmender Erwärmung der Flüssigkeit verringert sich ihr Brechungsindex. Sobald sie den gleichen Brechungsindex wie das Glas erreicht, verschwindet die Becke-Linie.

Auch die Dichte des jeweiligen Glases liefert einen wertvollen Anhaltspunkt. Hierzu ist es nicht nötig, das Glas zu wiegen. Wenn es in einer bestimmten Flüssigkeit weder sinkt noch auf der Oberfläche treibt, sondern im Schwebezustand bleibt, besitzen beide Substanzen die gleiche Dichte. Die gleichzeitige Verwendung zweier Flüssigkeiten mit einer höheren und einer niedrigeren Dichte als der des Glases bietet die Möglichkeit, das Mischungsverhältnis zu variieren, bis die passende Dichte erreicht ist. Falls zwei verschiedene Proben in der gleichen Mischung bei der gleichen Temperatur im Schwebezustand verharren, besitzen sie die gleiche Dichte.

Überdies lässt sich Glas mit Hilfe der Spektrographie identifizieren. Wenn man es einem energiereichen Kohlenbogen- oder Laserstrahl aussetzt, verleiht jedes seiner Bestandteile der Flamme eine charakteristische Färbung; durch ein Prisma geleitet, entsteht ein Lichtspektrum, dessen spezifische Wellenlängen gemessen werden können. Als kriminalistisches Beweismittel hat dieses Verfahren aber den großen Nachteil, dass die Probe dabei zerstört wird. Dennoch ist es von besonderem Wert für die Identifizierung von Farbglas.

In den letzten Jahren hat man auch mit der Neutronenaktivierung Erfolge erzielt. In einer Probe, die nicht größer ist als der Punkt am Ende dieses Satzes, lassen sich bis zu 70 verschiedene Bestandteile identifizieren. Diese Methode bietet den Vorteil, dass man mit ihr winzige Spuren auch solcher Elemente nachweisen kann, bei denen die Spektrographie versagt.

Die Identifizierung winziger Glassplitter ist wichtig um nachzuweisen, dass sich ein Verdächtiger wirklich am Tatort aufhielt. Bei Verkehrsunfällen und Fahrerflucht sind größere Fragmente nicht weniger bedeutsam. Reichlich Geschick und Erfahrung sind nötig, um die einzelnen Splitter etwa eines zertrümmerten Scheinwerferglases zusammenzufügen in der Hoffnung, daraus das entsprechende Automodell ableiten zu können.

Schließlich noch gibt es Fälle, in denen eine Glasscheibe durch eine Kugel oder ein anderes Geschoss durchlöchert wurde, sonst aber intakt blieb. Hieraus lässt sich einiges ableiten.

Trichterlöcher treten meist auf, wenn ein Geschoss mit hoher Geschwindigkeit Spiegelglas durchdringt. Der Einschuss ist kleiner als das Austrittsloch und nahezu alle Splitter fliegen in Schussrichtung. Bei einer relativ niedrigen Geschossgeschwindigkeit (etwa bei einem Schuss aus größerer Entfernung) und einem größeren Geschoss wie beispielsweise einem Stein verbiegt sich das Glas vor dem Bersten und es entsteht eine Radialfraktur mit sternförmig von dem Loch ausgehenden Bruchlinien.

Auch ein Schlag mit einem spitzen Gegenstand führt zu sternförmigen Bruchlinien und außerdem zu einem Spinnennetz-Muster mit Bögen rund um das Zentrum.

Wenn mehrere Geschosse das Glas durchdrungen haben, lässt sich ihre Reihenfolge ermitteln. Das erste Geschoss verursacht Radialfrakturen, die sich gewissermaßen ungehindert ausbreiten können. Die durch nachfolgende Geschosse entstehenden Risse enden aber meist an den bereits vorhandenen Frakturlinien.

### FARBEN UND LACKE

Bei der Identifizierung von Farb- und Lackpartikeln kommen die gleichen Techniken zum Einsatz wie beim Glas. Meist handelt es sich um Lacksplitter, die von einem unbekannten Auto stammen. Autolack kann aus acht oder mehr Schichten bestehen und unter dem Mikroskop werden entlang der Kanten oft die Grundierungen sichtbar. Nachdem die oberste Farbe mit Hilfe der Originalproben identifiziert wurde, ist es anhand der tieferen Schichten möglich, die Suche auf ein spezielles Automodell, die Fertigungsstätte und sogar den Zeitraum der Herstellung und Auslieferung zu reduzieren. Falls erforderlich, kann das Resultat durch Spektrometrie und Gas-Chromatographie abgesichert werden.

### WERKZEUGE

Es gibt zahlreiche Verbrechen, die nicht ohne Werkzeuge auskommen – vom Einbruch, dem Bau von Bomben und der Fälschung bis zur Manipulation von Lebensmitteln im Supermarkt und dem Zerstückeln einer Leiche. Und jedes Werkzeug hinterlässt Spuren.

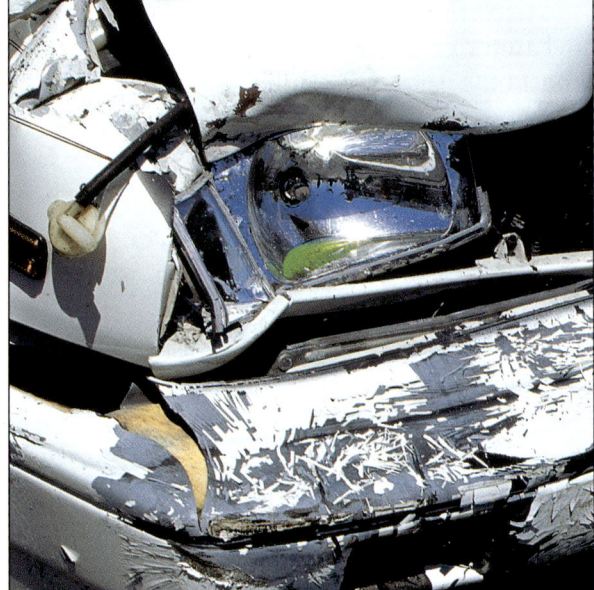

*In Fällen von Fahrerflucht können sichergestellte Glas- und Lacksplitter wesentlich zum Fahndungserfolg beitragen.*

## MORDAKTE:
# Danny Rosenthal

**Der geisteskranke Sadist experimentierte mit lebenden Hühnern und ermordete seine Eltern. Die Untersuchung einer Metallsäge ergab, dass er sie benutzt hatte, um die Leiche seines Vaters zu zerstückeln.**

Danny Rosenthal, ein 27 Jahre alter Amerikaner, wohnte allein in einem Bungalow im südenglischen Southampton. Er hatte reiche Eltern. Seine Mutter Leah lebte in Israel und sein Vater Milton in einem Pariser Luxusapartment.

Ende 1981 wurden beide Elternteile als vermisst gemeldet. Da man die Mutter zuletzt beim Besuch ihres Sohnes gesehen hatte, wurde eine Hausdurchsuchung angeordnet. In seinem Bungalow hatte der offenbar schizophrene Danny ein „Labor", in dem er bizarre Experimente mit lebenden Hühnern durchführte. Außer dem überall am Boden verspritzten Hühnerblut fand man auch Spuren von menschlichem Blut sowie eine Metallsäge. Zwar fehlte das Sägeblatt, doch rund um die Spannmutter entdeckte man Reste von Knochen und Menschenblut.

Inzwischen hatte die französische Polizei die Teile einer bis auf Kopf und Hände vollständigen männlichen Leiche ausgegraben, bei der es sich um Milton Rosenthal handeln konnte. In seinem Apartment fand man winzige Knochenfragmente, Blutspuren und ein Sägeblatt.

Die Pathologen Michael Durignon und Dr. Sayce verglichen die Kerben an den Knochen der Leichenteile mit dem Sägeblatt und konnten an einem durchgesägten Wachsblock die gleichen Spuren hervorrufen.

Rosenthal hatte das Sägeblatt erst einige Wochen zuvor erstanden. Im Juni 1982 wurde er wegen Mordes verurteilt. Die Leiche seiner Mutter konnte nicht gefunden werden.

**FALL GELÖST**

---

Einbrecher verwenden in der Regel ein Werkzeug, um sich Zugang zu verschaffen. Die zurückbleibenden Spuren kann man in Eindrücke, Kratzer und Schnitte unterteilen.

Eindrücke finden sich beispielsweise auf Tür- und Fensterrahmen aus Holz oder Aluminium, da das als Hebel benutzte Instrument – Hammerkopf, Meißel, Schraubenzieher oder Brechstange – aus einem härteren Material besteht. Falls man bei einem Verdächtigen ein entsprechendes Werkzeug findet, ist oft ein Vergleich mit dem vorhandenen Abdruck möglich.

Kratzer auf Holz, Metall oder Lack entstehen durch Messer und vergleichbare Objekte. Hier ist in vielen Fällen der Vergleich mit einem sichergestellten Werkzeug möglich. Messer, Sägen und Drahtscheren hinterlassen ebenso Spuren wie gehärtete Bohrer, die zum Aufbrechen von Türschlössern oder Safes verwendet werden. Diese Spuren stimmen aber nur ungefähr mit dem Werkzeug überein, da sich die Schneidkanten rasch abnutzen oder beschädigt werden. Gelegentlich stellen sich jedoch bemerkenswerte Erfolge ein.

## BETRUGSFALL:

# Mark Hofmann

**Er handelte mit seltenen Büchern und Dokumenten und machte mit Fälschungen historischer Schriften der Mormonen ein kleines Vermögen. Sein letztes „Opus" offenbarte jedoch einige Wissenslücken, die ihm zum Verhängnis wurden.**

Mark Hofmann aus Salt Lake City beschloss 1985, das berühmteste verloren gegangene Dokument der nordamerikanischen Geschichte zu fälschen, nämlich *The Oath of a Freeman*, ein einzelnes Blatt Papier aus dem Jahr 1639, kaum größer als eine Postkarte. Der Text war bekannt, doch sämtliche Druckexemplare waren verschollen. Ein anderes Werk des gleichen Druckers, das *Bay Psalm Book* von 1640, war jedoch als Faksimile problemlos erhältlich.

Hofmann fotokopierte einige Seiten aus dem Psalmenbuch, klebte den Text des *Oath* aus einzelnen Buchstaben zusammen und ließ eine Druckplatte anfertigen. Damit bedruckte er ein Blatt, das er aus einem annähernd gleich alten Buch herausgerissen hatte. Die Druckerschwärze stellte er aus der Asche des Ledereinbands eines weiteren Buchs aus dem 17. Jahrhundert her, um sicherzugehen, dass eine Datierung nach der Radiokarbon-Methode dieses Alter ergäbe. Mit Hilfe von Schimmel rief er die typischen Stockflecke hervor und behandelte das Papier schließlich mit Ozon, damit die Schrift verblasste. Er bot das Dokument der Kongressbibliothek für eine Million Dollar an.

Da sich die Sachverständigen nicht auf die Echtheit des *Oath* einigen konnten, wurde an der University of California eine Neutronenaktivierungsanalyse vorgenommen. Sie ergab, dass die Druckerschwärze der des *Bay Psalm Book* sehr ähnelte. Der Dokumentenexperte William Flynn aus Arizona aber hatte Zweifel. Er konnte aufzeigen, dass die Echtheit von 21 der 79 Dokumente, die Hofmann zuvor an die Mormonen verkauft hatte, fragwürdig war.

Dann meldete sich jemand, der nicht einmal ein Mikroskop benötigte, um zu belegen, dass es sich um eine Fälschung handelte. Theodore Cannon hatte nämlich 17 Jahre als Buchdrucker gearbeitet und ihm konnte man nichts vormachen. Jede Bleiletter wird auf einen „Kegel" gegossen, der länger ist als der Abstand zwischen den Unter- und Oberlängen zweier Zeilen. Die Unterlängen der ersten können nicht näher an die Oberlängen der zweiten Zeile heranreichen, als dies der Kegel zulässt. An einigen Stellen des Dokuments war mit bloßem Auge erkennbar, dass es sich hier anders verhielt: die zusammengeklebten Zeilen hielten nicht überall den gleichen Abstand.

Dann gab es noch das Problem mit dem weißen Rand, der für einen gesetzten Text zu schmal ausfiel. Damit war eindeutig bewiesen, dass es sich um eine Fälschung handelte.

*Mark Hofmann präsentiert voller Stolz einige der angeblich seltenen Schriften, die er an die Mormonen-Archive in Salt Lake City veräußerte.*

FALL GELÖST

## PAPIER UND TINTE

Handschriftliche oder gedruckte Dokumente sind nicht selten wichtige Beweismittel. Aus der Handschrift lässt sich ein psychologisches Täterprofil ableiten, das zur Identifizierung führen kann (siehe „Vom Phantom zum Täter"). Papier und Tinte können eingehenden Laboranalysen unterzogen werden.

Die älteste Form der Tinte bestand aus Ruß und Wasser; dies ist heute noch bei der chinesischen Tusche und den traditionell in China und Japan gebräuchlichen Tuschsteinen der Fall. Die schwarzblaue Tinte, wie man sie jahrhundertelang verwendete, besteht aus

*Selbst die gewöhnlichsten „Arbeitsgeräte" eines Einbrechers hinterlassen Spuren, die eine verdächtige Person belasten können, wenn man das Tatwerkzeug bei ihr findet.*

einer Mischung von Eisenoxidulsalzen und ursprünglich aus Eichengallen gewonnenen Gerbstoffen. Farbtinte enthält synthetische Farbstoffe und ist oft wasserlöslich. Die ansonsten ähnliche Kugelschreibertinte kann auch unlösliche Pigmente beinhalten. All diese Tinten enthalten zudem Gummiarabikum, Glykol und weitere Zusätze, die ihnen Sickerfestigkeit und größere Beständigkeit verleihen sollen.

Ein Blatt Papier kann nicht nur einen Abdruck dessen aufnehmen und bewahren, das man direkt darauf schreibt, sondern auch dessen, was sich von einem darüber liegenden Blatt durchgedrückt hat. In Südengland ereignete sich 1929 ein Fall, bei dem eine nicht mehr existierende Quittung dazu beitrug, einen Mann wegen der Ermordung seines Arbeitgebers an den Galgen zu bringen. Der Täter hatte den fraglichen Zettel von einem Quittungsblock abgerissen, um sämtliche Anzeichen für seine Anwesenheit zu beseitigen, doch seine Handschrift hatte sich deutlich auf den folgenden Zettel durchgedrückt.

Bei schräger Beleuchtung ließ sich die Quittung problemlos entziffern und wurde dem Gericht in Form von Fotos vorgelegt. Inzwischen verwendet man einen elektrostatischen Detektions-Apparat (ESDA). Er nutzt die Tatsache, dass Druck die elektrischen Eigenschaften von Papier verändert und dessen Fähigkeit erhöht, eine elektrostatische Ladung zu bewahren. Das zu untersuchende Papier wird auf ein Flachbett aus porösem Metall gelegt und mit dün-

## MORDAKTE:

# John Magnuson

**Er schickte seinem Nachbarn eine Paketbombe. Nach der Explosion fand man jedoch Reste des Packpapiers, die es den Experten gestatteten, seine Handschrift und sogar die Tinte und den Füller zu identifizieren.**

Am 27. Dezember 1922 bekam der 65-jährige, in Marshfield, Wisconsin, lebende James Chapman ein Paket, das er für ein verspätetes Weihnachtsgeschenk hielt. Doch weit gefehlt: Beim Auspacken ereignete sich eine heftige Explosion. Chapman verlor eine Hand und seine Frau erlitt tödliche Verletzungen.

Die zusammengefügten Reste des Packpapiers ergaben eine handschriftliche Adresse: „J. A. Chapman, R. 1, Marsfilld, Wis." Ermittler John Tyrell ging zunächst von einer absichtlich fehlerhaften und verstellten Schrift aus. Genauere Analysen ergaben jedoch das Gegenteil. Die falsche Schreibung von „Marshfield" deutete auf einen Ausländer. Tyrell tippte auf einen Schweden.

In der Gegend lebte nur ein Schwede: der 44-jährige Farmer John Magnuson, der mit Chapman erbittert über einen beabsichtigten Entwässerungsgraben gestritten hatte. Am 30. Dezember wurde er festgenommen. Da er nichts von den sichergestellten Schriftproben ahnte, willigte er in eine Handschriftenprobe ein. Treffer! Im Prozess schlossen sich zwei führende Schriftexperten dem Urteil Tyrells an. Einer der Sachverständigen fand 14 Übereinstimmungen und schloss, dass „durch keinen Zufall zwei Personen jemals die charakteristischen und eigentümlichen Wiederholungen zustande bringen können, wie sie sich auf diesen Dokumenten zeigen".

Ein weiteres Belastungsmittel war Tyrells Beobachtung, dass die Adresse mit einem Füller mittlerer Federstärke und der Mischung zweier handelsüblicher Tinten (Carter's und Sanford's) geschrieben worden war. Bei der Hausdurchsuchung fand sich ein solcher Füller, der Magnusons Tochter gehörte. Gewöhnlich verwendete sie Sanford's Tinte, doch sie hatte den Federhalter einer Schulfreundin geliehen, die ihn mit Carter's nachfüllte.

Magnuson wurde am 31. März 1923 zu einer lebenslangen Haftstrafe verurteilt.

FALL GELÖST

ner, transparenter Mylarfolie abgedeckt. Eine Vakuumpumpe presst dieses „Sandwich" zusammen, während es elektrisch entladen wird. Die Kerben im Papier werden dabei elektrostatisch aufgeladen. Wird nun ein Gemisch aus Toner und winzigen Glasperlen auf die Folie gegeben, ziehen die aufgeladenen Partien den Toner an und lassen sich nun entziffern.

Das ESDA-Verfahren muss allerdings vor einer Suche nach latenten Fingerabdrücken eingesetzt werden, da Lösungsmittel die veränderten Eigenschaften des eingekerbten Papiers beeinträchtigen würden.

## BETRUGSFALL:
# Die Hitler-Tagebücher

**Die angebliche Buchsensation erwies sich letztlich als grobe Fälschung auf einem Papier, das erst knapp zehn Jahre nach Hitlers Tod hergestellt worden war.**

Am 18. Februar 1981 wurden einigen Mitarbeitern des Verlagshauses Gruner & Jahr drei Tagebücher angeboten, die angeblich von Adolf Hitler stammten. Nach Auskunft des »Stern«-Redakteurs Gerd Heidemann waren sie im Besitz eines reichen Sammlers, dem Bruder eines DDR-Generals.

Die Tagebücher wurden von drei Experten untersucht: von Dr. Max Frei-Sulzer, dem ehemaligen Leiter der kriminaltechnischen Abteilung der Züricher Polizei, Ordway Hilton aus South Carolina und einem Handschriftenexperten der rheinland-pfälzischen Polizei. Nach vielen Wochen erklärten sie die Dokumente für authentisch. Bei Gruner & Jahr begann man sogleich mit geheimen Verhandlungen für eine weltweite Veröffentlichung.

Der Verlag hatte jedoch auch einige westdeutsche Experten hinzugezogen, die sich auf das Material konzentrierten. Am 6. Mai 1983, wenige Stunden vor der Veröffentlichung, gaben sie bekannt, dass es sich um eine plumpe Fälschung handelte. Das sehr schlechte Papier war mit einem erst ab 1954 verwendeten Aufheller behandelt worden. Der Einband enthielt ebenfalls Aufheller und die Fäden waren aus Polyester. Und die Tinte war teilweise nicht älter als zwölf Monate.

Wie sich herausstellte, hatte Heidemann die Kaufsummen auf seinem eigenen Bankkonto deponiert. Der reiche Sammler entpuppte sich als Konrad Kujau. Beide erhielten Haftstrafen. Gruner & Jahr dürfte der ganze Schwindel insgesamt mehr als 20 Millionen Mark gekostet haben.

FALL GELÖST

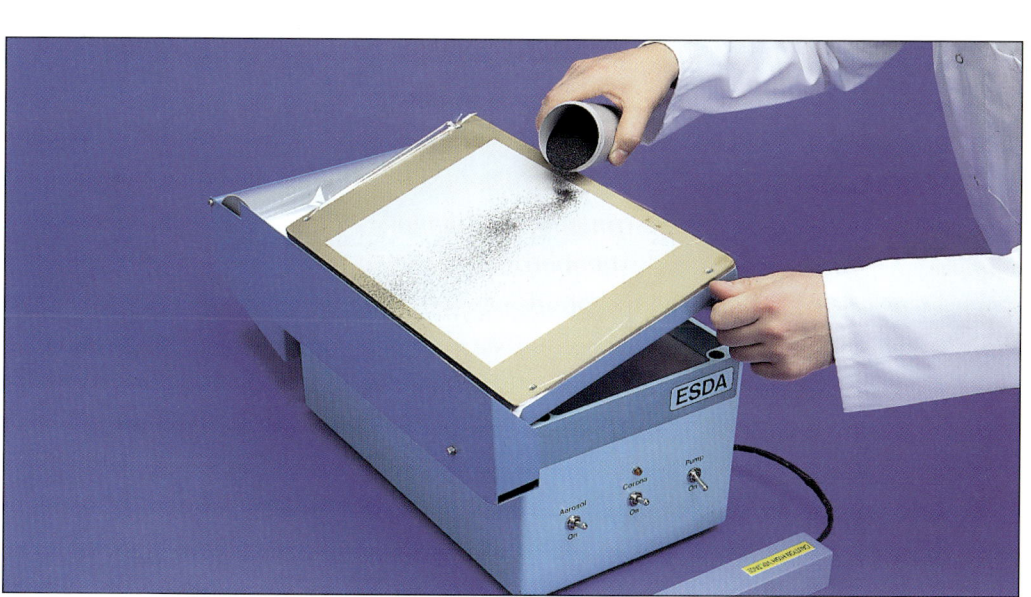

*Mit Hilfe des elektrostatischen Detektions-Apparats (ESDA) lassen sich durchgedrückte Notizen sichtbar machen. Die eingekerbten Partien werden elektrostatisch aufgeladen. Wenn man auf die dünne Abdeckfolie eine Mischung aus Toner und winzigen Glasperlen schüttet, wird der Toner von den aufgeladenen Stellen angezogen.*

# Der Klang der Stimme

"Ich habe sie an der Stimme erkannt." Solche Aussagen sind in manchen Fällen vor Gericht bereits als Beweismittel zugelassen worden, weil jede Stimme sich durch Hören identifizieren lässt. Doch eine Sicherheit gibt es nicht, und der Hörer kann sich durchaus sehr irren. Um die Geschworenen zu überzeugen, bedarf es materieller Beweise, also einer Aufnahme. Wenn beispielsweise ein Geständnis mitgeschnitten wird, ist sorgfältig darauf zu achten, dass das Band nicht manipuliert werden konnte. Selbst dann können technische Mängel den Klang derart verzerren, dass sich die Stimme nicht eindeutig identifizieren lässt. Erst 1967 konnte ein Verfahren der Spracherkennung eine skeptische Geschworenenbank überzeugen und wurde als Beweismittel zugelassen.

Die Möglichkeit, eine Stimme auf elektronischem Weg identifizieren zu können, war im Zweiten Weltkrieg von erheblichem Nutzen, als es nämlich darauf ankam, bei Funksprüchen feindliche Sprecher voneinander zu unterscheiden. Wissenschaftler und Ingenieure von Bell in New Jersey begannen, sich mit dem Problem zu befassen, darunter auch Lawrence Kersta, der seine Tätigkeit nach dem Krieg fortsetzte und 1963 ein Verfahren entwickelt hatte, um Höhe, Volumen und Resonanz der menschlichen Stimme in Form eines so genannten Sonagramms aufzuzeichnen. Er schrieb:

> Es besteht nur eine verschwindend geringe Wahrscheinlichkeit dafür, dass zwei Menschen bei ihren Artikulationsorganen (Lippen, Zunge, Zähne usw.) das gleiche dynamische Gebrauchsmuster zeigen. Die Behauptung der Einzig-

*Neuere Fortschritte bei der Entwicklung von Sprachsynthesizern konnten auch für die Stimmenanalyse genutzt werden. Links abgebildet ist ein Oszillogramm. Es zeigt die Schwingungen bei der Artikulation des Wortes „Baby".*

# FALLAKTE:

# Edward Lee King

**Als ein junger Mann mit seiner Teilnahme an schweren Unruhen prahlte, ahnte er nicht, dass man ihn anhand seiner aufgezeichneten Stimme überführen würde.**

Die Straßenunruhen des Jahres 1965 im zu Los Angeles gehörenden Watts-Distrikt finden in der Geschichte der USA kaum ihresgleichen. Zahlreiche Zeitungen und Fernsehsender berichteten ausführlich über die massiven Plünderungen und Brandstiftungen. Ein Interviewer von CBS nahm eine Begegnung mit einem jungen Man auf, der sich – mit dem Rücken zur Kamera – seiner Aktivitäten als Zündler rühmte.

Einige Zeit später nahm die Polizei den 18-jährigen Edward Lee King fest. Sicherheitshalber bat man den Stimmenexperten Lawrence Kersta, die Fernsehaufzeichnungen mit Bändern zu vergleichen, auf denen King zu hören war. In dem fast zwei Monate dauernden Prozess sagte Kersta aus, dass die Sonagramme identisch seien. King wurde wegen Brandstiftung verurteilt.

Ein bedeutender Streitfall entstand, als King Berufung einlegte mit der Begründung, dass die Abgabe einer Stimmenprobe auf Selbstbelastung hinauslaufe. Der oberste Gerichtshof entschied jedoch, dass der Schutz vor Selbstbelastung in diesem Fall nicht gelte.

*FALL GELÖST*

*Am 13. August 1965 liegt dichter Rauch über dem Watts-Distrikt. Die Plünderungen und Brandstiftungen ziehen sich über drei Tage hin.*

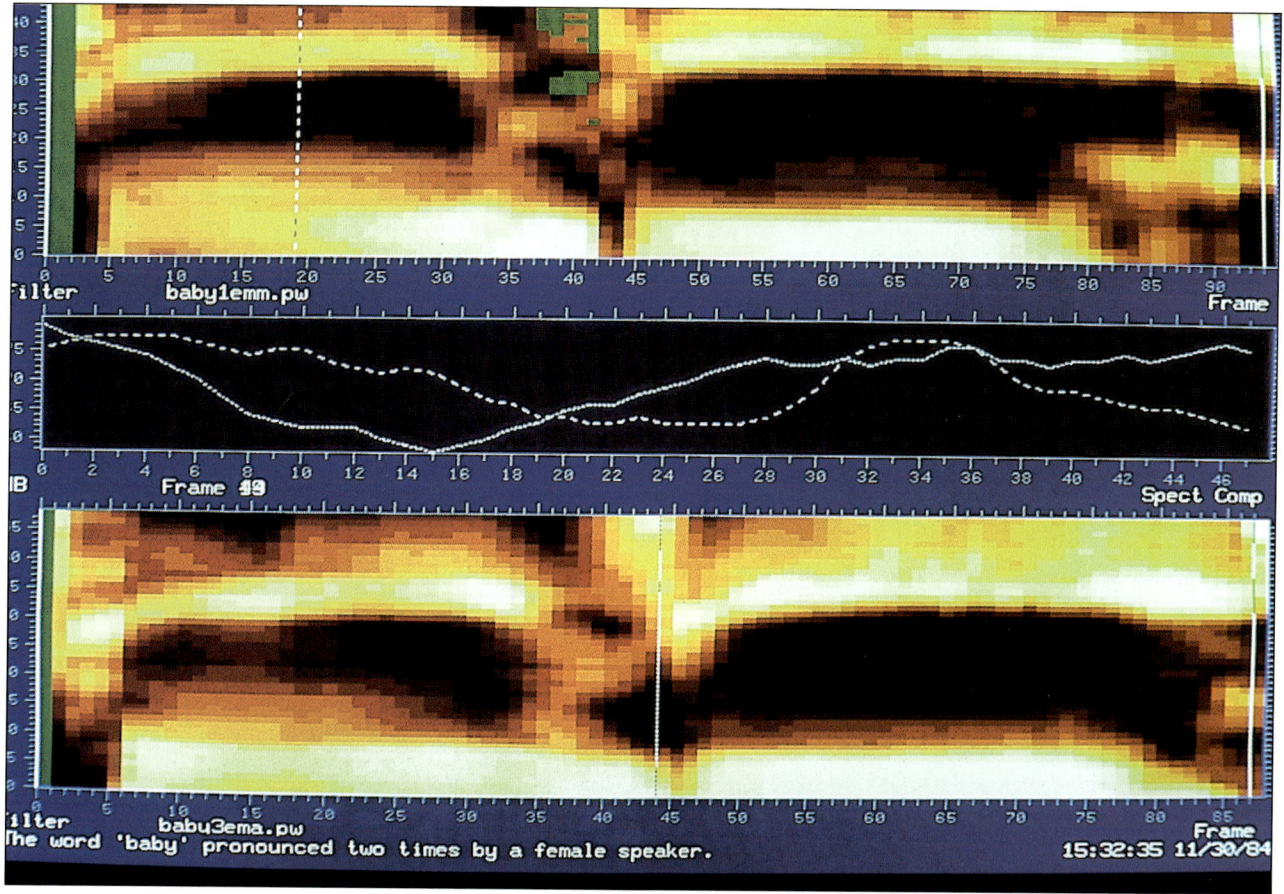

*Spektrogramme des von einer weiblichen Stimme gesprochenen Wortes „Baby". Wie aus den Kurven in der Mitte hervorgeht, zeigt das Volumen der beiden Proben starke Abweichungen. Dennoch sind die Sonagramme einander sehr ähnlich.*

tigkeit von Sprachmustern beruht somit auf der Unwahrscheinlichkeit, dass zwei Sprecher genau die gleichen Abmessungen und Gebrauchsmuster der Sprechorgane besitzen, die so ähnlich wären, um graphische Identifizierungsmethoden zu erschüttern.

Mit Kerstas Apparat wird ein 2,5 Sekunden langer Sprechabschnitt auf Magnetband aufgezeichnet und elektronisch abgetastet. Das Resultat kann auf einem Bildschirm angezeigt oder auf eine Papierwalze übertragen werden. Zwei verschiedene Ausdrucke lassen sich erzielen: Der vor Gericht am häufigsten verwendete Balkenausdruck zeigt als X-Achse die Aufnahmedauer und als Y-Achse die Frequenz. Die Intensität wird durch den Schwärzungsgrad angegeben. Der Konturausdruck präsentiert dagegen die komplexeren Stimmkennzeichen und eignet sich zum Abspeichern in einem Computer.

Um die Zuverlässigkeit seines Verfahrens zu untermauern, zeichnete Kersta 50 000 verschiedene Stimmen auf. Viele klangen sich zum Verwechseln ähnlich, doch auf dem Bildschirm zeigten sich deutliche Unterschiede. Mit Hilfe

# MORDAKTE:
# Myra Hindley und Ian Brady

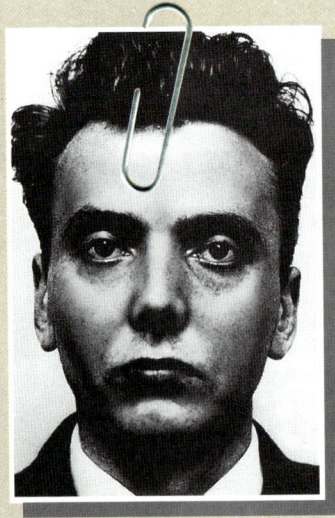
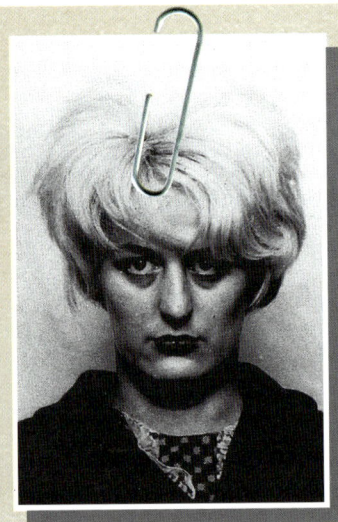

**Die „Moormörder" nahmen die Stimmen einiger ihrer jungen Opfer auf Band auf. Eine Rundfunksendung half bei der Ermittlung des Todeszeitpunkts eines zehnjährigen Mädchens.**

Eines der abscheulichsten Tondokumente spielte 1966 im Prozess gegen Ian Brady und Myra Hindley eine Rolle, die angeklagt waren, mehrere Kinder ermordet zu haben. Das Band enthielt die Stimme der zehnjährigen Lesley Ann Downey, die Brady um Gnade anflehte, während er sie zwang, für pornographische Aufnahmen zu posieren, dann vergewaltigte und strangulierte. Das Mädchen war am 26. Dezember 1964 entführt worden. Ihre in einem nahe gelegenen Moor vergrabene Leiche entdeckte man erst knapp ein Jahr später. Doch im Hintergrund der Aufnahme war eine Sendung von Radio Luxemburg zu hören und deutlich die Stimme der Sängerin Alma Cogan. Der genaue Zeitpunkt stand damit fest.

*Die „Moormörder" Ian Brady und Myra Hindley.*

FALL GELÖST

*Englische Polizisten auf der Suche nach dem vergrabenen Leichnam eines der Opfer von Ian Brady und Myra Hindley in einer vom Wind gepeitschten Moorregion in Yorkshire.*

professioneller Stimmenimitatoren konnte er nachweisen, dass man wohl das menschliche Ohr, nicht aber die Geräte täuschen kann.

Sonagramme wurden seit 1967 an US-Gerichten vereinzelt als Beweismittel zugelassen. Einen Wendepunkt markierte die Verurteilung eines Wilderers wegen Mordes 1971 in Wisconsin. In Europa begegnet man dieser Technik weiterhin mit großer Skepsis.

Ebenfalls im Jahr 1971 wurde Kersta in einem ganz anders gelagerten Fall hinzugezogen. Der Autor Clifford Irving hatte der McGraw-Hill Book Company das Manuskript der angeblich authorisierten Biografie des exzentrischen Millionärs Howard Hughes angeboten. Zur Untermauerung legte er einige an ihn gerichtete Briefe von Hughes vor, die von Experten für echt erklärt wurden. Nach 15-jährigem Eremitendasein brach Hughes schließlich sein selbst auferlegtes Schweigen, um mitzuteilen, dass Irvings so genannte Biografie

*Dieses Foto des Millionärs Howard Hughes stammt ungefähr aus der Zeit seines Auftritts vor einem Unterausschuss des US-Senats. Ein Tonbandmitschnitt wurde einem Fälscher rund 30 Jahre später zum Verhängnis.*

*Clifford Irving, dem es beinahe gelungen wäre, mit einer gefälschten Biografie 650 000 $ zu erschwindeln.*

*Der Lügendetektor (Polygraph) registriert Veränderungen von Puls, Blutdruck und Atmung, die auf dem angeschlossenen Monitor sichtbar gemacht werden.*

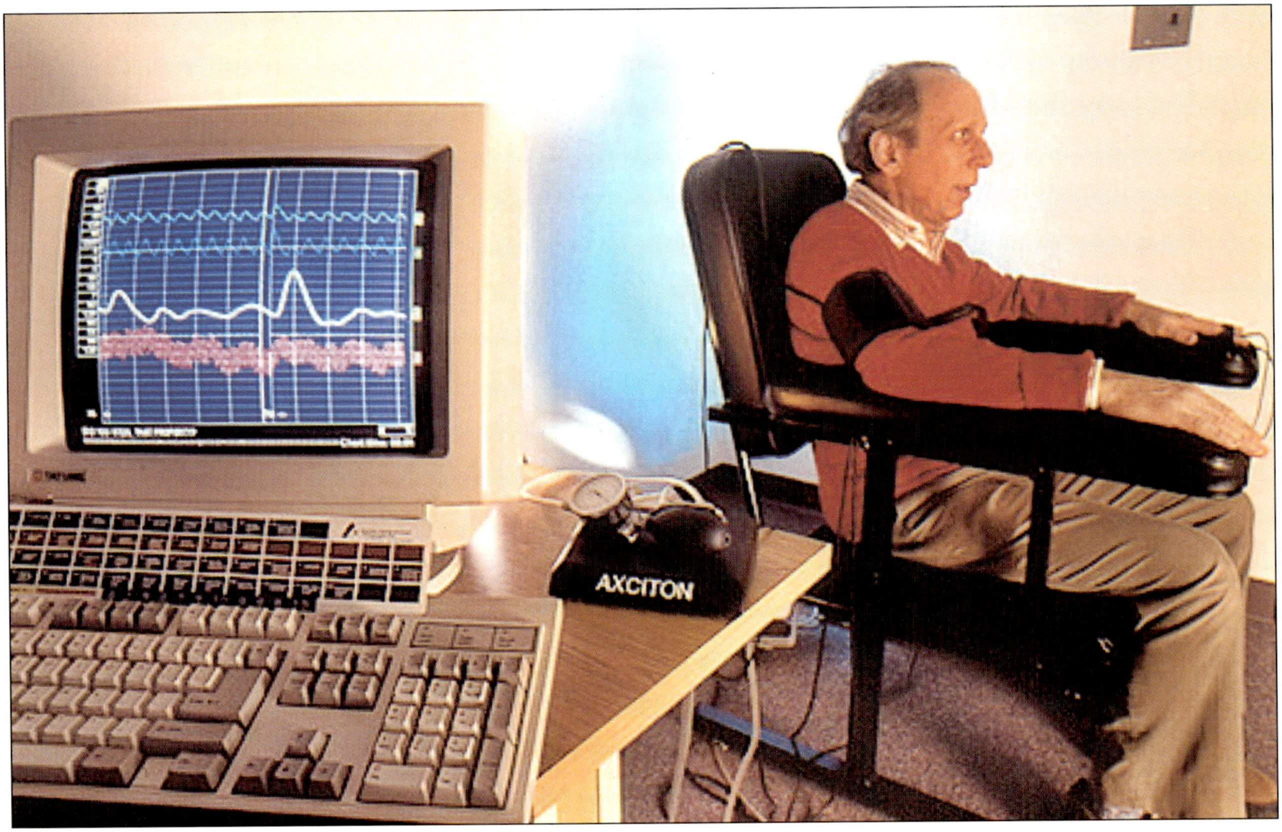

nichts anderes sei als eine jeder Grundlage entbehrende Fiktion.

Hughes äußerte diese Behauptung im Rahmen eines zweistündigen Anrufs aus seinem Refugium auf den Bahamas. War dies nun tatsächlich seine Stimme? Kersta verglich die Aufnahmen mit dem 30 Jahre alten Mitschnitt einer Rede vor einem Unterausschuss des Senats. Kersta erklärte, dass es sich zweifellos um Hughes' Stimme handelte: „Wir sind uns fast zu 100 Prozent sicher. Eine größere Gewissheit kann man als Wissenschaftler nicht beanspruchen." Im Juni 1962 wurde Irving wegen Fälschung zu einer Gefängnisstrafe verurteilt.

## MORDAKTE:

# Brian Hussong

**Der notorische Wilderer erschoss und enthauptete einen Wildhüter. Zwar konnte man zunächst die Tatwaffe nicht finden, doch ein mitgehörtes Telefongespräch trug entscheidend dazu bei, den Täter dingfest zu machen.**

Neil LaFeve arbeitete als Wildhüter der Sensiba Wildlife Area in Wisconsin. Am 24. September 1971 kehrte er nicht von der Arbeit zurück. Tags darauf fand die Polizei seine enthauptete Leiche in einem flachen Grab und in der Nähe auch den Kopf. Der Mann war durch mehrere Schüsse getötet worden.

Da der zuständige Ermittler von einem Racheakt ausging, ordnete er die Befragung sämtlicher Personen an, die von LaFeve beim Wildern erwischt worden waren. Wer kein Alibi besaß, wurde aufgefordert, sich einem Test per Lügendetektor zu unterziehen. Nur einer weigerte sich – Brian Hussong, ein allen Einheimischen wohlbekannter Wilderer.

Nachdem man die richterliche Erlaubnis erhalten hatte, Hussongs Telefon zu überwachen, hörte man ein Gespräch mit, in dem ihm seine 83-jährige Großmutter versicherte, alle seine Schusswaffen seien gut versteckt. Diese wurden rasch in ihrem Haus gefunden und der Ballistikexperte William Rathman stellte bald fest, dass die unweit der Leiche sichergestellten Patronen aus einem der Gewehre stammten.

Vor Gericht behauptete die alte Frau, von den versteckten Waffen nichts gewusst zu haben. Ein Stimmensachverständiger demonstrierte jedoch anhand der zu den anderen Verwandten bestehenden Unterschiede, dass die Analyse des Mitschnitts keinen Zweifel zuließ. Brian Hussong wurde zu lebenslänglicher Haft verurteilt.

**FALL GELÖST**

Seit einiger Zeit arbeitet auch die US-Luftwaffe mit Spracherkennung. Ein Zugangsberechtigter muss einige Sätze in einen Computer sprechen. Anhand dieser Probe kann er später eindeutig identifiziert werden, bevor der Zutritt zu einer Sperrzone gewährt wird.

Im Bereich der Stimmenanalyse wurden zwei neue Instrumente entwickelt, die den klassischen Lügendetektor ersetzen sollen. Im Gegensatz zu diesem müssen sie nicht mit dem Betreffenden verbunden werden, um Veränderungen in puncto Herzfrequenz oder Hautwiderstand zu ermitteln. Sie sind angeblich in der Lage, auch anhand einer Telefonstimme oder eines Tonbandmitschnitts präzise Hinweise zu geben. Mit dem Psychological Stress Evaluator (PSE) soll es möglich sein, Lügen anhand eines nicht hörbaren Zitterns in der Stimme aufzudecken. Obwohl derartige Befunde wohl kaum als gerichtliches Beweismittel zugelassen werden dürften, können sie einen wertvollen Hinweis auf die weitere Ermittlungsrichtung geben.

# Vom Phantom zum Täter

Die Identifizierung eines Täters ist immer vertrackt, denn Zeugen beispielsweise können sich schließlich irren oder uneins sein. Wenn die eindeutige Identifizierung nicht möglich ist, gilt es, nach personenbezogenen Anhaltspunkten zu suchen, um die Fahndung einzuengen. Hierzu führt die Polizei Aufzeichnungen über den Modus operandi (MO), die Vorgehensweise bereits bekannter Straftäter. In den letzten Jahren konnte auch mit der psychologischen Täteranalyse eine beeindruckende Zahl von Erfolgen erzielt werden. Wichtig ist selbstverständlich, dass die Identität des Beschuldigten oder Angeklagten über jeden Zweifel erhaben ist.

Im 19. Jahrhundert gingen zahlreiche Kriminologen davon aus, dass es möglich sei, einen „Tätertypus" zu identifizieren. Führend auf diesem Gebiet war der Italiener Cesare Lombroso, der 1876 sein Grundlagenwerk L'Uomo Delinquente veröffentlichte. Nach der Analyse von fast 7000 Straftätern kam Lombroso zu dem Schluss, dass äußeres Erscheinungsbild und Art des Verbrechens in unmittelbarem Zusammenhang stehen. Auch wenn seine Theorien inzwischen weitgehend verworfen wurden, förderten sie die Wissenschaft der Anthropometrie, die sich mit den unterschiedlichen Körpermaßen von verschiedenen Konstitutionstypen befasst.

Dr. Louis Adolphe Bertillon, der damalige Präsident der Pariser Anthropologischen Gesellschaft, arbeitete an einem Vergleich und einer Klassifizierung der Formen und Größen von Schädeln verschiedener „Rassen". Sein

*Bei der eindeutigen Identifizierung steckt der Teufel wahrhaft im Detail. Viele Täter offenbaren sich durch bestimmte Verhaltensauffälligkeiten oder – wie in diesem Fall – durch individuelle Eigenarten ihrer Handschrift, die bisweilen erst unter dem Mikroskop sichtbar werden.*

*Cesare Lombroso, einer der führenden Kriminologen des 19. Jahrhunderts, hegte die Hoffnung, körperliche Merkmale finden zu können, an denen man Straftäter erkennen konnte.*

Sohn Alphonse schien sich zunächst kaum für dieses Gebiet zu interessieren, doch nachdem er einen Posten bei der Pariser Polizeipräfektur angetreten hatte, erkannte er, dass die Methoden seines Vaters bei der Identifizierung bekannter Straftäter angewendet werden könnten. Er erinnerte sich an die Behauptung des belgischen Statistikers Quetelet, dass es keine zwei Menschen mit exakt den gleichen Körpermaßen gibt, und entwickelte ein eigenes Identifizierungssystem. Zwischen November 1882 und Februar 1883 entstand eine rund 1600 Einträge umfassende Kartei mit entsprechenden Querverweisen. Bald wurde dieses Verfahren unter dem Namen „Bertillonage" bekannt.

Am 20. Februar 1883 wurde ein Mann verhaftet, der sich als Dupont ausgab. Bertillon ermittelte seine Körpermaße und begann ohne größere Hoffnung, seine Kartei durchzugehen. Doch seine Erregung steigerte sich zusehends, bis er mit triumphalem Schwung eine Karte herauszog. „Sie wurden am 15. Dezember letzten Jahres wegen Diebstahls leerer Flaschen festgenommen!", rief er. „Damals trugen Sie den Namen Martin."

Rasch war das neue Karteisystem in den Schlagzeilen der Pariser Zeitungen. Zu Jahresende hatte Bertillon bereits fast 50 Wiederholungstäter identifiziert; im Jahr darauf folgten weitere 300. Die Bertillonage fand bald bei sämtlichen französischen Polizei- und Strafvollzugsbehörden Verwendung.

Bertillon wandte sich nun der Fotografie zu und etablierte die heute noch übliche Praxis der Frontal- und Profilaufnahmen. Überdies schuf er ein so genanntes portrait parlé – ein System der präzisen Aufzeichnung von Gesichtsmerkmalen wie Nase, Augen, Mund und Unterkiefer, auf dem auch die modernen Phantombilder basieren (siehe Seite 234–235).

Die Entwicklung der Daktyloskopie (siehe „Verräterische Finger") verhinderte, dass die Bertillonage in anderen Ländern Fuß fasste, doch Bertillon selbst hielt hartnäckig daran fest.

### GESICHTER WIEDERERKENNEN

Die aus Krimiserien und Spielfilmen bekannte Gegenüberstellung kommt auch in der praktischen Fahndungsarbeit regelmäßig vor, wenngleich ihre wissenschaftliche und juristische Gültigkeit nicht nur von Psychologen manchmal in Frage gestellt wird.

Wichtig ist auf jeden Fall, dass der Zeuge in keiner Weise auf die verdächtige Person hingewiesen werden darf. Daher gilt es, Vergleichspersonen

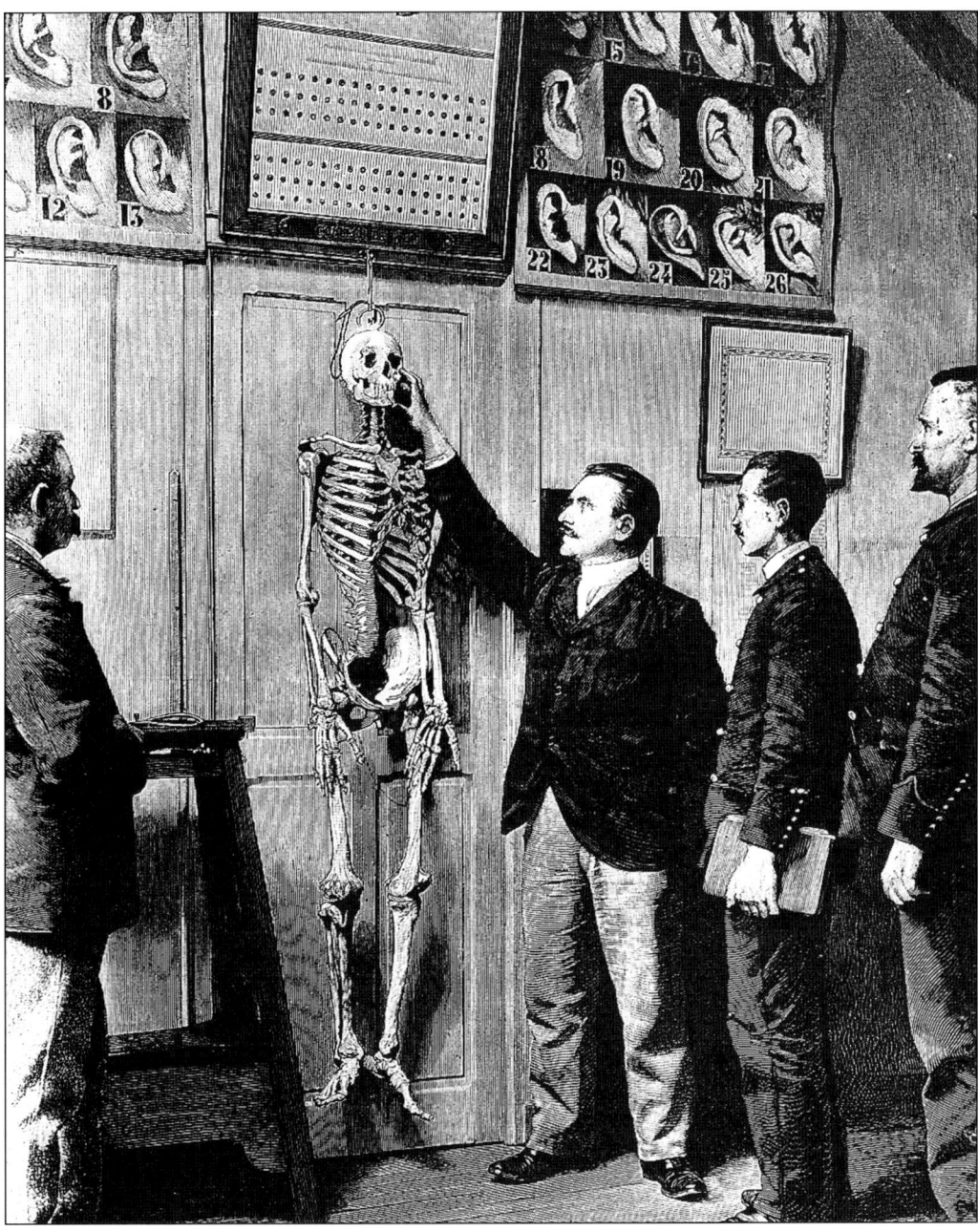

*Die aus dem Jahr 1899 stammende Abbildung zeigt eine Unterweisung in der Technik der Anthropometrie im Hauptquartier der Pariser Polizei, wo Alphonse Bertillon sein System der „Bertillonage" entwickelte.*

zu finden, denen gegenüber der Betreffende nicht auffällt. Idealerweise sollten Physiognomie, Körpergröße, Statur, Haarfarbe und Teint identisch sein. In der Praxis greift man oft auf Passanten zurück. Da diese meist nur wenig Zeit haben und auch der Zeuge nur ungern länger warten möchte, kommt meist keine ausreichende Zahl von Personen zustande. Oft wird die Mindestzahl nur durch aus der Kantine abberufene Polizeibeamte erreicht.

## MORDAKTE:
# James Hanratty

**In einem der berüchtigtsten Fälle der britischen Justizgeschichte passten die Phantombilder des mutmaßlichen Vergewaltigers und Mörders nicht zu dem Verhafteten, der dennoch schuldig gesprochen und gehängt wurde.**

Am Abend des 22. August 1961 saßen Michael Gregsten und seine Geliebte Valerie Storie in seinem Wagen, der unweit des südenglischen Slough neben einem Feld geparkt war. Plötzlich riss ein Mann die hintere Tür auf und stieg mit einem Revolver in der Hand in den Wagen. Eine stundenlange Fahrt endete auf einem Parkplatz der A6, wo er Gregsten erschoss, seine Geliebte vergewaltigte, auf sie schoss und mit dem Wagen flüchtete. Die Frau überlebte wie durch ein Wunder, trug jedoch eine dauerhafte Behinderung davon. In einem Londoner Bus fand man später einen geladenen, als Tatwaffe identifizierten Revolver. Auch der Wagen konnte in London sichergestellt werden.

*James Hanratty wurde am 4. April 1962 trotz ernsthafter Zweifel an seiner Identifizierung wegen des Autobahnmordes gehängt.*

*Die Stelle neben der A6 bei Clophill in Bedfordshire, an der man die schwer verletzte Valerie Storie und den durch Kopfschuss getöteten Michael Gregsten fand. Der Fundort der Leiche ist per Sichtblende abgeschirmt.*

Das nach den Angaben der Frau erstellte Phantombild wich in fast allen Details von einem zweiten Phantombild ab, das auf die Beschreibungen dreier Zeugen zurückging, die später einen Mann mit Gregstens Wagen gesehen hatten. Einzige Gemeinsamkeit waren die „tief liegenden, braunen Augen", an die sich die Frau deutlich erinnerte.

Aus auch später nie geklärten Gründen behauptete die Frau nun, die Augen des Angreifers seien „eisblau" und „tellerförmig" gewesen. Sie konnte Alphon bei einer Gegenüberstellung nicht identifizieren, wohl aber drei Wochen später Hanratty, der im April 1962 am Galgen endete. Hanratty hatte betont, sich in der Mordnacht in Nordeng-

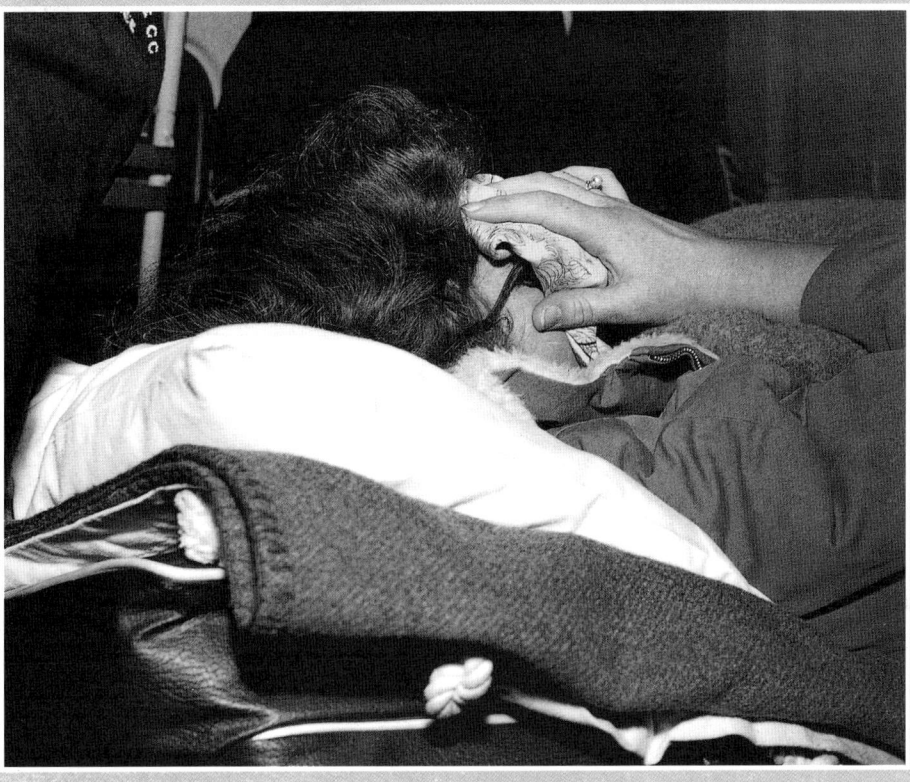

*Valerie Storie wird zu einem vor dem Schwurgericht von Bedford wartenden Rettungswagen transportiert, nachdem sie ausgesagt hatte, dass sie durch die Schussverletzungen von der Hüfte ab gelähmt ist.*

Inzwischen hatte die Polizei zwei Verdächtige festgenommen: James Hanratty, in dessen Hotelzimmer man Patronenhülsen aus der Tatwaffe gefunden hatte, sowie Peter Alphon, der das Zimmer in der Folgenacht bewohnt hatte. Hanratty ähnelte keinem der beiden Phantombilder; er hatte kein dunkles, zurückgekämmtes Haar, seine Augen waren hellblau. Alphon jedoch ähnelte der von Storie gegebenen Beschreibung durchaus.

land aufgehalten zu haben. Später fanden sich dafür einige Zeugen. Als er sich in Sicherheit wiegte, hatte Alphon mehrfach angedeutet, eine „interessierte Partei" habe ihn beauftragt, die Affäre zwischen Gregsten und Storie zu beenden. Diese Vorgänge ließen die Gültigkeit der Phantombild-Identifizierung insgesamt noch zweifelhafter erscheinen und der öffentliche Unmut über die Verurteilung Hanrattys hält bis heute an.

*FALL GELÖST*

Die Begleitumstände der Gegenüberstellung führen nicht selten dazu, dass jeder Beteiligte irgendwie schuldig aussieht. Und der Zeuge fühlt sich einem beträchtlichen Druck ausgesetzt, jemanden identifizieren zu müssen. Dr. Donald Thomson, Psychologie-Dozent an der australischen Monash University, ist ein scharfer Kritiker dieses Verfahrens. Nachdem er sich im Fernsehen unverblümt über die Methoden der Polizei von New South Wales geäußert hatte, wurde er eines Tages von der Straße weg zu einer Gegenüberstellung gebracht.

Eine Frau war in ihrem Haus überfallen worden. Sie warf einen kurzen Blick auf die präsentierten Männer – um ohne das geringste Zögern auf

Woran unterscheiden wir einen Menschen vom anderen? Früher hielt man es für denkbar, dass Informationen in einzelnen Gehirnzellen abgespeichert sein und es uns ermöglichen könnten, ein beliebiges Objekt wiederzuerkennen. Demnach gäbe es beispielsweise so etwas wie eine „Großmutter-Zelle". Dem begegnete jedoch Professor Whitman Richards vom Massachusetts Institute of Technology mit folgendem Einwand: „Wenn es tätsächlich Zellen gäbe, die auf alle Dinge oder Tiere reagierten, denen man so begegnet, dann wäre der Vorrat ziemlich schnell erschöpft."

Einer seiner Kollegen, der Engländer David Marr, vertrat die Theorie, dass die Augen dem Gehirn zunächst einen raschen Gesamteindruck vermitteln, ähnlich einer groben künstlerischen Skizze. Demnach reichten die wahrgenommenen Hell-dunkel-Kontraste aus, um die Grundform des Objekts zu identifizieren. Marr und seine Kollegen bauten anhand dieses Prinzips einen der ersten Scanner und erzeugten Bilder, die einer künstlerischen Skizze sehr ähnlich waren. Die heute in der Sicherheitstechnik verwendeten Scanner funktionieren nach dem gleichen Prinzip.

Nach Marrs Auffassung identifiziert das Gehirn den Gegenstand zunächst anhand einer solchen groben Skizze, um sich allmählich immer stärker auf die signifikanten Merkmale zu konzentrieren und daraus ein detailliertes Gesamtbild zu erzeugen und abzuspeichern.

Die ersten Merkmale, die einem Zeugen auffallen, sind Haare, Mund und Augen, also Haarfarbe, Frisur, Lippen und Augenfarbe. Eine dunkle Brille kann ein Gesicht derart verändern, dass es auf den ersten Blick unkenntlich wirkt. Als Nächstes erscheint die Gesamtform des Gesichts. Nur wenn ein Zeuge ausreichend Zeit hat, sich auf die Details zu konzentrieren, ist er in der Lage, es vollständig zu identifizieren und mit dem Gedächtnisinhalt zu vergleichen. Bei dem vertrauten Gesicht etwa eines Angehörigen oder einer berühmten Person dauert dies nur Sekundenbruchteile. Wenn ein Zeuge bei der Gegenüberstellung mit jemandem konfrontiert ist, der der unter Stressbedingungen gesehenen Person annähernd ähnelt und er sich verpflichtet fühlt, jemanden zu benennen, überrascht es nicht, dass er den Betreffenden oft als den Täter identifiziert.

Thomson zu zeigen. „Ich dachte zuerst", so Thomson, „dass man mich er-schrecken wollte." Zum Glück hatte er jedoch ein Alibi, denn zur fraglichen Zeit war er live im Fernsehen aufgetreten. Wie sich herausstellte, hatte die Frau genau diese Sendung gesehen und in der Aufregung wurde das Gesicht des Täters in ihrem Gedächtnis von dem Thomsons irgendwie überlagert.

Hierzu Thomson: „Mitten in einem Trauma und Schock können wir einen Großteil unseres Erinnerungsvermögens löschen. Später verflechten wir assoziierte Erinnerungen, um den Vorfall in Gedanken zu rekonstruieren."

Doch dies ist nicht die einzige Gefahr. Auch Vorurteile können entschei-dend zur Verzerrung der angeblichen Beobachtungen beitragen. Vor einigen Jahren führte die London Metropolitan Police eine PR-Kampagne durch. Im Mittelpunkt stand das Foto einer Straßenszene mit der Frage: „Was würden Sie tun?" Man sah einen Schwarzen in kurzer Jacke mit offenem Kragen, der davonrannte. Ein uniformierter Polizist war ihm dicht auf den Fersen. Die Sache schien klar: Der Mann war ein Krimineller, der von einem Polizisten verfolgt wurde. Aus dem Begleittext ging aber hervor, dass es sich um einen Zivilfahnder handelte, der einem im Bild nicht mehr sichtbaren Verdäch-tigen auf den Fersen war und dem der Uniformierte zu Hilfe eilte.

Die Polizei wird sich zunehmend der großen Gefahr bewusst, die Vorur-teile bei der Identifizierung durch Tatzeugen darstellen können. In Hendon,

*Frühere Gegenüber-stellungen erfolgten noch ohne Berück-sichtigung der heute üblichen Vorsichts-maßnahmen. Um einer möglichen Ein-schüchterung des Zeugen zu begegnen, ist man dazu über-gegangen, ihn hinter einem durchsichtigen Spiegel zu platzieren. Manche Länder praktizieren auch eine Gegenüber-stellung der Reihe nach.*

Nord-London, verwendete man einmal ein Schulungsvideo, in dem ein Mann mit Igelfrisur und Lederjacke einer Frau mittleren Alters die Handtasche entriss. Hinterher fragte man die auszubildenden Polizisten nach dem Alter des Täters. Fast alle waren sich sicher, dass er Mitte 20 war, in Wahrheit jedoch hatte er bereits die 50 überschritten. Alle hatten ihre typische Vorstellung eines Mannes mit Lederjacke und Igelschnitt auf das Gesehene übertragen und unterstellt, der Handtaschenräuber müsse das gleiche Alter haben.

Natürlich ist man bei der Polizei besonders darauf bedacht, nicht den Falschen zu verhaften. Andererseits ist man sich weiterhin der Tatsache bewusst, dass Augenzeugen unersetzbar sein können. In einigen Bundesstaaten der USA hat man die traditionelle Gegenüberstellung bereits durch eine „sequenzielle Identifizierung" ersetzt, bei der man den Zeugen jeweils nur mit einem einzigen Gesicht konfrontiert, was nach Aussage von Psychologen eine höhere Konzentration ermöglicht und nach jüngeren Studien die Fehlerquote halbiert.

### IDENTIKIT, PHOTOFIT, VIDEO-FIT, ISIS, FACEIT

Ende der 1940er-Jahre reiste Hugh McDonald, ein leitender Mitarbeiter der Polizei von Los Angeles, nach Europa, um einige Ganoven dingfest zu

*Das 1971 in Großbritannien eingeführte Penry PhotoFIT stellte einen bedeutenden Fortschritt dar. Mit dem hier abgebildeten Set für Weiße ließen sich rund fünf Milliarden Gesichter zusammensetzen.*

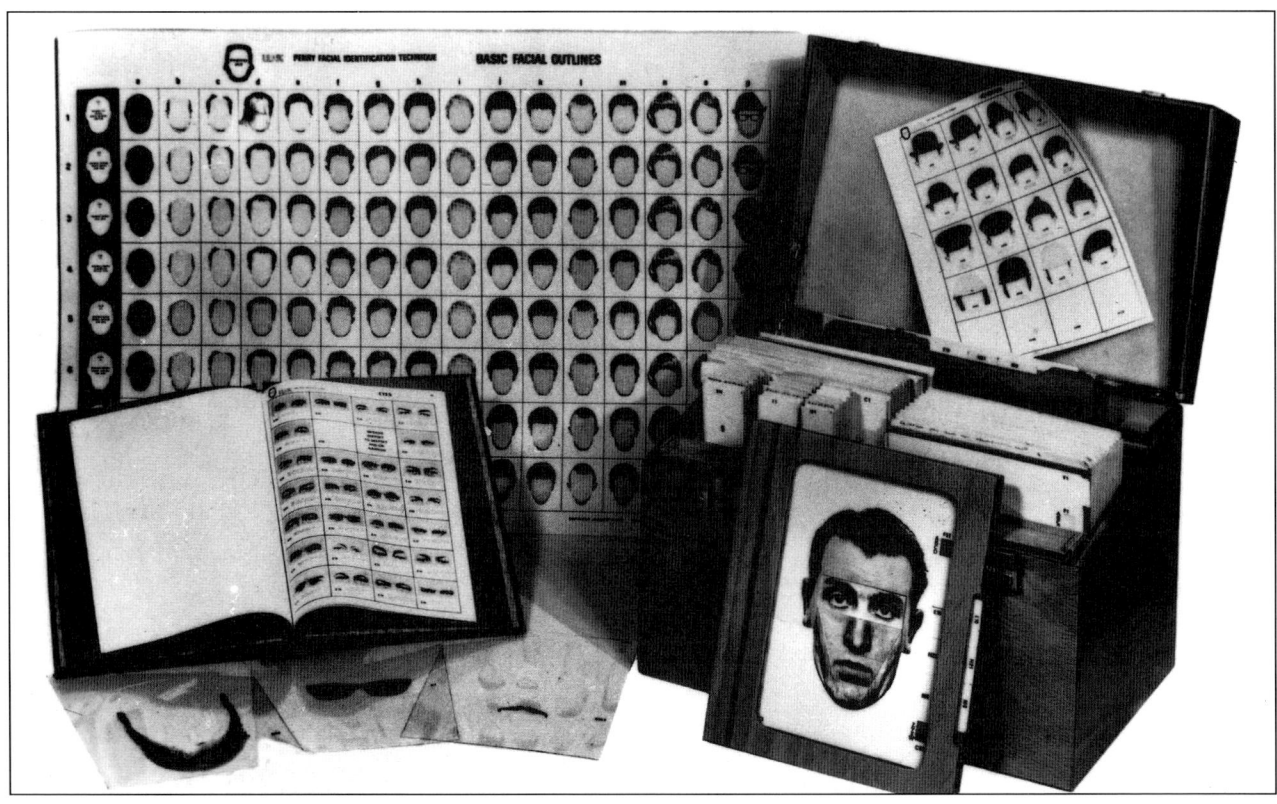

machen, die sich die Nachkriegswirren zu Nutze machten. Wie er feststellen musste, waren die Zeugenbeschreibungen oft widersprüchlich und unvollständig. McDonald fertigte grobe Skizzen einzelner Gesichtspartien auf transparentem Papier in der Hoffnung, sie zu einem von seinen Informanten bestätigten Phantombild zusammenzufügen.

Nach seiner Rückkehr in die USA wandte sich McDonald mit Erfolg an die kalifornische Firma Townsend. Nach mehrjähriger Zusammenarbeit mit lokalen Polizeidienststellen entstand das erste Identikit-Paket – 525 kodierte und nummerierte Transparentfolien mit Zeichnungen einzelner Gesichtspartien, darunter 102 Augenpaare, 32 Nasen, 33 Lippen, 52 Kinnpartien sowie 25 verschiedene Oberlippen- und Vollbärte. In der Tat war dies das visuelle Äquivalent von Bertillons *portrait parlé*. Das Fehlen

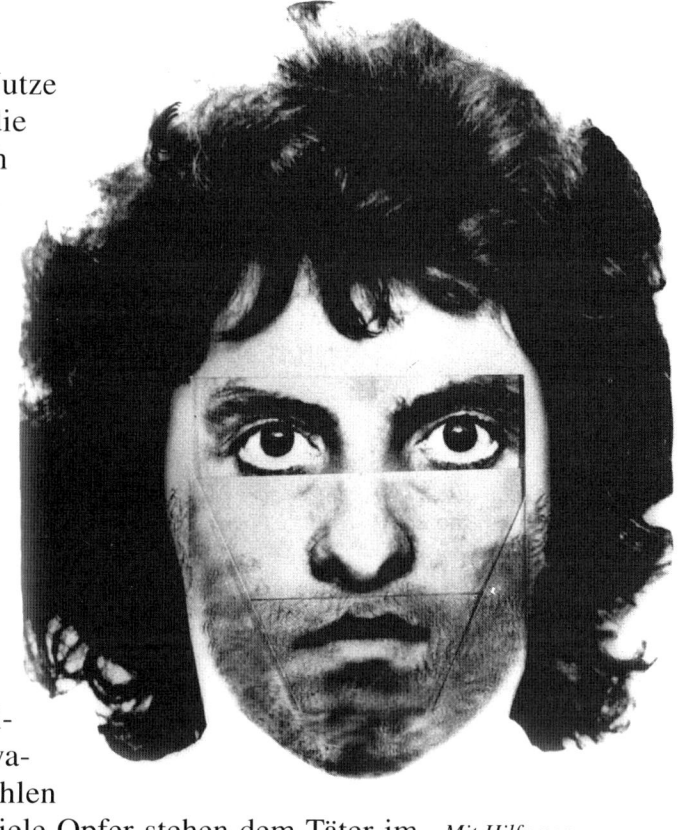

von Ohren erklärte McDonald wie folgt: „Viele Opfer stehen dem Täter im alles entscheidenen Moment gegenüber und sehen die Ohren niemals richtig. Besondere Kennzeichen wie große oder deformierte Ohren sowie Narben und Muttermale können später mit Wachsmalstift hinzugezeichnet werden."

Wie McDonald behauptete, konnten nun 62 Milliarden verschiedene Kombinationen hergestellt werden. Und das Codesystem hatte noch einen großen Vorteil: Das Phantombild ließ sich in Form einer Abfolge von Zahlen und Buchstaben übermitteln.

Im Jahr 1960 hatte sich das Identikit-System bereits in zahlreichen Ländern durchgesetzt. Trotz vieler Erfolge gab es jedoch auch Fehlschläge.

Eine willkommene Verbesserung bedeutete das 1971 eingeführte Penry Facial Identification Kit alias PhotoFIT. Wie sein Schöpfer, der Fotograf Jacques Penry, behauptete, war ihm die Idee schon 1938 gekommen, als er Fotos zur Illustration seines Buches *Character from the Face* aussuchte. Doch erst 30 Jahre später trat er damit an die britische Polizei heran und erhielt einen Herstellungsvertrag.

Wie der Name bereits andeutet, verwendet PhotoFIT fotografische Elemente anstelle von Zeichnungen. Mit Penrys erstem Set für Gesichter von Weißen (kaukasisches Set) aus dem Jahr 1969 ließen sich fünf Milliarden Gesichter zusammensetzen und mit der afro-asiatischen Ergänzung kamen 1970 weitere 500 Millionen hinzu. Das komplette „Caucasian Basic Kit"

*Mit Hilfe von PhotoFIT erstelltes Phantombild eines Mannes, der wegen Mordes an einer älteren Frau in Kent gesucht wurde. Das Bild entstand anhand der Aussagen mehrerer Zeugen, die den Täter mehrfach beobachtet hatten, als er das Opfer besuchte.*

# Anton Fähndrich

**Ein führender Handschriftenexperte konnte das detaillierte Profil eines jungen Mannes erstellen, der in der Schweiz eine Reihe von Bombenanschlägen verübt hatte. Wie sich schließlich herausstellte, traf die Beschreibung sehr genau zu.**

Am Abend des 30. Juni 1962 detonierte eine Bombe im Fahrstuhl eines Luzerner Restaurants. Innerhalb der nächsten 24 Stunden ereigneten sich noch vier Explosionen – zwei weitere in einem Restaurantlift, eine in einem Keller und eine unter einem Auto. Insgesamt wurden fünf Menschen verletzt, einer davon schwer. Der Sachschaden belief sich auf 100000 Schweizer Franken.

Die verwendeten Zünder erwiesen sich als Fabrikware und führten zu einem Händler, der sich erinnerte, sie einige Tage zuvor einem Mann verkauft zu haben, der sich unter falscher Adresse als „Afled Späni" eingetragen hatte.

M. Litsenow, der von der Polizei hinzugezogene führende Züricher Graphologe, hielt es zwar für nahezu unmöglich, allein anhand von Name und Anschrift Aussagen über die Persönlichkeit zu machen, doch er war mit einem Versuch einverstanden. Die Unterschrift war offenbar gefälscht, da ihr jegliche Spontaneität fehlte. Sie stammte von einer eher 20 als 40 Jahre alten, einfachen Person mittlerer Intelligenz und mit instabiler Persönlichkeit.

Obwohl er die Bomben selbst gebaut hatte, war der Attentäter kein Techniker. Aufgrund von Minderwertigkeitskomplexen war es unwahrscheinlich, dass er in einem Geschäft mit Publikumsverkehr arbeitete. Als landwirtschaftlicher Hilfsarbeiter hätte er nichts Näheres über die städtischen Restaurants gewusst. Und in der Stadt gab es kaum Fabriken. Vermutlich war er sporadisch als Lagerarbeiter tätig.

Der von Litsenow angenommene Minderwertigkeitskomplex deutete auf Geltungsdrang als Tatmotiv. Die Handschrift verwies auf einen äußerlich unauffälligen, robusten, sportlichen und möglicherweise sogar athletisch wirkenden Mann.

Höchstwahrscheinlich kannte er jemanden namens Alfred und hatte eine ihm irgendwie bekannte Adresse gewählt. Seine Eltern waren vermutlich Alkoholiker oder hatten sich getrennt. Auch konnte der Mann wegen eines geringfügigen Delikts durchaus schon einmal mit der Polizei zu tun gehabt haben.

Mit diesen Hinweisen ausgestattet, konzentrierte sich die Polizei auf ein halbes Dutzend junger Männer, die nach und nach bis auf einen ausschieden – den 20-jährigen Lagerarbeiter Anton Fähndrich. Dezent gekleidet, trug er zurückgekämmtes braunes Haar und ein Oberlippenbärtchen und wohnte in einer Kirchenherberge, wo er beliebt war.

Ein Handschriftenvergleich ergab zahlreiche Ähnlichkeiten und die Adresse stellte sich als die einer früheren Arbeitsstätte heraus. Überdies hatte er unlängst zwei Boxmeisterschaften gewonnen – und seine Eltern hatten sich getrennt, nach mehrmaligen Festnahmen wegen Trunkenheit! Nach anfänglichem Leugnen gestand Fähndrich schließlich, dass er sich mit den Bomben „an der ganzen Gesellschaft rächen" wollte. Der Knall, die Hilferufe und der Klang der Polizeisirenen hätten ihn erregt.

**FALL GELÖST**

umfasste allein 204 Stirnpartien und Frisuren, 96 Augenpaare, 89 Nasen, 101 Münder, 74 Kinn- und Wangenregionen sowie diverse „Accessoires" wie Kopfbedeckungen, Bärte, Brillen, Altersfalten und Ohren.

Heute dominieren computergestützte Systeme wie Video-Fit und ISIS (Interaktives System zur Identifizierung von Straftätern). Video-Fit ermöglicht eine bewegliche dreidimensionale Darstellung sowie entsprechende Veränderungen der Farben und Strukturen.

Das neuste Gesichtserkennungsprogramm trägt den Namen FaceIt. Zwölf veränderliche Merkmale wie Nasenlänge, Augenabstand und Struktur der Wangenknochen reichen zur Klassifizierung aus.

## GRAPHOLOGIE

Jede Handschrift ist ebenso charakteristisch, individuell und unveränderlich wie ein Fingerabdruck. Die Handschrift einer Person, die verletzungsbedingt nicht mehr mit der gewohnten Hand schreiben kann, wird allmählich auch mit der anderen Hand exakt die gleichen charakteristischen Eigenarten an den Tag legen. Graphologen oder Handschriftenexperten behaupten, in der Lage zu sein, diese Merkmale erkennen und – mehr noch – angeborene Wesenszüge ermitteln zu können, die möglicherweise auf einen potenziellen oder tatsächlichen Täter hinweisen.

Dem geschulten Auge präsentieren sich zahllose Details, um den Schreiber identifizieren zu können, auch wenn er beispielsweise versucht, seine Handschrift zu verstellen oder bestimmten physischen oder emotionalen Begleitumständen unterliegt. Eine Unterschrift bleibt allein in ihren Grundzügen gleich, weshalb zwei hundertprozentig identische Unterschriften sogleich einen Fälschungsverdacht hervorrufen würden.

Analyse und Vergleich von Handschriften sind ein langwieriger, komplexer Vorgang. Zunächst wird die Schrift in drei Zonen unterteilt, wie man sie aus den mit Hilfslinien versehenen Schulheften für Erstklässler kennt. Mit zunehmendem Alter weichen die meisten Menschen mehr oder weniger von dieser Standardform ab. Die Graphologen gehen davon aus, dass die Abweichungen einen zuverlässigen Schluss auf die jeweilige Persönlichkeit zulassen. Die obere Zone ist demnach die Re-

*Beweismittel aus dem Prozess um Bruno Hauptmann wegen der Entführung und Ermordung des Lindbergh-Babys 1932. Die hervorgehobenen Buchstaben verweisen auf Ähnlichkeiten mit einem aus dem Jahr 1934 stammenden und von Hauptmann ausgefüllten Antrag auf Erteilung eines Personenbeförderungsscheins.*

237

*Bei der Erarbeitung eines computerisierten Systems zur Identifizierung von Handschriften für kriminalistische Zwecke. Das System kann feststellen, ob zwei Buchstaben von der gleichen Person geschrieben wurden und liefert Anhaltspunkte über die jeweilige Persönlichkeit.*

gion der intellektuellen und spirituellen Qualitäten, von Ehrgeiz und Idealismus. Die mittlere Zone steht für Vorlieben, Abneigungen, Rationalität und Anpassungsfähigkeit an das Alltagsleben in der Gesellschaft. Die untere Zone offenbart die instinktiven und unterbewussten Bedürfnisse sowie die Sexualität und materiellen Interessen des Schreibenden.

Danach werden die Neigung sowie die individuelle und kontextbezogene Schreibung der Buchstaben analysiert. Breite Großbuchstaben deuten angeblich auf eine großzügige Persönlichkeit mit einem ausgeprägten Bedürfnis nach Selbstdarstellung und Aufmerksamkeit. Schmale Großbuchstaben zeugen von einem Gefühl der Unterlegenheit und dem Wunsch nach einem geruhsamen Leben. Hohe, enge Großbuchstaben verweisen auf eine starke, unterdrückte Persönlichkeit, Kontaktschwäche, Gehemmtheit und nachfolgende Frustration. Kantige Großbuchstaben stehen für Aggression und Starrsinn, Rundungen für ein liebe- und humorvolles Wesen, während ein breiter, dicker Strich auf eine gewisse Laxheit hindeutet.

In den englischsprachigen Ländern kommt dem Großbuchstaben I (= ich) naturgemäß besondere Bedeutung zu. So etwa deutet ein klein geschriebenes

I auf mangelndes Selbstbewusstsein, während ein schwungvolles, übertriebenes I ein sicheres Zeichen für eine Person ist, die stets im Mittelpunkt stehen will. Ein I in Form eines schlichten senkrechten Strichs kündet von einer selbstsicheren, intelligenten und ausgeglichenen Persönlichkeit, während ein nach links geschwungenes oder geneigtes I auf ein Unvermögen hinweist, das Leben zu genießen, möglicherweise auch auf Schuldgefühle und einen Hang zum Betrügen.

Dies sind nur einige wenige Beispiele für die von den Graphologen verwendeten Kriterien.

### DAS PSYCHOLOGISCHE TÄTERPROFIL

Lombrosos Theorien über die physischen Tätertypen sind zwar bereits seit langem veraltet, doch die Kriminologie befasst sich erst seit etwa 50 Jahren ernsthaft mit der Kriminalpsychologie. Die erste umfassende Studie betraf den so genannten Vampir von Düsseldorf (alias Peter Kürten) und wurde 1930 von Professor Karl Berg verfasst. Dann tat sich kaum etwas, bis Dr. James Brussel 1957 eine bemerkenswerte Charakterisierung des „Wahnsinnigen Bombers von New York" gelang.

Seit den 1950er-Jahren interessiert sich die Kriminologie zunehmend für das Erstellen eines psychologischen Täterprofils, also das später so genannte Profiling. Diese Theorie erlitt 1964 allerdings einen herben Rückschlag, als ein Team von Psychiatern (darunter auch Brussel) versuchte, ein Profil des „Würgers von Boston" zu erarbeiten. Man kam zu dem Schluss – den Brussel selbst jedoch nicht teilte –, dass es zwei Täter gab: einen allein lebenden Mann (vermutlich ein Lehrer) und einen Homosexuellen mit einem Hass auf Frauen. Nachdem man schließlich Albert DeSalvo dingfest gemacht hatte, erwies er sich als der alleinige Täter – und als Familienvater mit übersteigertem Geschlechtstrieb.

Ab 1969 befasste sich Howard Teten von der FBI-Akademie in Quantico mit dem Profiling. Gemeinsam mit Pat Mullany schuf er eine Datenbank aus Tonbandinterviews mit Serienkillern, die er mit Computerhilfe nach ähnlichen Denkmustern durchforstete. Beide gründeten dann in Quantico die Behavioral Science Unit des FBI, die Anfang 1974 durch Robert Ressler verstärkt wurde.

Schon bald ergab sich die Möglichkeit einer Bewährungsprobe. Im Juni 1973 war die siebenjährige Susan Jaeger aus einem Zelt, in dem sie mit ihrer Familie kampierte, entführt worden. Teten und Mullany erstellten ein vorläufiges Profil: Der Täter war demnach ein junger Weißer aus der Region, ein Einzelgänger, der bei einem nächtlichen Spaziergang auf das Zeltlager gestoßen war. Überdies kam man zu dem Schluss, dass das Mädchen vermutlich mittlerweile tot war.

## FALLAKTE:

# George Metesky

**Die Identifizierung des „Wahnsinnigen Bombers von New York" war der erste große Erfolg des Profiling. Dieses Verfahren gewinnt inzwischen auch international an Bedeutung bei der Ermittlung von Gewalttätern.**

Im November 1940 fand man auf einer Fensterbank des Kraftwerks Consolidated Edison, das New York mit Strom versorgt, eine kleine Bombe, die nicht explodiert war, zusammen mit der in Großbuchstaben abgefassten Drohung „Ihr Betrüger von Con Edison, das ist für euch!" Eine weitere scharfe Bombe entdeckte man zehn Monate später in einer Straße. Als Japan im Dezember 1941 Pearl Harbor angriff, erhielt die Polizei eine in Westchester County, New York, aufgegebene Nachricht: „Keine weiteren Bombenpakete für die Dauer des Krieges wegen meiner patriotischen Gefühle – Abrechnung mit Con Edison später – Sie werden für ihre feigen Taten büßen. F.P."

Bei Con-Ed, Zeitungen, Hotels und Kaufhäusern gingen in den folgenden fünf Jahren weitere vergleichbare Botschaften ein. Als sie ausblieben, schloss die Polizei, „F.P." habe seine Kampagne aufgegeben oder sei verstorben – bis man am 25. März 1950 in der Grand Central Station eine weitere Bombe fand.

Da sämtliche Bomben sorgfältig gefertigt waren, schien es, als sei der „Wahnsinnige Bomber" nicht darauf aus, dass sie explodierten. Doch die nächste, in einer Telefonzelle platzierte Bombe ging tatsächlich in die Luft und einige Zeitungen erhielten Briefe, die weitere Anschläge „im Dienste der Gerechtigkeit" ankündigten. In den nächsten vier Jahren explodierten zwölf Bomben und 1955 gab es sechs, von denen zwei nicht detonierten. Auch wenn nur vier Personen leicht verletzt wurden, entwickelten die Bomben eine zunehmende Zerstörungskraft und der Attentäter einen noch größeren Zorn, der sich weiterhin auf Con-Ed konzentrierte, wie aus einem Schreiben an die *Herald Tribune* hervorging.

Am 2. Dezember 1956 wurden bei einem Anschlag auf das Paramount Theater in Brooklyn sechs Menschen verletzt, drei von ihnen schwer. Inspektor Howard E. Finney entschloss sich zu einem damals höchst ungewöhnlichen Schritt, indem er den Psychiater Dr. James A. Brussel konsultierte.

Dr. Brussel lieferte ihm eine bemerkenswert detaillierte Einschätzung. Seiner Ansicht nach handelte es sich um einen akuten Paranoiker von etwa 50 Jahren – gut gebaut, sorgfältig rasiert und von untadeligem Äußeren. Er war ein unverheirateter Einzelgänger, der eventuell

*Im Gefängnis von Waterbury sicher hinter Gittern, lächelt der „Wahnsinnige Bomber" George Metesky nach seiner Festnahme in die Kameras. Eine Bombenserie, die sich mit Unterbrechungen über 16 Jahre hingezogen hatte, fand damit ein Ende.*

bei einer älteren Verwandten lebte. Englisch war nicht seine Muttersprache und er war eingewandert oder Sohn eines Immigranten, vermutlich eines Slawen oder Polen. „Und bei seiner Festnahme wird er einen Zweireiher tragen. Zugeknöpft."

Die Veröffentlichung dieses Befundes wurde mit einem Brief an das *Journal American* belohnt, in dem der Attentäter behauptete, in einer Anlage von Con-Ed einen Unfall erlitten und trotz Dauerinvalidität keine Entschädigung erhalten zu haben. Während man noch die Personalakten durchging, lieferte der Täter in einem weiteren Brief den entscheidenden Anhaltspunkt, indem er den Arbeitsunfall auf den 5. September 1931 datierte.

In den Akten fand sich nur ein passender Name: George Metesky, geboren 1904 als Sohn eines polnischen Einwanderers. Rund um Bridgeport, Connecticut, gab es eine große polnische Gemeinde. Die Briefe wurden zwischen Bridgeport und New York City aufgegeben. Die Fahnder klingelten bei Metesky, der mit zwei älteren Halbschwestern zusammenlebte. Da es bereits spät war, trug er einen Schlafrock. Aufgefordert sich umzukleiden, erschien er mit Schlips und Kragen und in einem blauen Zweireiher – zugeknöpft.

Metesky wurde für nicht verhandlungsfähig befunden und für den Rest seines Lebens in eine Anstalt eingewiesen.

*Einige der Gegenstände zum Bombenbau, die man am Morgen nach der Verhaftung in Meteskys Garage entdeckte.*

*Der New Yorker Psychologe Dr. James A. Brussel mit den „Memoiren" aus seinem Arbeitsleben. Brussel erzielte einen bemerkenswerten Erfolg mit seinem Profil des „Wahnsinnigen Bombers" George Metesky.*

Der FBI-Agent Peter Dunbar hatte einen Verdächtigen, auf den die Beschreibung zutraf – den 23-jährigen Vietnamveteran David Meierhofer –, doch es gab keine greifbaren Beweise, die ihn mit der Entführung in Verbindung brachten. Im Januar 1974 wurde eine junge Frau, die Meierhofer abgewiesen hatte, als vermisst gemeldet. Der erneut Verdächtigte unterzog sich Tests mit Lügendetektor und „Wahrheitsserum" und bestand beide.

Ausgehend von weiteren Informationen hatte man in Quantico inzwischen ein verfeinertes Profil erstellt, das eindeutig auf Meierhofer zutraf. Man wusste bereits, dass Psychopathen durch Abkoppeln der Täterpersönlichkeit in der Lage sind, den Lügendetektor in die Irre zu führen. Es war durchaus vorstellbar, dass Meierhofer zu jenen gehörte, die die Hinterbliebenen anriefen, um die erfahrene Stimulation wiederzubeleben. Dunbar bat daher die Familie Jaeger, alle eingehenden Telefonate mitschneiden zu dürfen.

Am Jahrestag der Entführung ihrer Tochter erhielt Mrs. Jaeger tatsächlich den Anruf eines Mannes, der angab, sie nach Europa mitgenommen zu haben, um ihr dort ein besseres Leben zu ermöglichen, als sie allein es sich würden leisten können. Ein Stimmenexperte des FBI kam zu dem Schluss, dass es sich ohne Zweifel um Meierhofer handelte, doch dies reichte in Montana nicht für einen Hausdurchsuchungsbefehl. Mullany arrangierte eine Begegnung zwischen Mrs. Jaeger und Meierhofer in der Kanzlei seines Anwalts. Meierhofer reagierte kühl und gefasst, doch kurz nachdem Mrs. Jaeger nach Hause zurückgekehrt war, erhielt sie einen Anruf von einem „Mr. Tavis aus Salt Lake City", der sich als Entführer ihrer Tochter ausgab. Bevor er weiter ausholen konnte, unterbrach sie ihn mit den Worten: „Ach, Sie sind's, David!"

Dies reichte für eine Hausdurchsuchung, bei der man die sterblichen Überreste der beiden Vermissten fand. Meierhofer gestand beide Morde sowie einen weiteren, bislang ungelösten Mord an einem Jungen aus der Gegend. Einen Tag nach der Festnahme erhängte er sich in seiner Zelle.

In den USA stand das FBI mit seinem Interesse an der Psychologie von Serienmördern nicht allein. Bereits 1957 wurde der Inspektor Pierce Brooks beauftragt, zwei Morde mit Vergewaltigung zu untersuchen, die scheinbar nichts miteinander zu tun hatten. Brooks schloss auf einen gemeinsamen Täter und verbrachte Wochen in Zeitungsarchiven auf der Suche nach weiteren Morden mit einem vergleichbaren Modus operandi (MO). Der gestellte Täter legte schließlich ein umfassendes Geständnis ab, das eines der frühesten Dokumente für die geistige Verfassung eines Serienkillers darstellt.

Im Juli 1983 erschien Brooks – inzwischen als Berater mit 35-jähriger Polizeierfahrung tätig – vor einem Unterausschuss des Senats, um gemeinsam mit Roger Depue, dem Leiter der Behavioral Science Unit, die Einrichtung eines Fahndungsprogramms für Gewalttäter (VICAP) vorzuschlagen. Einige Monate darauf kündigte Präsident Reagan die Gründung eines nationalen Zentrums für die Analyse von Gewaltverbrechen (NCAVC) an.

Von Quantico aus operierend, hatte sich das FBI bislang weitgehend auf Tatortfotos gestützt, um eine detaillierte Beschreibung der Tatumstände zu geben. Nun aber führte man ein Berichtsformular ein, das an sämtliche 59 Niederlassungen verteilt wird, insgesamt 189 Fragen enthält und es den Fahndern gestattet, beim NCAVC einen automatischen Abgleich mit Hunderten ähnlicher Verbrechen abzurufen.

Auch in anderen Ländern hat man inzwischen den Nutzen des Profiling erkannt, wenngleich die organisatorischen Strukturen vielfach noch ausbaufähig sind.

Zwischen 1982 und 1986 waren Londoner Fahnder einem Mann auf den Fersen, der wenigstens 30 Vergewaltigungen und drei Morde begangen hatte. Im Juli 1985 attackierte er in einer Nacht gleich drei Frauen. Die einzigen Anhaltspunkte fanden sich in seiner Vorgehensweise, seinem MO also: Die Vergewaltigungen und Morde ereigneten sich unweit von Bahnhöfen und alle drei Mordopfer wurden in gleicher Weise stranguliert, doch die Tatorte waren über den gesamten Großraum London verteilt.

Anhand von Polizeiangaben erstellte David Canter, Professor für angewandte Psychologie an der Universität Surrey, ein Täterprofil: Der Mann lebte in einer bestimmten Gegend im Norden Londons, war ein angelernter Arbeiter mit Kenntnis des Londoner Schienennetzes, hatte einen Job ohne intensive Kontakte zur Öffentlichkeit, führte eine turbulente, kinderlose Ehe und besaß ein oder zwei enge Freunde.

Die Polizei hatte nicht weniger als 1999 Verdächtige in ihrem Computer. Nachdem man das von Canter erarbeitete Profil eingegeben hatte, fand sich John Francis Duffy als erster Name auf der Liste. Anhand forensischer Be-

# Richard Trenton Chase

**Von seinem Schreibtisch in Quantico aus gelang es dem FBI-Experten Robert Ressler, das Profil eines psychopathischen Killers zu erstellen.**

Am 23. Januar 1978 fand der von der Arbeit kommende LKW-Fahrer David Wallin im Schlafzimmer seines Hauses in Sacramento den blutüberströmten Leichnam seiner 22-jährigen Frau Theresa. Offenbar hatte ein Joghurtbecher dem Täter dazu gedient, das Blut des aufgeschlitzten Opfers zu trinken. Mehrere Körperteile fehlten, ein Motiv war nicht zu erkennen.

Robert Ressler von der Behavioral Science Unit des FBI verfasste ein vorläufiges Profil, bevor er zu einer geplanten Reise an die Westküste aufbrach:

Weiß, männlich, 25–27 Jahre; hager, unterernährt wirkend. Lebt in einer extrem verwahrlosten Behausung, in der man Beweismittel finden wird. Seit längerem geisteskrank, nimmt Drogen. Einzelgänger gegenüber beiden Geschlechtern. Verbringt vermutlich viel Zeit im eigenen Haus, das er alleine bewohnt. Ohne Anstellung. Erhält vielleicht eine Art Frührente. Falls mit jemandem zusammenlebend, dann mit den Eltern, wenngleich unwahrscheinlich. War nicht beim Militär; vorzeitiger Abgang von High School oder College. Leidet vermutlich unter einer Form paranoider Psychose.

Bevor Ressler in Kalifornien eingetroffen war, schlug der Killer erneut zu. In einem keine zwei Kilometer vom ersten Tatort entfernten Haus fand man am 26. Januar drei Leichen: die 36-jährige Evelyn Miroth war noch übler zugerichtet worden als Theresa Wallin, ihr sechsjähriger Sohn Jason sowie Daniel Meredith, ein Freund der Familie, waren erschossen worden. Und Evelyns kleiner Neffe fehlte. Nach dem vielen Blut im Kinderbett zu urteilen, war auch er bereits tot. Merediths Kombi wurde nicht weit entfernt sichergestellt.

„Mit einem zunehmenden Gefühl der Dringlichkeit und der Gewissheit, dass dieser Mann erneut töten wird", konkretisierte Ressler sein Täterprofil: „Single, lebt rund einen Kilometer vom stehen gelassenen Auto entfernt". Außerdem hatte der Täter bei früheren Einbrüchen in der Gegend möglicherweise „Fetische", etwa Frauenkleidung, gestohlen, jedoch keine Wertgegenstände.

Die in unmittelbarer Umgebung tätigen Fahnder stießen auf eine Frau, die mit einem jungen Mann namens Richard Trenton Chase gesprochen hatte, den sie von der High School kannte. Sein Aussehen hatte sie schockiert: „ungepflegt, klapperdürr, blutverschmiertes Sweatshirt, gelbe Kruste um den Mund, eingesunkene Augen".

Bei seiner Festnahme trug Chase einen Revolver und Merediths Brieftasche bei sich. In seinem Truck fand man ein Schlachtermesser und blutverkrustete Gummistiefel. Sein Haus starrte vor Dreck und im Kühlschrank stieß man auf mehrere Behälter mit Körperteilen und Hirnmasse. Auf einem Kalender waren die Mordtage mit „today" markiert – ein Wort, das noch bei 44 weiteren Daten auftauchte.

Spätere Analysen und Befragungen ergaben, dass Ressler eine Voraussage von phänomenaler Präzision geglückt war.

weise wurde er als Täter identifiziert und, wie sich herausstellte, war das Profil in 13 von 17 Punkten korrekt.

Auch der britische Psychologe Paul Britton wirkte bei einigen polizeilichen Fahndungen mit, darunter auch eine mit einem unerwarteten Ausgang.

Im August 1988 erhielt die Firma Pedigree Pet Foods einen Brief mit der Behauptung, einzelne Dosen Hundefutter seien vergiftet. Der Verfasser verlangte 500 000 £ über einen Zeitraum von fünf Jahren. Britton sprach sich dafür aus, dass man diese Drohung ernst nehmen müsse. Seiner Ansicht nach stammte der Brief von einem nicht geisteskranken Mann mit mindestens durchschnittlicher Intelligenz und normaler, wenngleich nicht universitärer Bildung. Britton empfahl der Firma erste Einzahlungen auf die zahlreichen vom Erpresser angegebenen Bankkonten. Mit der Zeit würde sich bei den Abhebungen möglicherweise ein erkennbares Muster herausbilden.

Eine Woche nach Eingang der ersten Zahlungen begannen die Barabhebungen. Fast alle erfolgten nachts, doch von Orten aus, die über das ganze Land verstreut waren. Anhand einer Landkarte und davon ausgehend, dass der Täter von einem Zentrum aus operierte, schloss Britton, dass er östlich von London, unweit von Hornchurch, lebte. Es war kein junger Mann, da er seine Operation geduldig geplant hatte. Aufgrund der Bewegungsfreiheit handelte es sich vermutlich um einen Rentner.

Die Polizei hatte den Fall geheim gehalten und einige nach dem Zufallsprinzip ausgewählte Bargeldautomaten observiert, doch ohne Erfolg. Nachdem eine Zeitung über die Vorgänge berichtet hatte, wählte sich der Erpresser ein neues Ziel: die Firma Heinz. Und er meinte es wirklich ernst, denn bald fand man Gläser mit Babynahrung, die mit Ätznatron oder Stücken von Rasierklingen kontaminiert waren.

In einem Privatgespräch mit der Polizei tat Britton eine wahrhaft sensationelle Äußerung. Demnach handelte es sich bei dem Erpresser um einen ehemaligen Polizeibeamten. Der Mann war mit den polizeilichen Fahndungsmethoden sehr vertraut, kannte offenbar einen früheren ähnlichen Fall genau und schien sogar zu wissen, wo man auf ihn lauerte. „Er ist hartnäckig", meinte Britton, „doch er ist im Polizeidienst nicht so recht vorangekommen, wofür er seine Vorgesetzten verantwortlich macht. Nun will er demonstrieren, was in ihm steckt."

Am 20. Oktober 1989 nahm ein Observierungsteam im Norden Londons einen Mann fest, der sich einem Bargeldautomaten genähert hatte. Es handelte sich um den 43-jährigen Rodney Witchelow, wohnhaft in Hornchurch. Der ehemalige Fahnder war aus dem Polizeidienst ausgeschieden, pflegte jedoch freundschaftliche Kontakte zu seinen Ex-Kollegen – und hatte einmal sogar „in eigener Sache" mit ihnen in einem Observierungswagen gesessen!

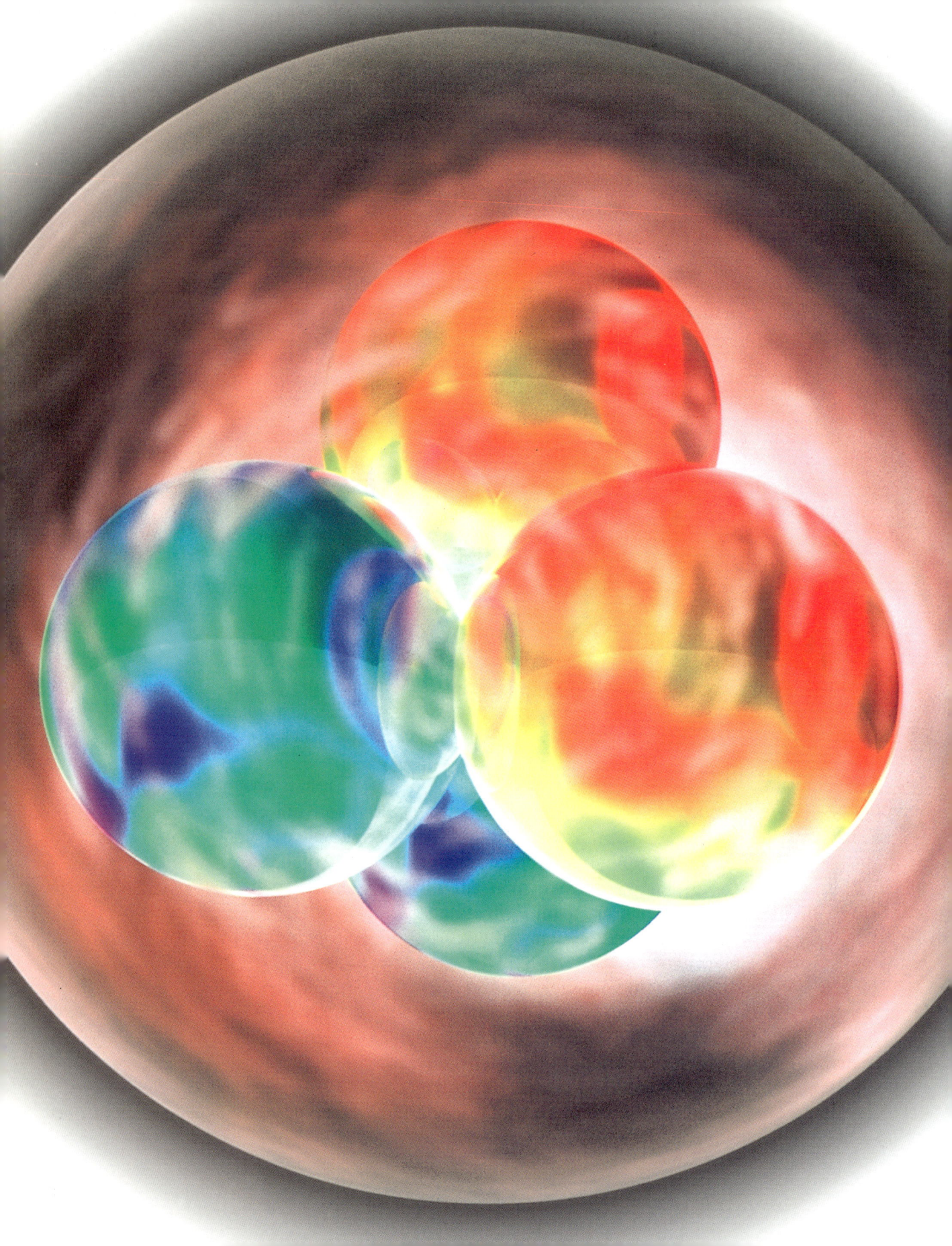

# Moderne
# Verfahren

Ein Großteil der kriminalistischen Tätigkeit besteht in der Auswertung von Spuren meist in Form von Blut, Sperma, Schweiß, Sprengstoff, Gift, Haaren, Fasern, Lack, Glas, Papier, Tinte, Sand und Erde. Diese Spuren sind allerdings nur selten frei von anderen Substanzen. Bei der Laboruntersuchung kommen daher eine Reihe spezieller Verfahren und Geräte zum Einsatz, um die einzelnen Bestandteile isolieren und identifizieren zu können. Eine Kurzdarstellung der wichtigsten Analyseverfahren soll ein Grundverständnis der angewandten wissenschaftlichen Prinzipien und des Raffinements der heutigen kriminalistischen Untersuchungen ermöglichen.

### CHROMATOGRAPHIE

In all ihren Variationen stellt die Chromatographie ein elegantes Verfahren dar, um ein Stoffgemisch in seine einzelnen chemischen Bestandteile zu zerlegen und diese zu identifizieren. Ihren Namen erhielt sie 1906 von dem Begründer dieser Technik, dem russischen Botaniker Michail Tswett, der sie zur Isolierung von Pflanzenpigmenten verwendete.

Die Chromatographie arbeitet mit zwei „Phasen": einer stationären Phase (die die Bestandteile eines Gemischs adsorbiert) und einer mobilen Phase, in der sämtliche Bestandteile löslich sind. Die beiden Phasen konkurrieren um Moleküle, wodurch es zur Trennung in die einzelnen Bestandteile kommt. Während die mobile durch die stationäre Phase wandert, werden die Komponenten unterschiedlich stark adsorbiert und allmählich abgetrennt.

*Dieses Computerkunstwerk zeigt den während des radioaktiven Zerfalls freigesetzten Kern eines Heliumatoms (Alphateilchen). Der Atomkern besteht aus zwei Protonen (rot) und zwei Neutronen (grün), umhüllt von einer Quantenwolke aus Gluonen.*

*Der russische Botaniker Michail Tswett gilt als der Begründer der Chromatographie.*

Tswetts Verfahren war sehr einfach. Er goss seine Probe – eine Lösung verschiedener Pflanzenpigmente in Alkohol – in ein mit Aluminiumoxid gefülltes Glasrohr. Während er weiteren Alkohol hinzugab, wanderte die Lösung das Rohr hinab, wobei sich die Pigmente allmählich in einzelne Banden trennten. Abschließend wurden die einzelnen Pigmente als separate Teile in alkoholischer Lösung ausgewaschen.

Heute werden die auftretenden Teile mit Hilfe eines optischen Überwachungsgeräts aufgespürt. Es misst die Absorption von UV-Licht und protokolliert dies auf einem langsam transportierten Papierstreifen.

Weitere Verfeinerungen sind die Papier- und die Dünnschicht-Chromatographie, die eine unmittelbare Identifizierung der Bestandteile ohne weitergehende Analysen gestatten. Die Papier-Chromatographie verwendet ein Blatt Filterpapier als stationäre Phase, die Dünnschicht-Chromatographie einen dünnen Film aus Aluminiumoxid oder Silicagel auf einer Glasplatte. Das untere Ende der stationären Phase wird in ein geeignetes Lösungsmittel getaucht, das durch Kapillarwirkung nach oben steigt. Unten wird etwas von der zu analysierenden Probe platziert, daneben Kontrollproben bekannter Substanzen. Wenn das Lösungsmittel oben angelangt ist, werden Papier oder Platte getrocknet. Die Lokalisierung erfolgt mit Hilfe eines Reaktionsmittels oder durch Beleuchten mit UV-Licht. Falls der Fleck einer unbekannten Probe die gleiche Entfernung zurückgelegt hat wie eine bekannte Substanz, ist damit dieser Bestandteil des Gemischs identifiziert.

Die Gas-Chromatographie dient zur Trennung von flüssigen und gasförmigen Gemischen. Hierbei werden feine Ton- oder Glaskugeln mit der stationären Phase beschichtet und in ein Stahlrohr gepackt. Die mit dem zu analysierenden Gemisch identische mobile Phase wird mit einem reaktionsträgen Gas wie Stickstoff durch den Apparat geblasen. Die auftretenden Fraktionen lassen sich mit Hilfe von Spürgeräten messen.

Feste Proben wie etwa Fasern und Lacke können auch mit Hilfe der Pyrolyse-Gas-Chromatographie analysiert werden. Hierbei wird die Probe auf eine Temperatur erhitzt, bei der sie in ihre flüchtigen Bestandteile zerfällt. Die resultierende Spur ist meist charakteristisch genug, um die Substanz anhand eines Vergleichs mit bekannten Stoffen identifizieren zu können.

### ELEKTROPHORESE

Die Grundprinzipien der Elektrophorese wurden bereits in den Kapiteln „Informationen im Blut" und „Der genetische Fingerabdruck" skizziert.

Dieses Verfahren ähnelt der Chromatographie dahingehend, dass es ebenfalls auf den unterschiedlichen Geschwindigkeiten basiert, mit denen sich Moleküle durch eine stationäre Phase bewegen. Bei der Elektrophorese entsteht diese Bewegung aufgrund eines schwachen, durch die stationäre Phase geleiteten Gleichstroms.

Als stationäre Phase kann normales Filterpapier oder eine synthetische Membran dienen. Meist jedoch verwendet man Agarose- oder Stärke-Gel als dünne Schicht auf einer Glasplatte.

Eine besondere Bedeutung hat die Elektrophorese für die Eiweißdifferenzierung (Serologie, Blutgruppengenetik).

## MASSENSPEKTROMETRIE

Das Massenspektrometer ist eines der ausgeklügeltsten Geräte, die in der forensischen Chemie zum Einsatz kommen. Es dient zur Massenbestimmung der Bestandteile organischer Verbindungen. Wenn man ein Gemisch aus organischen

Verbindungen mit der Gas-Chromatographie (siehe oben) trennt, sind viele Bestandteile oft in zu geringen Mengen vorhanden, um sie durch konventionelle chemische Analysen bestätigen zu können. In diesen Fällen kann die Massenspektrometrie einen unverzichtbaren Beitrag leisten.

Zunächst wird die Probe mit Elektronen aus einer beheizten Drahtkathode bombardiert. Dadurch werden die Moleküle in einzelne Ionen aufgespalten. Durch ein elektrisches Feld beschleunigt, gelangen die Ionen in ein Magnetfeld, das sie von ihrer geraden in eine kreisförmige Bahn ablenkt. Der Radius der Kreisbahn ist von der Masse der jeweiligen Ionen abhängig. Schwere Ionen folgen einer Bahn mit großem Radius, während leichtere Ionen weniger stark abgelenkt werden. Der Bahnradius hängt selbstverständlich auch von der Stärke des Magnetfelds ab.

Das Massenspektrometer ist bogenförmig und besitzt an seinem Ende einen schmalen Spalt sowie einen Detektor. Bei einem schwachen Magnetfeld werden nur die leichtesten Ionen stark genug abgelenkt, um den Spalt zu passieren. Mit zunehmender Stärke des Magnetfelds werden auch die schwereren Ionen abgelenkt und gelangen durch den Spalt. Die Position der einzelnen Ionen innerhalb des Spektrums ist ein Maß ihrer jeweiligen Masse und ihre Intensität gibt Auskunft über die Häufigkeit ihres Vorkommens. Anhand eines mit dem Detektor verbundenen Computers gelangt man in

*Papier-Chromatogramm in Form von Farbbändern auf einem in ein Lösungsmittel getauchten Filterpapier. Der schwarze Tintenstrich stellt das aufzutrennende Gemisch dar. Während das Lösungsmittel aufsteigt, nimmt es die Bestandteile der Tinte in unterschiedlichem Tempo mit und lässt die einzelnen Farbbanden entstehen.*

*Die kriminaltechnischen Labors sind inzwischen weitgehend automatisiert, so dass mühsame Routinearbeiten entfallen. Das Foto zeigt einen Gas-Chromatographen (links), der an ein Massenspektrometer angeschlossen ist. Das Analyseresultat erscheint als Grafik auf dem Computerbildschirm.*

kürzester Zeit zu Aussagen über die chemische Beschaffenheit der Probe.

### DAS MIKROSKOP

Ein normales Mikroskop liefert ein mit Hilfe eines Linsensystems vergrößertes Abbild und kann einen wertvollen Beitrag zur Identifizierung kleinster Spuren leisten. Das Vergleichsmikroskop ermöglicht die gleichzeitige Betrachtung zweier nebeneinander liegender Proben durch ein gemeinsames Okular.

Das Phasenkontrast-Mikroskop ist von überaus großem Nutzen für die Identifizierung von Fasern und Untersuchung biologischer Gewebe. Es beruht auf dem Prinzip, dass einige der die Probe durchdringenden Lichtwellen phasenverschoben werden und somit Teile der Innenstruktur der Probe, die sonst durchsichtig wäre, als relativ scharfe Schatten erscheinen.

Bei einem gewöhnlichen optischen Mikroskop wird die Vergrößerung und somit auch die Auflösung durch die Wellenlänge des sichtbaren Lichts begrenzt; Gebilde, die kleiner sind als die Wellenlänge, bleiben unsichtbar. Das Elektronenmikroskop unterliegt diesen Beschränkungen nicht. Elektronen sind winzige Partikel, die sich jedoch auch wie Wellen verhalten; ihre Wellenlänge ist viel kleiner als die des sichtbaren Lichts.

Die besten optischen Mikroskope erreichen einen Vergrößerungsfaktor von etwa 2000. Elektronenmikroskope lassen sich in zwei Typen unterteilen. Das Durchstrahlungs-Elektronenmikroskop, bei dem ein Elektronenstrahl eine sehr dünne Probe durchdringt, liefert ein mehr als 1 000 000-fach vergrößertes fotografisches Abbild. Beim für die Kriminalistik bedeutenden Raster-Elektronenmikroskop werden Elektronen von der Probenoberfläche reflektiert; der Vergrößerungsfaktor beträgt rund 150 000.

### NEUTRONENAKTIVIERUNG

Radioaktive Elemente senden drei Arten von Strahlung aus: Alphastrahlen (Heliumatomkerne), Betastrahlen (Elektronen oder Positronen) und Gammastrahlen (etwa Röntgenstrahlen). Andere Elemente können in einem Reaktorkern radioaktiv gemacht werden. Die nun von diesen Elementen ausgesandten Gammastrahlen lassen sich nachweisen und ihre Energie kann gemessen werden; jedes Element emittiert Gammastrahlen von charakteristischer Stärke. Diese Methode kann zur Identifizierung geringer Spuren von Elementen und ihrer Anteile verwendet werden, etwa bei Metallen, Lack, Glas und Fasern.

## REFRAKTOMETRIE

Die Messung des Brechungsindexes etwa von Glas wurde bereits im Kapitel „Winzige Spuren" beschrieben. Refraktometer kommen auch bei der Messung der Brechzahl von Flüssigkeiten zum Einsatz.

Der Brechungsindex entspricht dem Verhältnis der Ausbreitungsgeschwindigkeiten des Lichts in zwei unterschiedlich dichten Medien. Ein Glasprisma oder ein Regenbogen lässt ein Farbspektrum entstehen, da der Brechungsindex mit der Wellenlänge des Lichts variiert. Refraktometer verwenden daher nur eine bestimmte Wellenlänge, meist gelbes Natriumlicht.

Ein typisches Beispiel ist das Pulfrich-Refraktometer. Es besteht aus einem polierten Glasblock mit einer kleinen Vertiefung zur Aufnahme der Flüssigkeit. Von unten wird ein Natriumlichtstrahl durch den Block geleitet und anhand des Brechungswinkels lässt sich der Brechungsindex der jeweiligen Flüssigkeit berechnen.

## SPEKTROMETRIE

Die Auftrennung des Lichts in seine einzelnen Wellenlängen erzeugt ein Spektrum. Für das menschliche Auge sichtbar ist nur ein bestimmter Bereich von Wellenlängen vom Rot mit der längsten bis zum Violett mit der kürzesten Wellenlänge. Der Infrarot- und der Ultraviolett-Bereich schließen sich an beiden Enden des sichtbaren Lichts an.

Wenn man elektromagnetische Strahlung durch das zu untersuchende Material leitet, werden manche Wellenlängen „verschluckt". So etwa hat ein blau erscheinender Gegenstand die „roten" Wellenlängen absorbiert. Da die jeweils zurückgehaltenen Wellenlängen für die Moleküle des Materials charakteristisch sind, lassen sich mit dieser Methode auch Gemische analysieren.

Emissions-Spektrographen nutzen die Tatsache, dass hoch erhitzte Elemente ein Licht mit charakteristischen Wellenlängen aussenden. Sie sind von besonderer Bedeutung für die Analyse von Glas, Lack und Metall. Die Probe wird durch Laser oder Elektronenbeschuss erhitzt und das emittierte, durch ein Glasprisma gebündelte Licht erzeugt ein Spektrum, das nicht kontinuierlich ist, sondern aus einer Reihe von Farblinien besteht, die jeweils eine spezifische Wellenlänge repräsentieren. Da Glas UV-Licht absorbiert, kann das Prisma durch ein Beugungsgitter ersetzt werden, wenn ein breiteres Spektrum erforderlich ist.

Das Absorptions-Spektrometer bedient sich des gegenteiligen Prinzips, nämlich der Absorption spezifischer Wellenlängen durch in einer Flamme verdampfte Elemente. Eine durch die Flamme und dann durch ein Beugungsgitter geleitete Strahlung zeigt die absorbierten Wellenlängen in Form dunkler Spektrallinien. Beide Arten der Spektroskopie arbeiten nicht zerstörungsfrei, kommen jedoch mit geringsten Probenmengen aus.

# Bibliografie

Ackermann, Rolf u.a., *Handbuch der Kriminalistik für Praxis und Ausbildung*, Stuttgart 2000.

Clages, Horst, *Kriminalistik*, Stuttgart 1997.

*Die Spur – Ratgeber für die spurenkundliche Praxis*, Heidelberg 2000.

Douglas, John und Mark Olshaker, *Anatomie des Mörders*, München 2001.

dies., *Die Seele des Mörders – 25 Jahre in der FBI-Spezialeinheit für Serienverbrechen*, München 1998.

dies., *Jäger in der Finsternis*, Hamburg 1997.

dies., *Mörder aus Besessenheit – Der Top-Agent des FBI jagt Sexualverbrecher*, Hamburg 1999.

dies., *Mörder aus Besessenheit – Profiling: Die erfolgreiche Jagd nach Triebverbrechern*, München 2000.

Engelbrecht, Ernst, *In den Spuren des Verbrechertums*, Berlin 1950.

Evans, Richard J., *Rituale der Vergeltung – Die Todesstrafe in der deutschen Geschichte 1532–1987*, Reinbek/Hamburg 2001.

Fischer-Homberger, Esther, *Medizin vor Gericht – Gerichtsmedizin von der Renaissance bis zur Aufklärung*, Göttingen 1989.

Forster, Balduin und Dirk Ropohl, *Medizinische Kriminalistik am Tatort – Ein Leitfaden für Ärzte, Polizeibeamte und Juristen*, Stuttgart 1983.

*Frege in Jena – Beiträge zur Spurensicherung*, Würzburg 1997.

Gaebert, Hans Walter, *Schach dem Verbrechen – Aus der Geschichte der Kriminalistik*, Offenbach 1974.

Geerds, F., *Kriminalistik*, Lübeck 1980.

Geßner, Otto, *Die Gift- und Arzneipflanzen von Mitteleuropa – mit besonderer Berücksichtigung ihrer Wirkungen*, Heidelberg 1931.

Groß, Dr. Hans, *Handbuch der Kriminalistik*, Berlin/München [8]1944.

Harbort, Stephan, *Das Hannibal-Syndrom – Phänomen Serienmord*, Leipzig 2001

ders., *Der Beweis der Blutprobe*, Stuttgart 1994

Heinrich, Wolfgang, *Meister der Kriminalistik*, Berlin 1955.

Herren, Rüdiger, *Denktraining in Kriminalistik und Kriminologie*, Freiburg 1982.

Hetmann, Frederik, *Mord und Totschlag, Gift und Galle,* Frankfurt/M. 1968.

Höfling, H., *Morde, Spuren, Wissenschaftler – Meilensteine der Kriminalistik*, Dortmund 1977.

*Humanbiologische Spuren*, Heidelberg 1995.

Hungerbühler, Eberhard, *Klipp und klar – 100 x Kriminalistik*, Mannheim 1977.

Ilbeygui, Ramin und Christian Reiter, *Synopsis und Atlas der Gerichtsmedizin*, Wien 2000.

Jüngt, Michael, *Blutgruppenbestimmung an Haut und Schweiß von Handabdrücken*, Aachen 1997.

Jung-Welte, Susanne, *Chemisch-toxikologische Diagnostik klinisch relevanter Vergiftungen – Eine retrospektive Analyse der Jahre 1987 und 1988*, Aachen 1997.

Kapeller, Ludwig, *Das Buch der Kriminalistik – Ermittlungstechnik der Kriminalpolizei*, Berlin 1962.

Kersten, Dr. Klaus U. (Hg.), »Kriminalistik – Zeitschrift für die gesamte kriminalistische Wissenschaft und Praxis«.

Kirst, H. H., *Kriminalistik*, München 1971.

*Kriminalistik – Allgemeiner Teil*, Berlin 1961.

*Kriminalistik und forensische Wissenschaften*, Berlin 1970.

Kube, Erwin und Hans Udo Störzer und Siegfried Brugger (Hg.), *Wissenschaftliche Kriminalistik – Grundlagen und Perspektiven*, Bundeskriminalamt Wiesbaden, 1984.

Kube, Erwin, *Beweisverfahren und Kriminalistik in Deutschland – Ihre geschichtliche Entwicklung*, Hamburg 1964.

Lenz, Alfred, *AB0-Blutgruppenbestimmung an Proteinase K-behandelten Vaginalabstrichen*, Aachen 1996.

Leonhardt, Rainer u.a., *Kriminalistische Tatortarbeit – Ein Leitfaden für Studium und Praxis,* Heidelberg 1995.

Lewin, Louis, *Gifte und Vergiftungen – Lehrbuch der Toxikologie*, Heidelberg 1992.

Lieber, Harry, u.a., *Serienmörder*, 2000.

Maresch, Wolfgang, *Atlas der Gerichtsmedizin*, Stuttgart 1988.

Martinetz, D. und K. Lohs, *Gift – Magie und Realität, Nutzen und Verderben*, München 1986.

Mebs, Dietrich, *Gifttiere – Ein Handbuch für Biologen, Toxikologen, Ärzte und Apotheker*, Stuttgart 2000.

Ministerium des Inneren, *Kriminalistik – allgemeiner Teil*, 1961.

Ministerium des Inneren, *Wörterbuch der sozialistischen Kriminalistik*, 1981.

Mönkemöller, Otto, *Psychologie und Psychopathologie der Aussage*, Heidelberg 1930.

Pfeiffer, Hans, *Die Sprache der Toten – Die Gerichtsmedizin im Dienste der Wahrheit*, Berlin 1986.

Polzer, W., *Der Sachbeweis in der Kriminalistik*, München 1938.

Rayner, Claire, *Blutige Spuren – Ein Thriller aus der Welt der Gerichtsmedizin*, Bergisch-Gladbach 2000.

Rayner, Claire, *Roter Fingerhut – Ein Thriller aus der Welt der Gerichtsmedizin*, Bergisch-Gladbach 1999.

Reichelt, Andreas, *Verfahren, Zulässigkeit und Auswirkungen der DNA-Technologie (genetischer Fingerabdruck)*, Bielefeld 1992.

Roth, Frank u.a., *Giftpilze/Pilzgifte – Schimmelpilze, Mykotoxine*, Landsberg 1990.

Roth, Lutz u.a., *Giftpflanzen/Pflanzengifte – Giftpilze/Pilzgifte*, Landsberg 1990.

Ryter, Anita, *1796 – eine Frau wird enthauptet – Spurensicherung im Fall Margaritha Hürner*, Muri (Schweiz) 2000.

Schäfer, H., *Grundlagen der Kriminalistik*, Hamburg 1968.

Schneider, Tim, *Die rechtsmedizinische Rekonstruktion des Fahrradunfalls*, Aachen 1996.

Schwarz, F., *Gerichtsmedizin*, Bern 1968.

Sellin, Fred und Klaus Weber, *Todesursache natürlich – Warum die meisten Morde unentdeckt bleiben*, Reinbek/Hamburg 2001.

Sprecher, Margrit, *Leben und Sterben im Todestrakt*, München 2001.

Tamez, Elsa, *Gegen die Verurteilung zum Tode*, 1998.

Thorwald, Jürgen, *Die gnadenlose Jagd – Roman der Kriminalistik*, Zürich 1965.

Weihmann, Robert, *Kriminalistik*, Hilden 2000.

Weihmann, Robert, *Lehr- und Studienbriefe Kriminalistik 22 – Spurenkunde 1: Grundlagen, Suche, Sicherung, Beweiswert*. Hilden 2000.

Weihmann, Robert, *Lehr- und Studienbriefe Kriminalistik 23 – Spurenkunde 2: Spurenkomplexe, Entstehen, Bedeutung, Auswertung.* Hilden 2000.

Wilhelm, J. G., *Einführung in die praktische Kriminalistik*, Stuttgart 1947.

Wirth, Ingo, *Tote geben zu Protokoll – Berühmte Fälle der Gerichtsmedizin*, Augsburg 1988.

Wöhler, F. und E. von Siebold, *Das forensisch-chemische Verfahren bei einer Arsenik-Vergiftung*, Berlin 1847.

Zbinden, K., *Kriminalistik, Strafuntersuchungskunde*, München 1954.

Zirk, Wolfgang und Gottfried Vordermaier, *Kriminaltechnik und Spurenkunde – Lehrbuch für Ausbildung und Praxis*, Stuttgart 1998.

# Register

**Bildnachweise:**
**AKG:** S. 30, 112, 117, 164. **Amber Books:** S. 141. **Associated Press (AP):** S. 28, 51 o., 62 o., 90, 107, 159, 168, 169, 170, 230 u., 231. **Neville Chadwick Photography:** S. 156, 157. **Corbis (Bettmann/UPI):** S. 38, 52, 53, 61 u., 65, 68, 77, 78–79, 81, 86–87, 89, 95, 97, 122, 124, 130, 175, 176, 177, 178, 182, 183, 196 (Reuters), 202, 220, 223, 224 o., 226–227, 228, 229, 233, 234, 237, 240, 241, 242. **Corbis-Sygma:** S. 191, 192, 193, 198, 199 (Oakland Tribune). **ESDA/GF Design:** S. 217. **Mary Evans Picture Library:** S. 29, 48, 51 u., 55, 58, 63 o. **The Fairfax Photo Library (Sydney):** S. 210. **Harrap Limited/Sir Sydney Smith:** S. 83 o. **Hulton Getty:** S. 174. **Katz Pictures:** S. 67. **Kobal Collection:** S. 60. **Ben Martin/(c) Time Inc./Katz:** S. 214. **Richard Neave/Unit of Art in Medicine, Manchester University:** S. 88. **Oxford Scientific Films:** S. 32–33, 36, 46–47, 54 o.l., 70–71. **PA Photos:** S. 13, 37, 57, 61o.r., 101, 166, 194, 197, 230 o., 235. **Pictor International:** S. 18, 135, 206–207, 208, 212, 215. **Popperfoto:** S. 10, 14, 15, 16, 17, 24, 31, 35, 222. **Public Record Office Image Library:** S. 42–43, 82, 83 Mi. und u., 98. **Science Photo Library:** S. 8–9, 11, 12, 22–23, 34, 54 o.r., 62 u., 63 u., 69, 72, 92–93, 103, 104–105, 106, 108, 109, 110–111, 118, 119, 120, 123, 125, 126, 132, 136–137, 138, 139, 140, 144, 146–147, 148, 150, 153, 155, 158, 160–161, 162, 163, 165, 171, 172–173, 186–187, 188, 189, 190, 201, 203, 218–219, 221, 224 u., 238, 246–247, 248, 249, 250. **The Wellcome Trust Medical Photographic Library:** S. 26, 40 (National Medical Slide Bank), 41 (National Medical Slide Bank), 45, 49, 54 u., 84, 94, 96, 99 (National Medical Slide Bank), 152 (National Medical Slide Bank), 180, 184 (National Medical Slide Bank). **US Department of Justice/Federal Bureau of Investigation:** S. 114. **Western Mail & Echo:** S. 74, 75. **Western Media Publishing Ltd:** S. 142, 143.